經營顧問叢書 ㉙⑤

哈佛領導力課程

余文豪　編著

憲業企管顧問有限公司　　發行

《哈佛領導力課程》

序　言

　　領導力是哈佛商學院極為重視的一門共同學科，是列為經營者、高階主管的必備魅力。

　　領導魅力既是一門科學，又是一門藝術。作為領導者，能否掌握領導，是其事業興衰成敗的關鍵因素之一。

　　團隊領導者是人人羨慕的職位，儘管人人嚮往，但卻並非人人都能登上此寶座。即使是榮登這一寶座的人，也不一定過得輕鬆，活得自在。

　　許多領導者常常感到力不從心，決策不果斷、處事不得法、管理不到位，把自己弄得焦頭爛額。

　　真正的領導藝術的魅力，就在於「不必多講，下屬便能體會；不必多做，下屬便能努力；不必多管，下屬便能自動；不必緊張，下屬便能快速；不必發威，下屬便能謹慎。」

　　本書是針對主管如何創造領導魅力，以各種實例解說領導魅力的由來與塑造，全書分為 13 課程，分別介紹領導人應有的形象、威信、責任、決策、用人、授權、建設團隊、激勵等，用輕鬆的文章為你講解如何具備領導魅力的技巧，使你的領導工作事半功倍！

2013 年 7 月

《哈佛領導力課程》

目　錄

第 1 章　主管就要這樣樹形象 / 11

主管在工作交往和非工作交往中必須保持「領導者角色」意識。不同的交往場合需要不同的角色，但是不要忘記自己是個領導者，有特殊的角色要求。

第 2 章　領導者就要這樣立威信 / 40

成功的領導者，不在於職位和權勢，而取決於他有沒有具備與眾不同，並足以吸引追隨者的威信和魅力。

其實，領導能力就是威信和魅力的極致發揮，是影響與他人合作和實現目標的一段歷程。培養出個人的威信，讓下屬覺得你值得信任、值得學習，願意跟著你。

第 3 章　領導者就要這樣擔責任 / 65

一個沒有責任心的主管，是讓下屬瞧不起的。有無責任心，是評判主管優劣的要素之一，一個責任心強的主管，總是以身作則、言出必行、勇擔責任、嚴守職業道德，他的身邊總有一隻強大的團隊信任他、擁護他，並成功實現一個又一個目標。

第4章 領導者就要這樣定決策 / 80

一個無法當機立斷的人,是無法勝任領導職位並帶領部屬發展事業的。任何一個缺乏果斷決定的領導者,對企業可能造成的誤導及損害,都是難以估量的。

一個卓越的領導者,總是勇敢自信,勤於思考,總能找出方向,並能創造性地排除前進中的障礙。

第5章 領導者就要學習創新 / 113

　　成功，取決於人的能力；而能力，則取決於人的學習。不斷學習知識，正是成功的奧秘。

　　世界在飛速變化，新問題層出不窮，要想適應不斷發展變化的客觀世界，就必須努力做到終生學習。只有善於學習、終生學習的人，才能具備高能力，才能夠贏得燦爛的未來。

第6章 領導者就要有熱情、激情 / 127

　　熱情是領導力的重要基石，是傑出領導力不可替代的組成部份。充滿熱情並不僅是外在的表現，它會在你的內心形成一種習慣，然後通過言談舉止表現出來，從而影響下屬。

　　優秀的領導者善於對員工進行感情投資，能使下屬感覺自己受到了領導的重視和關愛，因而願意盡己所能，充分發揮自己的潛力。

第 7 章　領導者就要有目標 / 143

缺乏目標，就不知要何去何從，浪費了寶貴的時間與精力，最終一事無成。有目標，才有動力；目標不明確，積極性無法發揮。領導者要善於運用指定明確目標的策略，激發員工的潛力。領導者的境界是決定企業前途和方向的根本，我們要讓自己擁有最開闊的心胸、最長遠的眼光、最超前的行動力。

第 8 章　領導者就要這樣去用人 / 164

人盡其才，物盡其用。會用人的人，可以使任何人都派上用場。知人善用，這是領導者獲得事業上的成功並贏得下屬信賴的

重要手段。作為領導者應充分發揮下屬的長處，避其所短，用其所長。不僅僅是出於工作需要，同時也是給下屬一種滿足感。

第9章　領導者就要這樣去授權 ／ 197

授權是衡量主管用人藝術的重要標誌。當你發現自己忙不過來時，就要考慮自己是否做了些應該由下屬執行的事情。

通過授權可以提高工作績效。聰明的做法是：大權自己掌，小權給下屬。做到權限與權能相適應，權力與責任相結合。

第 10 章　領導者就要這樣建設團隊 / 230

「我的成功，10%是靠我個人旺盛無比的進取心，而 90% 全仗著我擁有的那隻強有力的團隊。」單打獨鬥的個人英雄主義時代已經結束；合作就是力量，講究團隊默契的工作精神已顯示出強而有力的成效。如何打造一隻無堅不摧的完美團隊，已是當代領導出色與否的指標。

第 11 章　領導者就要這樣去激勵 / 254

善於激勵下屬的領導者，能夠將所期待的遠景，著上美麗的色彩。而且該遠景經過他的潤色修飾後，就成了一個遠大的理想和目標。

第 12 章　領導者在逆境中尋求成功 / 281

領導者隨時隨地會碰到各種各樣的壓力、挫折甚至失敗，直接決定著你的事業成敗與否。作為企業領航人，領導者要積極奮發、進取、樂觀。正確處理困難、矛盾和問題，如果不能克服困難，就連保持現狀都不可能，最後必然會淪落到被淘汰的命運。

第 13 章　領導者抓大放小的管理理念 / 288

如果領導者事無巨細都親自料理，既容易焦頭爛額而顧此失彼，又影響了下屬的積極性。領導者必須具備「抓大放小」，集中精力管人事，充分信任下屬，從繁忙的事務中解脫出來，做自己該做的事，有效地利用寶貴時間，創造出更大的價值。

第 *1* 章

領導者就要這樣樹形象

主管在工作交往和非工作交往中必須保持「領導者角色」意識。不同的交往場合需要不同的角色,但是不要忘記自己是個領導者,有特殊的角色要求。

◎培養領袖氣質

華盛頓有一所國防大學三軍工業學院。進到三軍工業學院的學員,全都是由聯邦政府挑選的軍、民高級人員,本身已有相當地位和聲望。

在每位學員進入國防大學受訓以前,校方就發出一份領導才能評估表給這位學員的下屬、上司及同事,讓他們對學員進行評估,填表人不用署名。這項詳細的評估表分成 21 部份,包含 125 個問題,內容包括這位學員的領導才能、對團體的貢獻和性格等。

這些入選國防大學受訓的學員，全都是已有成就的領導人物，所以，他們的這份領導才能評估結果一般都很好。

有一年，該校對 115 位學員的領導才能、對團體的貢獻和性格等進行了問卷調查，他們的平均分數都超過了 4 分，而滿分是 5 分，平均分數 3 分就算及格；換句話說，每個單項都能得到 4 分以上，表示這些受訓學員的領導才能已遠超過一般主管的水準。

在那期 115 位學員當中，「領袖氣質」這一項平均得分是 4.32。這個分數真是高得出奇。有一位學員更是出類拔萃，在「領袖氣質」這一項，他所有的下屬都給了他滿分！這說明，他的下屬都認為他隨時隨地都有領袖的威嚴和魅力。

有人費了很大的力氣想找出這種魅力的秘密，但發現他看上去和一般人沒有什麼兩樣。假若不知道他在「領袖氣質」一項上得如此高分，看不出他有什麼特別的地方。

他有什麼秘訣呢？他自己認為，自己領導還算成功，大部份是靠別人認為他有領袖氣質。換句話說，並不是先成功後，別人才認為他有領袖氣質，不過他也同意，在他獲得成功以後，別人更容易認為他具有領袖氣質。

他的下屬說，他所以領導成功，部份原因是在他的領袖氣質。更重要的是：他具備這種領袖氣質並不完全是出於天賦，而是經過後天刻意的培養。此外，每到一個新團體，他又會積極行動培養另一種適合新環境的領袖氣質。

◎外觀形象決定你在團隊中的魅力

　　領導者必須注重自身形象，把握好外表形象的修飾。更重要的是提高自身的內涵，從整體上將自己的形象提升到一個新的高度。才能為成功奠定一個良好的基礎。

　　形象力不僅指英俊的外表、美麗的容貌，還包括優雅的風度、得體的談吐、高貴的氣質，也包括深厚的底蘊與學識等。一樣的領導者，站在公眾中間，對人們的影響是不同的，形象好的領導者會更受歡迎。

　　英國的相關調查表明：49%的領袖認為，領導者形象的奸壞會影響企業形象的好壞。德國的一家週刊也曾經做過一項調查，結果顯示，64%的公司員工深信企業形象主要來自企業領導者形象。由此足以推斷，領導者形象對企業形象的貢獻度非常高。

　　良好的形象在交往中可以對人產生強烈的吸引力。領導者必須注重自身形象，把握好外表形象的修飾，更重要的是提高自身的內涵，從整體上將自己的形象提升到一個新的高度，才能為成功奠定一個良好的基礎。

　　1960 年，在尼克森與甘迺迪之爭中，老牌政治家尼克森似乎在資歷上佔有絕對的優勢，但是卻忽略了對自己外表的包裝，以至於貴族家庭出身的甘迺迪評價他：「這傢伙真沒有品位！」受到家族的影響，甘迺迪懂得如何利用自己的外在優勢獲取選民的信任。在他與尼克森的電視辯論上，年輕、英俊、風流倜儻的甘迺迪渾身散發著領袖的魅力，讓人看起來堅定、自信、沉著，不僅能夠主宰

美國的政壇，而且能平衡世界的局面。從電視節目中的一個握手動作上，就使得一位政治評論家宣稱「甘迺迪已經獲勝」。當他提出「不要問國家能為你做什麼，問一問你能為國家做什麼」的口號時，激起了美國人民的愛國熱潮。他是美國人理想的領袖形象。幾十年過去了，他的形象一直讓人難以忘懷，甚至有人認為他是世界領袖的標準形象。

成功的領導者，往往具有與眾不同的魅力。他們在出入種種場合，與下屬、顧客打交道時，似乎總能保持自己的優勢地位，總能吸引無數雙眼睛，這不僅是由於他們是公司的領導者，更重要的是他們懂得如何從服飾、舉止、言談等方面恰到好處地展現自己的風采。有人將主管比喻成為一個部門的移動招牌，因為他們走到那里都代表著自己的部門，代表整個部門的精神面貌。注重在細節中塑造自己的形象，你得體的服飾、落落大方的舉止、幽默而又不失犀利的言談將會使你無往而不勝。

一位製藥業的老總，在上大學時，就有著強烈的「領導者意識」。他認為偉人具有散發著魅力的外形和舉止，他開始模仿偉人的舉止和儀態。通過練習腹腔發聲，他把自己原本並沒有權威感的脆弱音質改為具有磁性魅力的、渾厚的男低音。

在 1995 年他又請了形象設計師，為自己設計具有國際標準的世界鉅賈的形象。他完全接受國際化的商業形象理念，無論是西裝還是休閒服，他只穿能夠襯托一個宏偉氣派的高品質、有品位的服裝。他還不放過每一個細節。如今，無論在外觀、口音、思想意識上，他都更像一位來自華爾街的金融家。

因此，要想擁有自己獨特的魅力，除了發揮自己的智慧本事

外，還必須通過某些特定的方法塑造一個成功的自我形象，為你的人生和事業增添色彩，從而提升你在團隊中的影響力。

心理學家研究認為，形象可以使人的心理產生極其微妙的變化，從而改變領導者的影響力。

◎領導者要有自信

對領導者來說，自信心肯定是最重要的必備素質。如果一個總裁對於走那條道路拿不定主意，這會對公司上上下下的所有人都產生影響。世界第三大家電公司——飛利浦公司的總裁對股東們談到公司正在努力把科研成果轉化為暢銷產品時，他以堅定的語氣說：「還有不少障礙。但我們一定能夠克服它們。」

在人際溝通中，自信是一個主管保持威信的首要條件，無論在什麼情況下，在什麼地方，同什麼人打交道，如果自己沒有信心的話，你同這些人的溝通肯定是失敗的，因為如果你自己沒有信心，任何人都無法相信你。

領導者工作的日常事務中，自信心仍是擺在第一位的心理因素。一個高效率的經理沒有自信心，那是不可能的。經理部門在很大程度上像一個代表團。所謂領導，當然要能夠鼓舞和激勵人們取得出色的成績，這就需要自信。如果你自己都沒有信心，就難以使別人有信心。

當面對下屬時，自信心是領導者權威的保障，當面對困境時，一個企業領導的自信心則是整個組織的自信心。充滿自信的總裁知道，缺乏自信的人比無知、懶惰或傲慢會給自己和公司造成更多的

問題。

　　如果可以進行準確的衡量的話，總裁的自信心一定要比大多數其他工作人員要大。但這並不是說，他們始終保持自信。事實上，自信心可能來自他們的成功，而這種成功的取得則是由於他們克服了猶豫不定的心態。害怕失敗是一種巨大的壓力。總裁們對明天和下一週的事情往往考慮很多，想得非常具體。既要考慮他們可能取得的成就，也要考慮如何避免失敗。因此自信心來源於對自己心理狀態的準確把握和控制。

　　當你跟股東和客戶談話時，當你和銀行主管溝通時，你對你的談話效果常常會感到一定程度的擔心。你要學會控制這種情緒，不要外露。把注意力集中在你所要達到的目標上，而不要放在你猶豫不決的事情上。首先要使別人放心，而不是使你自己放心。

　　領導者必須拿定主意，充滿信心，才能闊步向前，完成他們應該完成的事情。

◎只有謙虛才能得到智慧

　　美國石油大王洛克菲勒說：「當我從事的石油事業蒸蒸日上時，我晚上睡前總會拍拍自己的額角說：『如今你的成就還是微乎其微！以後的路途仍多險阻，若稍一失足，就會前功盡棄，勿讓自滿的意念侵蝕你的腦袋，當心！當心！』」這就是告誡人們要謙虛，尤其是稍有成就時應格外小心，嚴防驕傲。

　　一個人聰明、有才華是好事，但如果不能做到正確對待，可能會被聰明所累、所誤。相反，一個才能平平的人，如果能夠做到謙

虛謹慎，虛懷若谷，並且努力學習，也是能夠提高自己的能力的。

一位大哲學家說：「謙虛是不可缺少的品德。」古往今來，對人類做出重要貢獻的各個領域的領導者，大都是謙虛謹慎的人。

在古希臘的德爾斐神廟裏，刻著一句傳誦千古的話：「認識你自己！」大哲學家蘇格拉底對它給出了一個最好的詮釋：「我唯一知道的一件事情，就是我自己什麼也不知道！」正是這種謙虛心態，才成就了蘇格拉底的深厚哲學思想，澤被至今。

人們對於新事物總是有一個從無知到有知、由淺入深逐步認識的過程。人們對世界的認識和所要掌握的知識、技能是無限的，而一個人無論多麼聰明，多麼有才華，他的知識和本領也是非常有限的。所以，應該謙虛一些，多向別人學習。

1802 年 7 月 4 日，美國第三任總統湯瑪斯‧傑弗遜簽署法令，宣告西點軍校誕生。西點軍校的學子認為，從他那裏可以學到許多東西。

傑弗遜出身貴族，他的父親是軍中的上將，母親是名門之後。傑弗遜沒有秉承貴族階層的惡習，而是主動與各階層人士交往。他的朋友中當然不乏社會名流，可更多的卻是普普通通的員工、農民或者貧窮的工人。他的長處便是善於從各種人那裏學習，因為他知道每一個人都有自己的長處，都有金子般發亮的東西。

傑弗遜總統的謙遜是建築在知識之上的。在他那個時代，他知道的幾乎比任何人都多。他的興趣之廣，非常驚人。他搞過創造發明、寫過書、發表過新的見解並開創了很多領域中人類活動的新紀元。他還是一位農業專家、一位考古學家和一位醫學家。人們對他發明的許多小器械，如一架謄寫重要文件的機器、一個指示室內和

戶外氣溫的儀器、一張圓轉桌和許多其他東西記憶猶新。毫無疑問，傑弗遜的淵博知識和他謙虛的好學精神是分不開的。

越是有成就的人，態度越謙虛，相反，只有那些淺薄的自以為是的人才會驕傲。

要想改變自己的命運就要虛心學習。只有接受批評才能清除精神方面的一切渣滓，只有吸收他人的意見才能在精神上添加新的滋養品。一個不自誇的人會贏得成功；一個不自負的人會不斷進步。

◎風度的力量

一個最為直觀的鑑別一位成功主管外在形象的方法就是看他是否擁有良好的氣質——成功者氣質。當然也不排除有這樣一些人，他們在某一方面取得了極大成功，看起來並沒有什麼氣質。但這樣一種人也只能算作是一種片面的成功，而稱不上是一個真正的成功者。因為一旦有了成功主管的氣質，你就被賦予了能量與活力，自然而然地由內在散發出一種光輝，也就能更好地發揮出領導和表率作用。主管氣質的最主要方面是對自己情緒的控制和把握。作為一名合格的主管，要用理智控制自己的感情，冷靜地處理各種複雜問題，做到得意而不忘形，樂而不失風度。那麼，怎樣才能做到這一點呢？

要明白和認識到情感和理智總要有一定距離。從這個意義上說，「怒不變容，喜不失常」作為主管自控藝術的理想境界，是不容易達到的，需要靠一種責任感和使命感，才能夠逐步接近這一境界。

要一分為二，做到「喜中思憂，憂中有喜」。在成績面前，主管要保持冷靜的頭腦，在事業進行得一帆風順時，自覺找不足、找差距，使工作一直處於先進。反之，則往往是喜中藏憂，前功盡棄。同樣，當面臨挫折時，也要頭腦冷靜，從困境中尋找生機。在絕望中發現希望，從容地總結經驗教訓，從頭再來，做到勝不驕、敗不餒，臨危不懼，才顯成功主管的大將風度。

要謙虛謹慎，把功勞歸於大家。要始終有這樣一個觀點：任何工作成績都是大家共同努力的結果。當主管在工作上取得成績而欣喜時，要想到這是大家的功勞，個人的力量是微不足道的。

只有這樣，才能正確地評價自己、總結經驗，不僅如此，面對成績，主管更應該冷靜反思：如果自己的工作做得再好些，成績是不是還要再大些呢？

許多主管覺得他們必須保持一個完美的形象，他們害怕在承認缺點後，會失去別人的愛戴。這並非事實，每個人都喜愛英雄，但並非人人都期待完美者的出現。完美者不等於英雄，最重要的是要儘量減少錯誤，從錯誤中汲取教訓。主管的一項重要工作就是與人相處，而人生就是不完美的，如果你接受自己和員工都會犯錯的事實，你會成為好的主管，同時心態上也比較健康。

想要維持完美的形象有個問題，那就是人們都知道這只是個假像。這會養成員工不敢認錯的態度，而且會導致兩種極具破壞性的行為：有些員工會隱藏錯誤，對一個企業來說，這是個潛在的災難；有些員工則因為怕犯錯而不敢做事，就長遠來說，這會造成創造力及工作績效的降低。

◎充滿力度的姿態

做事有成效的人，不論男人還是女人，都面帶微笑並點頭以示理解，其表情略顯興奮以表現出有興趣。有時迫於形勢的需要，他們還會掩飾真實的感情，例如恐懼、嫉妒和失望等。

在西方，目光交流是極其重要的：人們不會真正信任不願正面直視他們眼睛的人。

應盡可能使自己的目光與對方保持在同一高度。「俯視某人」和「仰視某人」，這兩個詞充分表明了視線高度差的重要性。

一位自以為樂觀活潑的女士驚訝地發現同事經常問她「你那兒不舒服？」或建議她「打起精神來」。原來她沒意識到，是她鬆弛無力的姿態使她顯得無精打采。不久，她就知道，採納「抬起下巴」這條建議可以吏自己顯得更加自信。

萎靡不振的姿態表明你缺乏信心，使你看上去疲憊、漫不經心或者冷漠。這是主管的大忌，如果站直了，你不僅看起來更有精神，而且顯得更有信心。可設想一下，在你的腹部有一根絲線，讓它穿過頭頂把你拉直。站立時，保持兩腳分開約 10～20 釐米，與髖同寬，和肩膀平行，將全身重量落在腳趾上。

肩膀保持放鬆，兩臂自然下垂，雙臂抱於胸前表示戒備甚至敵對；不要把手插在口袋裏，那樣你可能會玩零錢或鑰匙，從而分散他人的注意力，應把雙手放於身體兩側。

坐著時，注意不要貪圖舒服。許多人養成了癱坐的習慣，很難改正。坐著時，如果腳不停地抖動，或者身體扭來扭去，坐不穩當，

都表明你有些不耐煩。

　　彎腰時，應屈膝，這不僅是有禮貌的行為（後背不會露出來），而且對保護背部有好處。

　　請記住，姿態是無聲的語言，它在你開口說話之前就傳遞出了資訊，使人對你產生印象。你的姿態表明你是否對他人有興趣，是否在意他人對你的看法。而這種態度對於儀態優雅和事業成功者來說也是至關重要的。

　　專家說，街頭罪犯經常選擇那些步履遲緩、行動猶疑不定的人作為襲擊對象。罪犯知道，搶這些人的錢包或公事包，和搶步伐堅定有力的人相比，逃跑的機會要多得多。這些罪犯知道，人們走路的姿態在很大程度上表明了他們處理問題的能力。

　　政界候選人更要強烈地意識到走路姿勢的重要性。例如，一位選選人邁著堅定的步伐，以開朗的姿態走向講台，或者熱切地走向人群中和他們握手，人們會認為他自信又放鬆。投票人、觀眾及同事經常下意識地受步履穩健的人的影響。

　　走路的姿態應該是優雅、自然而且簡潔的。你可以把自己走路的姿態錄下來，或者邊走邊看著對面鏡子裏的形象，然後自問，你會怎樣看待像這樣走路的人。

　　一個人的手勢就像語言一樣，深深地受到個性形成時期的影響。手勢也是文化與個性的表現。

　　首先，避免使用令人不快的手勢。雙手背在身後、揮動拳頭或雙臂抱胸表示生氣，而用手指點別人則意味著指責；手插在口袋中玩弄小物件是不禮貌的，也是分散注意力和粗魯、煩躁的表現；絞動雙手說明你很緊張。這些手勢都有其隱含的意義，但大多數人意

識不到他們正在做這些手勢。建議你看看自己的錄影，你在錄影中的表現往往和現實生活差不多。

另外，手勢使用得恰當會收到意想不到的效果，特別是主管面對眾人演講的時候。你要注意動作自然，使手勢與講話內容一致（不要在討論問題時伸出三個手指）。五指合攏，攤開手掌表明開誠佈公；握緊拳頭則意義相反，有時甚至意味著威脅。

我們建議使用手勢時，手的動作要在腰部以上。面對一大群聽眾時，手勢的動作幅度要大些；面對少量聽眾時，這樣的手勢可能有些過於強烈。同時，還要注意變換手勢，以免重覆。

總之，手勢是信號語言的一種形式。儘管未發一言，但我們仍能有效、有禮貌地與人交流。

◎衣著舉止不失主管身份

有人曾認真研究衣著對人成功的影響，研究所得結果非常驚人。他根據這項結果所寫成的一本書《邁向成功的衣著》成為全美國的暢銷書。作者約翰‧莫洛依的研究顯示，你的穿著是否適合你的職業身份，對成功有著莫大的關係。

不過，你應該明白，你是那類的主管，以及你所領導的是那類人，為了發揮最大的成功效果，你就應該有不同的衣著。假若你在牧場上穿著整齊的西裝，在別人眼中你不會有任何領袖氣質。

同時，衣著的方式應以要能建立起一個特別的主管形象為準則。

軍隊對這一點早就注意到了。將領們的制服，以凸顯他們想建

立的形象為設計原則。

　　蒙哥馬利元帥以他的「貝雷帽」著名。他在這種扁軟羊毛質料的小帽上，綴上他指揮下的主要單位的隊徽，還隨時穿著一件套頭襯衫。他建立了一個隨便、舒適的形象，那怕是在戰鬥最激烈之際。官兵只要見到一位頭上戴著的軟帽綴滿隊徽，穿著一件套頭襯衫的人，立刻知道是他們的司令官來了。

　　巴頓也非常相信儀錶的重要性。他特殊的穿著包括一頂閃亮的頭盔，臀部兩邊各掛一支手槍，甚至在戰場上還系著領帶。他的官兵也是老遠就認得出他來。

　　艾森豪穿著一件自己設計的短夾克，最後整個美國陸軍都採用這種夾克，而且名字就叫「艾克夾克」。

　　麥克亞瑟也建立了一個特殊形象。在第一次世界大戰中，他還只是一位年輕的上校，他的制服就與眾不同。他不戴鋼盔，也不佩帶手槍。他的理由是：「鋼盔會傷害我的頭，降低領導效率。我所以不佩帶槍，是因為我的任務不是打槍，而是指揮」。

　　在第二次世界大戰中，他不打領帶的制服，金邊帽子，大煙斗和太陽眼鏡，也都成為他著名的神秘象徵。

　　西點軍校軍事建築系系主任特納爾上校，即使在教室上課時也穿著一套迷彩服。特納爾以前擔任過美國空軍空降兵學校校長。他是位猛虎型的主管，團體無論做任何事，他都會親自參與。學生們都將他看成能在水面上行走的奇人。

　　美軍陸戰隊司令、四星上將蓋瑞也喜歡穿迷彩服——甚至到國防部就職後還繼續穿。他是唯一穿迷彩服的司令。你一眼就能認出他來，他的迷彩服似乎在告訴你：「我是一名戰士，我的任務就是

作戰」。

假若你想表現出領袖氣質，你就得花費點時間來塑造自己的形象，根據你想成為那種主管而決定你的穿著。

在 200 年前，約瑟夫‧朱伯特說：「一位服裝整齊的士兵，乃是種自重的表現。他顯示出更能控制自己，而使敵人更為恐懼。因為良好的外表本身就是一種力量」。

主管跟員工在一起時，要適當表現自己的「身份」。在辦公室裏與員工相處，別人應該一眼就能瞧出，誰是員工，誰是主管。如果你不能表現出這一點，給人的印象就可能正好相反，那麼，你這個主管就是失敗的。

你雖然不必過於矜持，但要讓你的員工意識到你是主管。這樣，即便是活潑、輕佻的員工也不至於去拍你的肩膀，或拿你的缺點肆意開玩笑。他在你面前會小心謹慎，當你們一起離開辦公室時，他會恭恭敬敬地把門打開，讓你先行。

主管要保持自己的威嚴，在無形中營造員工對你的尊敬之意，會為你的工作開展創造條件，員工會處處——至少在表面上尊重你的意見，當他們執行任務有困難時，會與你商量，而不會自作主張，自行其是。

主管要注意自己的講話方式。在辦公室裏跟員工講話，一般說要親切自然，不能讓員工過於緊張，以便更好地讓對方領會自己的意思。但是在公開場合講話，譬如面對許多員工演講，作報告，要威嚴有力，有震懾力。

但不管在那種情況下，主管講話都要一是一，二是二，堅決果斷，切忌含糊不清。

跟員工交談，即便員工一方處於主動，主管聽取對方談話，也切忌唯唯諾諾，被對方左右。如果對方意見與自己意見相左，可以明確給予否定，如果意識到員工意見確是對公司、對自己有利的，也不要急於表態。

　　多思考少說話，也可以「讓我仔細考慮一下」或「容我們研究、商量一下」來結束談話。這樣，在回去之後，員工就不會沾沾自喜，而會更加謹慎，主管也可以利用時間從容仔細考慮是取是捨，這在無形中增加了主管的權威，總比草率決定為好。

　　行為是無聲的語言。很多員工與主管直接交談、交往的機會不是很多，他們瞭解你往往是通過觀察你的一舉一動，或通過其他一些材料，甚至會根據每一個較小的事情來判斷你。

　　當你顯示自己的身份時，你是將辦公室的門敞開還是緊閉；當你走出辦公室如何與員工打招呼；你是如何接聽電話或如何回覆來信等，每一個細節都會映入員工的腦中。每一個細節，都是向員工們傳達了你自身的一份資訊。

　　行為有時比語言更重要，領導者的權威身份，很多往往不是由語言，而是由行為動作表現出來的，聰明的領導者尤其如此。

◎培養處世不驚的大氣度

　　主管應對突發事件必須臨危不驚，鎮定自若。因為驚慌失措，手忙腳亂不僅無濟於事，而且會喪失平息事態的第一時機。

　　主管常常會遇到一些突發事件，而這些事件有的會造成轟動效應，讓一般人處在惶恐之中不知所措。一名優秀的主管此時應表現

出鎮定自若、臨危不驚的氣度來控制事態，使其不擴大、不升級、不蔓延，這是處理突發事件的關鍵。

在重大事件或突發事件面前，能否做到處事不驚、控制住場面，也是對主管領導力的檢驗，也可以說是對主管綜合實力的考核。

而對重大事件與突發事件進行有效控制與處理，又是當今時代對主管的特別要求，因而每一個主管都要培養起這種素質。

培養這種處事不驚的大氣度可以嘗試以下方法：

無論那類突發事件，都會對人們心理產生相當大的衝擊與壓力，使大部份人處在強烈的衝動、焦躁或恐懼之中。所以，主管首先應控制自己的情緒，冷靜沉著，以「冷」對「熱」，以「靜」制「動」，鎮定自若。這樣，組織成員的心理壓力就會大大減輕，並能在主管的引導下恢復理智，這有利於突發事件的及時解決。羅斯福總統在應付「珍珠港事件」時的鎮定自若起到了穩定人心的作用，並使全國上下同仇敵愾，這正是運用了心理控制法。

對於突發事件，運用組織控制法是指在組織內部迅速統一觀點，使大多數人有清醒認識，穩住陣腳，使事件在組織的控制下，有序地進行處理和解決。

正因為處理突發事件的首要目標是果斷行動，控制局勢，這就必然要求突發事件的決策指向必須針對表像要害問題，達到「立竿見影」的效果，首先治「標」。為此而採用的決策方式可以是特殊的，在治「標」基礎上，才能謀求治「本」之道。

由於突發事件前途撲朔迷離，猶如處於瞬息萬變戰場的軍隊，需要強制性的統一指揮和凝聚力量。同時，在突發事件決策資訊匱乏條件下，任何莫衷一是的決策分歧都會產生嚴重的後果。所以，

對突發事件的處理要求靈活，要改變正常情況下的行為模式，由主管最大限度地集中決策，使用資源，依決策經驗採納某種建議，迅速做出決策並使之付諸實施。

在處理突發事件時，主管固然要有冒險精神，但也要傾向於選擇穩妥的階段性控制決策方案，以保證能控制突發事態的發展。主管在資訊有限的條件下採用反常規的決策方式，並對決策後果風險進行預測和控制時，需回避可能造成不必要波動的方案，同時注意克服急於求成情緒，因為突發事件的表像固然可以迅速得到控制，但其根本的處理則需要在表像得到控制的階段上進一步決策，做到既要及時應變，又要循序漸進，尋求穩妥的方式。

總之，作為一個領導者，如果能在重大或突發事件面前表現出處變不驚、指揮有方的氣度來，便能極大地提升領導威信。

◎有大涵養才有大耐心

忍常人所不能忍，受常人所不能受，這便是大氣度、大涵養，也是人們常說的「宰相肚裏能撐船。」

在現代社會中，每個人的生活都緊張而忙碌，而作為一個主管則更是如此。

領導者必須具有一流的耐性，對人對事都應如此，即使追隨者有許多缺點，麻煩不斷，主管也應克制，不論障礙與壓力有多大，仍要保持良好的修養。總之，主管應有耐性，同時還應堅守自己的目標。

美國傑出的領袖林肯就是一個很有耐性的人。美國南北戰爭的

頭幾週，年輕俊美的麥克裏蘭將軍帶著 20 門大炮和一架手提印刷機開入西維吉尼亞，打敗了幾股南軍。這只是幾場小仗罷了，但卻是北方第一次打勝仗，所以顯得意義非凡。麥克裏蘭更特意製造這種聲勢，他以手提印刷機發出幾十種精彩而誇張的快報，向國民宣佈他的成果。

國會決定感謝他，人們也稱他為「小拿破崙」。「牛徑溪」之役慘敗後，林肯把他請到華盛頓，讓他擔任了「波多馬克軍」司令。

麥克裏蘭天生是個領袖人物，他勇敢地接下「牛徑溪」的敗兵殘將，加以訓練，恢復其信心，建立其士氣，這種事沒有人幹得比他好。到了十月，軍隊的規模已在西方世界數一數二。他手下的將士們個個鬥志昂揚，渴望一搏。人人都嚷著作戰——只有麥克裏蘭例外。林肯一再催他出擊，但他硬是不肯前進，按勞坦戰役之後，李氏戰敗，麥克裏蘭手下的軍隊遠比李將軍部隊多得多。如果麥克裏蘭肯追擊，也就能夠俘虜李氏的軍隊，結束戰爭。林肯一連幾星期催他追擊李氏——寫信催，打電報催，派特使去催。最後麥克裏蘭竟說馬兒累了，馬舌頭疼，他無法行動。

半島戰役中，馬格魯德將軍僅以 5000 兵力阻擋麥克裏蘭的 10 萬大軍。麥克裏蘭不向前攻擊只是築起城垛工事，一再要求林肯加派人手。林肯說：「如果我真的派 10 萬人去增援，他就答應明天開向李其蒙。等明天到了，他又拍電報說他探知敵軍多達 40 萬人，沒有後援他無法進攻。」戰爭部長史丹唐說：「如果麥克裏蘭手下有 100 萬士兵，他會發誓敵軍有 200 萬，然後坐在泥地上嚷著要 300 萬人。」

麥克裏蘭對林肯十分無禮，總統來看他，他竟叫總統在前廳等

上半個鐘頭。林肯夫人氣憤至極，曾懇求林肯撤換掉「那個可怕的空談專家」。林肯答道：「夫人，我知道他不對，但是在這種時候，我不能只顧慮自己的好惡。只要麥克裏蘭能為我們打勝仗，我願意替他提鞋子。」

從中我們可看出，林肯對麥克裏蘭可以說是非常有耐性的了。也正因為林肯有如此大的耐性，才使他日後獲得這麼大的成功。

◎身教永遠勝於言教

其身正不令則行，其身不正令而不行。這仍然是現代主管應常銘記於心的行事警言。

主管要想增強凝聚力，應該把「照我說的做」改為「照我做的做」，這就叫以身作則。

有一句格言：「知道不等於得到。」這句話的意思是說：知道不等於悟到，悟到不等於做到，做到不等於得到。

現在有些主管總對他的下屬這樣說：「照我說的做。」可他們不明白，這是下下之策。真正的上上之策應該是：「照我做的做。」

領導者的工作習慣和自我約束力，對下屬具有十分重要的影響。如果一個主管經常無故遲到，私人電話一個接一個，工作中又不踏實，總是盼望著早點下班，那麼他就很難管理好他所在的部門，所有工作都會弄得一塌糊塗。

領導者以身作則，是美國瑪麗·凱公司所有管理人員的準則。公司創始人瑪麗·凱每天都把未完成的工作帶回家把它繼續做完，她的工作信條是：「今天的事絕不能拖到明天。」她從來沒有

要求她的下屬也這麼做，但她的助理以及七位秘書也都具有與她同樣的工作風格。

一個主管只有嚴格地要求自己，起帶頭表率作用，才能增強自己的凝聚力。

為了使瑪麗‧凱公司的產品擴大影響，更具說服力，瑪麗‧凱從來不用別的公司生產的化妝品。她也決不容許公司職員使用別家公司的化妝用品，就像她不能理解賓士轎車的推銷員開著寶馬轎車四處遊說，保險公司的經理自己不參加保險一樣。

有一次，瑪麗‧凱發現一位經理使用其他公司生產的粉盒和唇膏，於是走到她的桌旁，婉轉而幽默地說：「老天爺，你在搞什麼實驗吧？我想你是不會在公司裏使用別家產品的吧！」聽了瑪麗‧凱的話之後，那位經理的臉騰地一下紅到了耳根。

過了幾天，瑪麗‧凱親自把自己未使用過的口紅和眼影膏送給了那位經理。

瑪麗‧凱非常重視維護自己的形象，因為她深知，一個化妝品公司的經理形象怎樣，會給客戶留下深刻的印象，會影響到公司的聲譽和發展。

1970 年，美國流行穿長褲，但瑪麗‧凱不管是在什麼時候從來不追逐這種流行，始終保持著自己的形象。她甚至為了保持自己的形象，放棄了她一生中最大的愛好——園藝。因為她擔心自己會在不留意中，讓沾在身上的泥土破壞自己的形象。

正是由於瑪麗‧凱的以身作則，公司裏每一位職員都衣著整潔合體，形象光彩照人。

孔子曾經說過：「己欲立而欲人，己欲達而達人。」

他的意思是說,只有自己願意去做的事,你才能要求別人也去做,只有自己能夠做到的事,才能要求別人也去做到。

同樣,作為現代主管也必須以身作則,用無聲的語言說服下屬,才能形成親和力,才能產生出高度的凝聚力。

◎做從容自若的領導者

戰術上舉輕若重,戰略上舉重若輕,是每個主管上任之初就必須具備的基本功。

一些工作具有成效的主管通常都有很大的權力。他們通常建立起了牢靠的與同事及下屬之間的關係,他們對自身及自身的工作、對企業的作用都有十分清楚的認識,他們掌握了更多更好的人力資源,他們精心樹立自己的好名聲,不斷發揚成績。

他們跟部下,特別是處於重要崗位的部下,建立有牢靠的關係。在這些關係之上,使下屬對主管形成以下態勢:部下對主管形成一種義不容辭的責任感;部下對主管領導能力的認可;部下對主管的個人品質以及他的目標或價值觀的認同;部下對上司由認同而產生依賴。

成功的領導不惜花費大量時間和精力,不斷從各個方面維護和發展這些關係。

一個出色的主管,會把他的公司管理得井井有條。他不僅對手下全班人馬的情況瞭解得清清楚楚,而且一旦發現問題,他能夠成功地利用權力影響部下和事件的進程,從而高效地解決問題。

一個成功的主管,他所在公司或他曾在的公司必是業績極佳,

而人們又普遍認為這跟他本人分不開。因此有一份輝煌的履歷和顯赫的名聲，無疑會給他帶來極大影響力，他的業績使許多部下對他的領導能力毫不懷疑，並自覺自願與之合作。

主管的威望還來自於他和部下的私人交往。他可以經常與公司每一位職員見面，並親自給新員工上培訓課。他會利用到各處巡視和出席公司一些特別活動之機，定期與員工聯繫，通過這些交往促使人們認同他和他們公司的計劃、設想。最後一如所有具有性格魅力的領導一樣，他與人們尤其是其重要的下屬建立起了牢靠的個人關係。

成功的主管都擁有極寶貴的資訊基礎，這也是威望的一個來源。

他懂技術，瞭解產品和市場動態，同時他還瞭解他的下屬和他們的工作情況。他知道在那些人之間存在著重要的依賴關係，人們在那些地方存在可能導致發生衝突的分歧。此外，他和許多人建立的良好的私人關係使他控制著大量的資訊來源管道。

總之，一個領導者，不僅僅是能夠運用權力去彌補工作中存在的權力空隙，而且還能夠運用威望去駕馭工作中的各種關係。

一般說來，成功的領導者多以溫和和富有人情味的方法管理部下，也就是說以詢問、鼓勵和說服等方法帶動他們前進，用獎勵或肯定的方法使某種行為得以鞏固和持續，用否定或懲罰的辦法使某種行為得以減少。大多數受過教育的人喜歡做別人請求他們所做的事而不願做別人命令他們做的事，而且從長遠觀點看，批評過多會損害他人的自尊心，使人們的工作效率下降，給個人的精神造成極大的傷害。

但在必要時候，為了加強管理，主管必須採取強硬手段。一個得力的管理者，即使當他們不得不解僱某人時，他們並不因為內疚而變得猶豫不決，而其他人則做不到這一點。他們很可能平時平易近人，有愛心，關心人，可是一旦要採取堅決措施時，便變得果斷無比。

◎領導者要有人格魅力

　　主管常常是一個組織中的核心，這是領導工作的基本特點，但是，主管怎樣才能真正以人格魅力起到核心的作用，這就需要主管有高的人生境界。

　　對於一個人的人格魅力來講，氣質和性格是其重要部份。氣質和性格是構成主管個性心理特徵的兩個重要因素，它反映了一個主管的基本精神面貌。主管氣質性格方面的特徵會給他的工作打上個性痕跡，因此作為主管，必須注意自己的氣質和性格方面的素質修養。

　　氣質就是我們常說的脾氣和秉性，主要是先天性的，但又具有可變性，是客觀的自然條件、社會變化條件和自己主觀努力的結果。

　　性格是一個人對週圍客觀事物的穩固態度和習慣化了的行為方式，它貫穿於人的全部言談舉止之中，決定活動的方式。人的性格雖然和氣質有一定的聯繫，但它並不是先天性的，後天的生活環境，如社會制度、學校、家庭、工作集體等對人的性格的形成和發展起著一定的作用。但人在接受外界影響的時候並不是被動的，他們可以通過對外界的影響進行判斷、篩選，弱化或強化某種影響，

形成自己特有的態度和行為方式。因此人的主觀努力也是不可忽視的，也就是說性格是可以培養的，因而在某種程度上一個人性格的塑造會比氣質的塑造更容易。

◎經常反省自己

人非聖賢，孰能無過。有過而能及時反省，及時補救，即能避免愚而自用、越陷越深的誤區。

每個人都不是完美的，都會說錯話，也會做錯事。對自己做錯的事，知道悔悟和責備自己，這是敦品勵行的原動力。不反省不會知道自己的缺點和過失，不悔悟就無從提高自己的領導能力，要把反省自己當成每日功課。

著名作家李奧‧巴斯卡力，寫了大量關於愛與人際關係方面的書籍，影響了很多人的生活。據說，他之所以有這樣卓越的成就，完全得力於小時候父親對他的教育。因為每當吃完晚飯時，他父親就會問他：「李奧，你今天學了些什麼？」這時李奧就會把在學校學到的東西告訴父親。如果實在沒什麼好說的，他就會跑進書房拿出百科全書學一點東西告訴父親後才上床睡覺。這個習慣一直到今天還維持著，每天晚上他就會拿十年前父親問他的那句話來問自己，若當天沒學到點什麼東西，他是不會上床的。這個習慣時時刺激他不斷地吸取新的知識，不斷進步。

所謂反省，就是反過來省察自己，檢討自己的言行，看一看有沒有要改進的地方。

反省是自我認識水準進步的動力，反省是對自我的言行進行客

觀的評價，認識自我存在的問題，修正偏離的行進航線。

為什麼要經常反省？因為人不是完美的，總會有個性上的缺陷、智慧上的不足。反省的目的在於建立一種監督自我的暢通的內在回饋機制。通過這種機制，我們可以及時知曉自己的不足，及時改正不當的人生態度。良好的反省機制是自我心靈中的一種「自動清潔系統」或「自動糾偏系統」。反省是砥礪自我人品的最好磨石，它能使你的想像力更敏銳，它能使你真正認識自我。

孟子曰：「吾日三省吾身。」這是聖賢的修身功夫，凡人不易做得到，但時時提醒自己，檢視一下自己的言行卻不是太難的事。一個人有了不當的意念，或做了見不得人的事，可能瞞過任何人，但絕對騙不了自己。人之所以會做對不起別人的事，不單是外界的誘惑太大，更多的是自己的慾念太強，理智屈就於本能衝動。一個常常做自我反省的人，不僅能增強自己的理智感，而且必定知道什麼是自己該做的，什麼是自己不該做的。

時下，許多行業都很注重反省的習慣，以增強行業的凝聚力和工作效率。西方一家企業在一天工作結束時，抽出下班前的 10 分鐘，讓員工集合起來一起做一次「晚禱」，由老闆領頭朗誦下面幾句話：

——我今天 8 小時的工作，是否有偷懶的行為？

——我今天的工作是否有任何缺點？

——我對今天的工作是否盡了全力？

——我今天是否說過不當的話？

——我今天是否做過損害別人的事？

對個人來說，方式可以靈活機動些，只要是反省自己，隨時隨

地都可以進行。建立自我反省機制是為了反觀自我的不足，以達到提升自我、健全自我和改善自我的目的。

毋庸置疑，人的通病都是「長於責人，拙於責己」或以「自我為中心」。反省要求的是「反求諸己」，而不是找他人的不是。反省是一面心鏡，通過它可以洞觀自己的心垢。自我如同眼睛一樣可以盡情地看外面的世界，卻無法看到自己。反省機制的建立將徹底改變這一局限。說反省難就難在你願不願意去看到心垢，有沒有勇氣去洗刷它。

反省是認識自我、發展自我、完善自我和實現自我價值的最佳方法。成功學專家羅賓認為：「我們不妨在每天結束時好好問問自己下面的問題：今天我到底學到些什麼？我有什麼樣的改進？我是否對所做的一切感到滿意？」如果你每天都能提升自己的能力並且過得很快樂，必然能夠獲得意想不到的豐富人生。真誠地面對這些提出的問題就是反省，其目的就是要不斷地突破自我的局限，省察自己，開創成功的人生。

每天進行「心靈盤點」，有益於及時知道自己近期的得與失，思考今後改進的策略。

◎學會控制自己的情緒

《孫子兵法‧九變篇》在討論為將之道時明確指出，有五項事將使將帥招致失敗，其中一項事是「忿速可侮」。大意是性情暴躁的人，受不了侮辱，受到刺激後，由於輕舉妄動而自陷險地。「忿」是易怒，「速」是易躁。

「激將法」經常奏效，古有明訓；衝冠一怒壞了事，史有明文。小職員一時衝動，也就是毀了自己前程；公司的老闆或部門主管逞一時之快，卻會讓整個團隊、所有夥伴來陪葬。

「驟然臨之而不驚，無故加之而不怒」，是領導者必備的修養，沒到這層次的領導不會有什麼作為。用隱忍代替怨氣，以理性克制想當然，這套功夫，現在叫「情緒管理」，也叫 EQ。

孫權為兒子向關羽女兒求婚，關羽以「犬子那能配虎女」的辭令回拒，何其爽快；攻襄樊，水淹七軍，使曹操嚇得想遷都，此時的關羽威震華夏，何其威風。這是最後的瘋狂，是迴光返照。呂蒙白衣渡江，使得關羽敗走麥城。

世人說關羽是「大意失荊州」，倒不如說他情緒管理不當，是驕矜狂妄所致。

一個有修養的人絕不會像瘋子一樣對待他人，他會冷靜地面對棘手問題。當一個人飛揚跋扈，不可一世時，這個人離失敗不遠了。

再看張飛，經常鞭撻士卒，劉備勸他不要這麼做，他不以為然。打者無心，挨者有意。在睡夢中張飛被部下幾刀就做了，豹眼圓睜也無濟於事。現在想來當初張飛令手下幾天備齊幾十萬人的白盔白甲，不然就殺死，此時他已經向死神走去，誰也拉不回來了。如果不是情緒失控，張飛也不會有這樣的下場。

此時想起一個外國故事。某將軍兇殘，令理髮師刮臉，刮破則斬，刮不破重賞。眾理髮師不敢前來，一個小孩兒卻獲得重賞。將軍問他不害怕嗎？他說：「我不怕。真刮破了臉，先一刀割了你的喉嚨。」這個將軍才醒悟自己的所為有多危險，從此他不敢再囂張。

《三國志》作者陳壽評論關羽、張飛時說：「關羽剛愎而驕矜，

張飛暴虐而寡恩，兩人都因性格弱點而喪生。」所謂性格弱點，也就是情緒管理的能力不夠。

關、張情緒失控，還可說是匹夫逞勇，可劉備雄才大略，卻也因情緒管理不善導致死亡。關、張死後，他眼中只有怒火，什麼國家大事，復興漢室都不顧了，伐東吳，兵敗彝陵，最後死於白帝城。

管理好自己的情緒，知易行難，看來人最難戰勝的還真是自己。

諸葛亮最後一次北伐，老奸巨猾的司馬懿和他對壘 100 多天，閉門不戰。諸葛亮送來女人的衣服、頭巾、髮飾，意即羞辱司馬懿像個女人，沒有男子漢氣概。司馬懿也曾動怒，但他很好地控制了自己的情緒，一冷靜什麼都清楚了。管理好了自己的情緒，對付眾將的情緒就好辦了。

司馬懿的可貴之處在於有自知之明：「我軍事才華不如你諸葛亮，我是弱者，你怎麼著我吧？」諸葛亮沒輒了，司馬懿勝利了。

每個人都可能有情緒低落或情緒激動、難以自抑的時候，關鍵是如何去控制自己的不良情緒。情緒一旦釋放出來，後果就難以控制，因此，最好在釋放前就將它控制住。例如，俄國作家屠格涅夫與人吵嘴時，就把舌尖放在嘴裏轉 10 圈，以使心情平靜下來，這種分散情緒的方法往往能將不良情緒控制住。

不良情緒有時是不易控制的，但可以試試迂回的辦法，把自己的情感和精力轉移到其他事物中去，使自己沒有時間去想那些不愉快的事，從而將情緒轉化。

讓自己的情緒影響自己的工作是不明智的。應該學會控制自己的情緒，將怒氣轉為有建設性的工作，避免怒氣衝衝，要儘量保持心情平靜。

同時，要努力控制自己的脾氣，切勿把心中的怒氣撒在同事身上，這是自找麻煩的愚蠢行為。沒有人會願意與一個情緒化的人共事，上司更不會對這種人放手使用，讓他承擔重任。替自己樹立一個隨和、善解人意的形象，是成功的重要因素。

　　當別人把你當做出氣筒時，該怎麼辦？以牙還牙，還是坦然面對？前者使人一時痛快，可失去的會更多；後者雖然使人一時受辱，卻贏得大度的名聲。

心得欄 _____

_____

_____

_____

_____

第 **2** 章

領導者就要這樣立威信

　　成功的領導者，不在於職位和權勢，而取決於他有沒有具備與眾不同，並足以吸引追隨者的威信和魅力。

　　其實，領導能力就是威信和魅力的極致發揮，是影響與他人合作和實現目標的一段歷程。培養出個人的威信，讓下屬覺得你值得信任、值得學習，願意跟著你。

◎沒有威望，領導能力就難以完美體現

　　缺乏優秀的品格和個性魅力，領導者的能力即便再出色，人們對他的印象也會大打折扣。他的威信和影響力也會受到負面影響。

　　現實生活中，我們常常會有這樣的感覺：有些領導者無論在什麼情況下，本身所固有的組織指揮才能，都能散發出不可抗拒的感召力和影響力，讓人們願意接受他的領導；同時，也有一些領導者，

靠行使手中的職權實施管理活動，下屬懾于權勢，才被動地接受領導。兩者之間之所以出現這麼大的差異，一個根本原因，就在於領導魅力的大小。

人格魅力是指由一個人的氣質、性情、相貌、品行、才學等諸多因素體現出來的一種綜合的人格凝聚力和感召力。有能力的人，不一定都有人格魅力。缺乏優秀的品格和個性魅力，領導者的能力即便再小色，人們對他的印象也會大打折扣，他的威信和影響力也會受到負面影響。

人與人之間的相處是一種心理態勢和心理氣氛的形成過程，這種態勢一旦形成就很難改變。由此可見，領導者只有把自己具備的素質、品格、作風、工作方式等個性化特徵與領導活動有機地結合起來，才能較好地完成任務，體現領導能力；沒有人格魅力，領導者的領導能力難以得到完美體現，其權力再大，工作也只能被動地進行。

香港一位著名企業家在總結他多年的管理經驗時說：「如果你想做團隊的老闆，簡單得多，你的權力主要來自地位，這可來自上天的緣分或倚仗你的努力和專業知識；如果你想做團隊的領袖，則較為複雜，你的力量源自人格的魅力和號召力。」真正的領導能力來自讓人欽佩的人格。增加親民務實的人格魅力，是當前提高領導能力的關鍵因素。

◎距離會產生權威

中國古代大聖人孔子說過一句話：「臨之以莊，則敬。」這句話意思是說，主管不要和下屬過分親近，要與他們保持一定的距離，給下屬一個莊重的面孔，這樣就可以獲得他們的尊敬。

領導者與下屬保持距離，具有許多獨到的駕馭功能：

首先，可以避免產生下屬之間的嫉妒和緊張情緒。如果主領導者與某些下屬過分親近，勢必在下屬之間引起嫉妒、緊張的情緒，從而人為地造成不安定的因素。

其次，與下屬保持一定距離，可以減少下屬對自己的恭維、奉承、行賄等行為。

第三，與下屬過分親近，可能使主管對自己所喜歡的下屬的認識會失之公正，干擾用人原則。

第四，與下屬保持一定的距離，可以樹立並維護領導者的權威，因為「近則庸，疏則威」。

作為一名領導者，要善於把握與下屬之間的遠近親疏，使自己的領導職能得以充分發揮其應有的作用，這一點是非常重要的。

有些主管想把所有的下屬團結成一家人似的，這個想法是很理想化的，事實上也是不可能的，如果你現在正在做這方面努力，勸你還是趕快放棄。

退一步說，即使你的每一個下屬都與你親如兄弟。但是，你想過沒有，你既然是本部門、單位的主管，那麼，你與下屬之間除去有親兄弟般的關係以外，還有一層上下級的關係。當部門、單位的

利益與你的親如兄弟的下屬利益發生衝突、矛盾時，你又該如何處理呢？

所以說，與下屬關係過於親近，並不利於你的工作，反而會帶來許多不易解決的難題。

在你做出某項決定要通過下屬貫徹執行時，恰巧這個下屬與你平常交情甚厚，不分彼此。你的決定很可能會通過這個下屬去執行，他如果是一個通情達理的人，為了支持你的工作，會放棄自己暫時的利益去執行你的決定，這自然是最好不過的。

但是，如果他是一個不曉事理的人，就會立即找上門來，依靠他與你之間的關係，請求你收回決定，這無疑是給你出了一道難題。

你如果要收回決定的話，必然會受到他人的非議，引起其他下屬的不滿，工作也無法開展。不收回，就會使你與這位下屬的關係出現惡化，他也許會說你是一個太不講情面的人，從而遠離你。

與下屬關係過於親近，往往會帶來許多麻煩，導致領導工作難以順利進行，影響主管形象。

在主管與下屬相處時，要記住保持一定的距離。當然若距離太遠，「可望而不可及」，讓人「敬而遠之，望而生畏」，「神聖得不可接近」，似乎也沒人買賬。

無原則的接近往往會適得其反，「與群眾打成一片」是許多人喜歡標榜的。但是，是不是距離越近越好？非也！

首先，人都有這樣一種慣性，即「得寸進尺」。你要是對他近乎些，久而久之，他便會由最初誇讚這位主管沒有架子，工作作風好開始，進而和你稱兄道弟，不分裏外、上下、輕重，說不定將自己的意願與你的指揮作一平衡，最後可能就騎到你的脖子上。例如

一位服務部的經理就是與手下人打得過於火熱，後來每一次分配工作，手下人竟然都要跟他討價還價一番，弄得經理自己相當被動。

其次，一般人都有「宰熟」的心理。生人或接觸有限的人，因為摸不清底細，便不敢輕舉妄動。沒有了距離，大家相當熟悉，從生活習性到特長愛好，瞭若指掌。根據你的喜好投你所好也好，知道你的弱點採取相應對策也罷，你一舉一動都在別人的掌握中。如此一來，你是主管，還是被監控的對象甚至被利用的傀儡？

再者，對大多數人來講，「威嚴」是製造出來的，人和人能差到那去？為什麼一人必須聽從另一人的指揮，就是因為他有一個頭銜，這頭銜便是對距離的一種力量。

主管可以一直以「與群眾打成一片」的形象出現。這樣下屬可以比較自由地向其反映各種情緒，也可以流露一些情況，還可以在非正式的場合稱呼隨便點。但是，絕不允許他們沒有上下級觀念，也不允許他們過於放肆。得讓下屬清楚，領導永遠是領導，無論主管多麼和藹可親、多麼平易近人，也是為了更方便地開展各種工作，實施各項措施。

主管藝術的高明、巧妙，只是從另一方面證明了他是一位領導的事實。讓下屬感覺到這一點，既有利於自己決策的平穩展開，也在不知不覺中樹立了主管個人深入群眾、深得人心，同時又有工作魄力、有業務能力的良好形象。

◎權力不等於權威

　　權力與威信之間有著異常緊密的聯繫，這是毫無疑問的。但是，它們又是截然不同的。無權的人同樣可以有威信，而有權的人卻未必擁有。主管希望自己的權力能給他帶來威信，然而權力不等於威信。主管如果明白這一點將會給自己及別人帶來很大的好處，如果不明白這一點其結果則可能是災難性的。讓我們來看看有權威的人是怎麼樣的。

　　1955 年 12 月 1 日，是美國歷史上一個永遠值得紀念的日子。那天，在亞拉巴馬的蒙哥馬利，一位名叫羅莎‧派克的美國黑人婦女拒絕服從一位汽車司機要她離開座位到公共汽車尾部就坐的命令，這個命令符合當時盛行的公共汽車種族隔離慣例。由於冒犯了蒙哥馬利的種族隔離法令，派克太太遭到拘捕。

　　這件事引起了當地浸禮會教堂一位牧師馬丁‧路德‧金的注意，他認為這種境況可以而且必須得以糾正。隨之，他在蒙哥馬利號召舉行聯合抵制乘坐公共汽車的群眾運動，以非暴力的群眾運動形式，反對在公共汽車上實行種族隔離政策。馬丁‧路德‧金也因為在為期 382 天的蒙哥馬利抵制乘坐公共汽車運動中發揮了領導作用，而受到當地廣大黑人群眾的擁護，這也使他以民主權力運動主管的形象成為全國矚目的人物。

　　馬丁‧路德‧金在沒有人授予他職務權力，自己也沒有特意去追求權力的情況下，為什麼仍然可以成為民權運動的領袖呢？羅伯特‧塔克在他的著作《政治領導論》中，稱這種人為「非委任領袖」。

「非委任領袖」不擁有職務權力,但他們仍然可以成為政治領袖,領導他人。他人願意、也樂於接受他們的領導乃是為「非委任領袖」的個人權威所影響。

作者還認為「非委任領袖」能否最大程度地施展領導才能是以政治自由為條件的。因為政治自由可為他們提供足夠的機會,以便公開提出他們對局勢的判斷和他們對政策制定的設想,並動員大家支持。

1995 年 11 月 4 日,歷史將永遠記住這一天。這一天對全世界,尤其是對以色列人來說,是一個讓人悲痛不已的日子:總理拉賓於該日在國王廣場遇刺身亡。

拉賓遇刺受傷之後,以色列電台和電視台都中斷正常節目,不停地播出從醫院和國王廣場發出的最新消息。當拉賓去世的消息公佈後,守候在伊奇洛夫醫院門外的數百名市民禁不住失聲痛哭。數以千計的人佇立在國王廣場,久久不願離去。拉賓所在特拉維夫市的住宅四週很快也圍滿了人,許多人自發地在街頭點燃一隻隻蠟燭,以悼慰拉賓的亡魂。

按照猶太人的傳統習慣,拉賓的遺體應於 11 月 5 日下葬,但因為有很多的外國元首、政府首腦、或他們的代表,要遠道趕來參加葬禮,以色列政府臨時決定推遲一天安葬。6 日下午,拉賓的葬禮在西耶路撒冷隆重舉行。參加葬禮的除以色列總統魏茨曼、代總理佩雷斯、拉賓夫人利揚和成千上萬的市民外。還有來自世界 80 個國家的代表。其中有 44 位國家元首和政府首腦,包括:美國總統克林頓,俄羅斯總理切爾諾梅爾金,英國首相梅傑,法國總統希拉克、總理朱佩,德國總理科爾等。此外,還有包括美國前總統卡

特、布希在內的數以百計的世界知名人士。埃及總統穆巴拉克、約旦國王侯賽因也參加了葬禮。他們是繼埃及已故總統薩達特 1979 年出訪以色列之後首次踏足以色列的阿拉伯國家元首。他們的出席使拉賓的葬禮成了有史以來極為罕見的超級葬禮。

　　拉賓作為以色列總理，其權力不可謂不大，但權力只有在有生之年才起作用，在他不幸去世之後，權力自然不復存在。是什麼力量讓如此多的國民對他戀戀不捨、難抑悲痛呢？而又是什麼力量使其他國家的政府首腦和世界知名人士們對拉賓如此肅然起敬、扼腕長歎呢？很明顯，這裏存在著權力之外的另一種力量，那便是權威。

　　拉賓和馬丁‧路德‧金在權力上可以形成顯明的對比，但是他們在群眾的威信上卻有著與他人不可比擬的相似，這一點可以猛烈抨擊那種權威帶來權力、權威等於權力的說辭。主管有權力，但千萬不要認為同時就擁有了權威，可以說權力只是權威獲得的一個小小的優勢。我們反對把權力等同於權威，但我們並不否認從權力到權威的路走起來確實很有技巧性。

心得欄 -

- -

- -

- -

- -

- -

◎威信來自於下屬的信賴

　　主管的信譽有巨大的影響力，也是一種無形的財富。主管如果能贏得下屬的信任，眾人自然就會無怨無悔地服從他、跟隨他。反之，如果經常言而無信、出爾反爾、表裏不一，別人就會懷疑他所說的每一句話、所做的每一件事。日本「經營之神」松下幸之助特別重視「個人信用」的理論，他說：「想要使下屬相信自己，並非一朝一夕所能做到的。你必須經過一段漫長的時間，兌現所承諾的每一件事，誠心誠意地做事，讓人無可挑剔，才能慢慢地培養出信用。」

　　假如你要樹立領導威信，在此建議你努力做好一件事：

　　讓你的夥伴稱讚你是一位言行始終如一的人。

　　如果一位主管在他下屬的心目中是一位值得完全信賴的人，一定是一位成功的主管。在領導與改革方面研究卓有成效的管理學大師華倫‧班尼斯所做的一項研究結果發現，人們寧可跟隨他們可以信賴的人，即使這個人的意見與他們不合，也不願意去跟隨意見與他相合，卻經常改變立場的人。前後一致與專注心的重要性，一再強調也不為過。班尼斯所稱的前後一致，就是指主管要言行一致，讓人覺得可以信賴。那麼，如何讓人覺得你言行始終如一，值得信賴呢？

　　以下有 5 個具體可行的途徑，可以作為參考。

　　(1)目標一致：主管的一言一行、從各方面所傳達出來的資訊和整個組織的目標以及溝通管理上的工夫都必須有著極為密切的關

係。

(2)言行一致：主管的行為應該和自己公開說過的話一致。

(3)風格一致：主管的溝通方式應力求直接、坦誠，儘量鼓勵下屬發表意見。

(4)前提一致：主管認為重要的人和事應該被重視。例如員工和其他組織的主要成員就應該比外界人士先得到第一手資料。

(5)角色一致：主管應該是一個組織的最高溝通主管，也是主要事務的發言人。不管是對內或對外溝通，都不該假手於人。

你真正希望 100%贏得信賴和效忠嗎？在此建議你，必須真誠、表裏一致，時時刻刻為團體示範出你是個值得信賴的好主管。以下是主管必須嚴守的 5 項原則，有助於建立並增強別人對你的信賴。

(1)公私分明：絕不可以將私事和公司的業務混雜不分，要分得一清二楚。

(2)嚴於律己：公司新規定的任何事情一定要以身作則，絕對不要破壞自己所頒佈的規定。

(3)慎重許諾：絕對不要承諾不能實現的事。

(4)用人不疑：用他，就要完全信任他，不信任他，就不要用他。

(5)公平公正：以公平公正的準則來管理人、事和公司。

縱然領導形態各不相同，而且每位主管都有或多或少的缺點，但是，成功的主管一定具備風格、言行始終如一的特質。一本泛談智慧領導的書中這樣寫道：

「成功的主管一定要言行一致，堅守道德原則，必要時要挺身而出，為堅信的價值觀奮鬥、辯護，不能口裏講、筆下寫，而實際

上做的卻是另外一套。」

在目前快速激變的時代裏，做領袖的人必須保持前後一致、言行一致，才比較容易贏得下屬的愛戴。

此外，主管必須投注更多的時間，長期培養自己的信用，並小心維護自己的聲譽。「好事不出門，壞事傳千里。」必須更加謹言慎行，一次失信就可能會造成永遠無法彌補的損失，因此想建立個人的信用，提高信譽，必須注意不要犯此類錯誤。

◎魅力勝於權力

作為一個主管，你可曾靜下來仔細想過以下的問題，並從中找到真正的答案？

(1)為什麼有許多人在沒有加班費的情況下，仍然自願、辛苦地加班？

(2)為什麼總有一批人為你所設定的目標全力衝刺？

(3)為什麼總有一批人為你毫無保留地奉獻他所有的才智？

多年來，許多人一直不斷思索這些問題，終於得出一個驚人的答案：

成功的主管，在於 99%的主管個人所展現的威信和魅力以及 1%的權力行使。

主管，其實就是威信和魅力的極致發揮，影響與他人合作和實現目標的一種歷程。印度聖雄甘地也支持這種說法，他說：「主管就是以身作則來影響他人。」

一個人之所以心悅誠服地為他的主管或組織賣力工作、奮鬥，

絕大多數的原因，是他擁有一位「魅力」迷人、有威望的主管——這位主管像塊磁鐵般虜獲了大家的心，激勵大家勇往直前。曾經聽到一位下屬推崇他的主管說：

「你和他在一起一分鐘，你就能感受到他渾身散發出來的光和熱。我之所以賣命努力，是因為他有一股強大的威嚴和魅力，深深吸引著我。」

從領導效能的觀點來看，我們不得不承認：威信、影響力遠勝過權力。

帶人要帶心。做一位成功的主管，除非我們具備了相當程度的威信與影響力，否則，很難實現領導統禦的第一個命題：贏得下屬的信賴和忠心。

有位頗具領導力的企業家在研討班裏，曾單刀直入地告訴學員：「在現實世界裏，眾所週知的一流管理者，無一例外地都具有一種罕見的人格特質，他們處處展現出領袖的風範。他們不但能激發下屬們的工作意願，又具有高超的溝通能力。動之以情，曉之以理，渾身散發出熱情的力量，尤其重要的是，他帶領團隊屢創佳績，擁有一連串驕人的輝煌成就。運用獎賞力與強制力來管理，也許有效，但是如果你要提高自己的領導魅力和威嚴，贏得眾人的尊重和喜愛，我建議你們要盡最大的努力以影響和爭取下屬的心。假如你們之中誰能做到這點，誰就能成為一位成功的主管，而且也可能完成許多看似不可能完成的任務。」

好的領導才能，特別是個人的威信或影響力，比職位高低和提供優越的薪資、福利重要得多。它才是真正促使人們發揮最大潛力，以實現計劃、目標的魔法杖。

總之，現在的主管，需要更多的是令人信服的威信、影響力，而不是令人生畏的權力。

那麼，培養主管的威信和魅力從那裏入手呢？又有那些基本原則呢？

如果我們希望成為一位更具威信的主管，現在第一件要做的事情，就是趕緊培養、發展一項吸引追隨者的超凡特質——「跟我來」。要使追隨者「跟我來」，你必須先懂得如何激發他們的追隨動機。

《領導藝術家》一書作者威廉‧柯漢指出，主管如果能確實做到下述 4 件事情，就會具備與眾不同的威嚴和魅力，激發下屬的追隨動機。不妨一試。

(1)使別人感到他重要。每個人都希望受到重視，要設法讓下屬感到自己很重要，並竭盡所能滿足他們的這項需求。

(2)明確你的奮鬥目標，並說服下屬相信你的目標是值得全身心投入的。

(3)想要別人怎樣待你，你就怎樣對待別人。你想讓別人追隨你，你就要關心他們，公平地對待他們，將他們的福利放在你的心裏。

(4)為自己的行為負責，也為屬下的行為負責。千萬不要將責任推給別人，應常記：「這全是我的錯，不能怪任何人。」

◎不可以有趾高氣揚的傲慢態度

大部份人在剛擁有職銜時，都會顯得很謙虛，但也有人會趾高氣揚。

然而，隨著時光的流逝，主管剛上任時的謙卑態度，漸漸不見了。在下屬眼裏，甚至會覺得主管愈來愈居高臨下了。

如果詢問公司主管級的人物：「你認為你自傲嗎？」幾乎所有的人都會回答：「絕對不！」然而如果問下屬相同的問題，通常他們會意味深長地苦笑一下，然後說：「喔？是這樣嗎？」似乎上司本身並不瞭解自己言行舉止上的缺點。

主管威嚴的表現會因公司的風格、氣氛以及經營者、公司成員的不同而有所差異。但是，你仍然應當避免表現出趾高氣揚的態度。

下屬絕對不可能順從於品行惡劣的主管。女性職員更會覺得其厭惡，不願與其接近。而其他公司的人來訪時，也會感到不愉快。如果來訪的是重要客戶，則會直接影響到公司的業績。

有機會時，你最好照照鏡子，看看自己的形象。下屬認真地在彙報，你卻口叼香煙，蹺著二郎腿，東張西望，表現出很不耐煩。

你公私不分，在上班時間吩咐下屬為你辦私事，使喚下屬時態度也很傲慢，這都表現出你輕視對方。

其實大可不必如此傲慢。只要你能夠獨當一面，職位是不會跑掉的。只有缺乏自信的人，才會虛張聲勢，無論對自己或對週圍的人都想弄虛作假。這種行為都會招致下屬的厭惡和不信賴。

主管最好時時刻刻留意自己的儀容，看看自己的表情、姿態是

否讓人厭惡。即使只是細微的改正，也會有很大的差別。臉部表情會反映出你的內心感受，這實在是不可思議的肢體語言。另外，不論與下屬多麼熟悉，也最好避免直呼下屬的綽號，這是相當失禮的。

在態度傲慢所遭受的損失中，最嚴重的應該是斷絕了情報和資訊的來源。假如，下屬認真地向你彙報某件事情，而你卻屢次打斷他的話，那麼恐怕以後這位下屬再也不會向你彙報事情了。

因此，即使下屬彙報的內容枯燥乏味，令你不耐煩，或者你早已充分瞭解，你也必須認真地聽完，因為這其中一定有值得你注意的地方。聽完彙報後，還應大加讚揚那些值得注意的地方，這樣一來，相信下屬以後一定會不斷地提供情報給你。

下屬絕對不可能順從於品行惡劣的主管。而主管威嚴的表現會因公司的風格、氣氛以及經營者、公司成員的不同而有所差異。要避免表現出趾高氣揚的態度，趾高氣揚的態度會直接影響到公司的發展。

◎主管擁有威信的關鍵點

權力和地位贏不來下屬的真心尊重。下屬對上司的尊重是來自於上司的威信。

上司要把工作做好，必須在下屬面前有威信。

那麼，什麼是威信呢？威信是主管在下屬和群眾心目中的威望和由威望而產生的信任。威信，就是威望和信任兩者的結合。

威信是一種非權力性的影響力。一個主管，由於身在其位，自然有權，有權就可以使下屬服從其意志和指揮，但卻不一定有威

信。而有了威信，同其擁有的權力結合，方能在下屬那裏具有真正的權威，權力也才能得到更有效地運用。可以這樣說，權力是權威的前提，威信則是權威的內在靈魂。

作為主管以自己的才智和能力樹立威信，主要應做到以下幾點。

1. 精通業務

主管對於本職範圍內的主要業務，必須由熟悉進而做到精通。這是在下屬面前樹立威信的基本條件。一般來說，組織上不會委任不懂業務的人擔任管理職務，但在有些情況下，擔任某種管理職務的人，開始時可能不大熟悉本行業務，這就必須抓緊學習，盡快熟悉業務，並逐漸成為本行的專家。在這個問題上是沒有什麼竅門可找的。

2. 有決策能力

一個遇事沒有主意、優柔寡斷，致使問題久拖不決的主管，或者一個凡事硬做主張、專橫武斷，致使決策經常失誤的主管，在下屬面前自然不會有威信。下屬在工作中最關注上司的是決策能力強不強，在需要做出決策的時候，有沒有膽量及時做出正確或基本的決策。

主管多謀善斷，敢於拍板，是最能贏得下屬的欽佩和信任的。就如一位軍事指揮官，若能經常作出正確的作戰部署，指揮部隊常打勝仗，自然會在指戰員心目中樹立起高度的威信。

3. 善於組織

任何一個主管都有幾個甚至好多個下屬，都管理一幫人或若干項事業。主管的職責就是要把這些人和事合理地組織起來，像是組

裝起一台機器，使之順暢穩定地運轉。工作情況和任務有了變化，能夠及時地調整人力。要建立健全各項管理制度，使各方面工作規範化、制度化，以保證單位整體工作協調有序地正常運轉。

主管還要善於運用組織的力量，充分發揮助手、下屬的作用，不需事必躬親。這樣的主管，自然會受到下屬的尊重和信任。

4. 知識廣博

作為一個主管特別是較高層次的主管，如果缺乏學識，知識面很窄，是很難得到下屬尊敬的。一些年輕的下屬，往往願意和上司談談工作以外的話題，如國際形勢、科學技術新的發現發明、文學藝術作品等等，如果主管平時注意閱讀書報，熟悉這些問題，能以自己的見解同他們交談，自然會贏得他們的尊重，從而有助於樹立自己的威信。

5. 良好的品德與人格

主管以自己的品德和人格樹立威信，要注意以下幾點。

· 以身作則。要求別人做的，自己首先做到；要求別人不做的，自己首先不做。

· 公正待人。對下屬不分親疏遠近，一視同仁，是主管為人正派、正直的優良品質的重要表現。

· 清正廉潔。清正廉潔，最基本的要求是秉公辦該辦的事，即使是普通群眾，與己毫不相識的人，甚至與己不和的人，也都痛痛快快地給辦，不設障礙，不要好處；不該辦的事，那怕是達官貴人，親朋好友，也堅決不辦，決不徇私情，決不收禮受賄。做到這一點，就保持了清正廉潔的作風，就會在下屬和群眾中贏得崇高的威信。

◎充分利用自己的影響力

有不少有實力的人沒能成就大事，他們很有能力，卻沒能在群眾之中樹立權威。別人可能會聽你的，可並不情願聽從你的差遣。在這時，你會產生疑問，自己究竟有沒有影響力。這是工作生涯中的一個尷尬時期，你應當學會如何面對。

羅邁在紐約一家小型投資公司任職。他年輕有為，富有才幹。這家公司是個合夥企業，一位資深合夥人掌握大權。其他 12 位合夥人雖然精明活躍，卻受制於這位資深前輩。羅邁不久就發現，雖然這位前輩表面的職位與他的合夥人相當，但聰明才智卻比他們高出一籌。

這位前輩也認為羅邁的構想比別人來得膽大，關係也比別人處理得好，因此獲利也比別人多得多。所以，這位資深合夥人就極力提拔他，並向有關人士大力舉薦羅邁，甚至讓他當上了一家著名博物館的信託人，而且在合夥人的會議上，這位前輩也總聽他的意見。羅邁還不明白，實際上自己已被視為同輩中坐第一把交椅的人。由於身份不明，羅邁十分苦惱。處在領導的位置上卻沒有實際的的名分，他希望有行動表明自己有高人一等的地位。

羅邁最終向資深前輩攤牌了，希望他召集所有的人宣佈：「他是老大」。但是資深前輩卻有自己的顧慮，怕如此一來會引起其他人的反對，因此並沒有同意這麼做。羅邁備感受挫，他不能容忍有實力卻無權威的現實，最終離開了這家公司。

實際上，要想獲得實際的權威，是有章可循的。以下幾點建議

可以幫你利用影響力樹立你的名分和權威。

- 學會察言觀色。因為你的影響力難以測量，上級可能會表現出對你不信任，必須運用你的眼光和頭腦判斷自己在別人心中的位置。

- 保持清醒。旁人昏頭轉向時，你若能保持清醒，就會擁有更大的權威。

- 顯示大將風度。一般人不僅願與智者接近，也願和有大將之風度的人為伍。要能自我控制，並能左右全局，使所有在場的人不離主題。

- 主動提案，大膽嘗試。不要消極等待，要主動出擊，能率先提出或否定某種觀念的人會在這方面有更大的權威。

- 不吝讚美。在合適的場合、合適的時候稱讚別人，能振奮士氣，贏得好感。

- 善於掌握分寸，在影響力和工作權威之間取得恰當的平衡。

- 要循序漸進，不可操之過急。增進自己權威的過程可能是很緩慢的，不可能一蹴而就，必須沉得住氣，注意把握分寸。

- 當機立斷。有成就的人不一定是才智過人的人。他們更瞭解自己的影響力，並且會毫不猶豫地加以利用。

◎律己才能律人

　　一個普通的人要想獲得別人的尊重，就必須具有他人所沒有的優秀品質，作為一個企業經理更是如此。如果你不具有獨特的風格，你很難獲得下屬的尊敬；而在此特質中，最重要的就是經理本人的自我要求，這一點其實是很自然的。有一句話叫做「律己才能律人」。

　　要求自己的原則與方法不是一朝可成的。你必須有「三軍可以奪帥，匹夫不可奪志」的決心和毅力，在不斷地嘗試與努力中鍛鍊自己，促使自己一步一步地走向優秀領導的境界。

　　那麼請問，你對自己的要求遠甚於下屬嗎？偶爾你也會站在客觀的立場上為自己的下屬設身處地地想一番嗎？要知道這種態度和涵養是自己身為領導所必須具備的。一天到晚為自己打算的人，絕非一個優秀的主管，要知道在你做這些努力的過程中，一舉一動都逃不過下屬的觀察。

　　令人遺憾的是，有些主管總是忽視或沒有能力做到這個「自我要求」，遇事總是喜歡歸咎於他人。對一些荒謬透頂的事，他們做起來卻感到特別安心。

　　例如一家公司應該開發新產品了，趕緊召開員工大會，而無能的主管常為自己大腦空空而坦然，卻總在抱怨別人：「這些傢伙儘是窩囊廢，竟然拿不出一個新構想！」其實，新構想不能全靠下屬去構思，身為主管應該先動動腦筋，先制定個框架，或先指明個方向，然後再要求下屬全力籌畫，這樣靠著雙方的努力便可把目標順

利達成。如果只是把責任全部推給下屬,即使事情成功了,主管也失去了一個在下屬心中贏得信任的絕好機會。要知道,如果你的下屬在心裏對你沒有個好感覺,你就別想讓他們很好地服從你。公司裏有能力的下屬可能表面在為你拼搏,暗地裏卻在想方設法取代你的位置呢。在一家企業裏,下屬之所以服從你,其理由往往不外乎以下兩種:

· 因為主管地位既高,權力又大,不服從則會遭到制裁。

· 因為主管對事情的想法、看法、知識和經驗均高自己一籌。跟著他做事,不必擔心出錯。

在這兩個條件中任缺一項,下屬都可能離你而去,或者與你分庭抗禮,勢不兩立。

有一句話叫做「善為人者能自為,善治人者能自治」。一家公司的業務能否在激烈競爭的潮流中得到發展,關鍵之處還在於主管是否有正確的自律意識。主管只有身體力行,以身作則,才能建立起人人遵守的工作制度。例如要求公司的職員遵守時間,主管首先要做出榜樣;要求下屬對自己的行為負責,主管也必須明白自己的職責,並對自己的行為負責。只有以身作則的主管,才能激起下屬的自覺性,並影響他們朝著良性的方向發展。屬於主管自己做不到的事,就不要要求下屬去做;要求下屬改掉壞毛病,主管就要首先自己改掉壞習慣。

培養良好的自律性、成為下屬的表率,最好能參照以下幾點建議去身體力行:

首先樂於接受監督。據說,日本「最佳」電器株式會社社長北田先生,為了培養自己下屬的自我約束能力,創立了一套「金魚缸」

式的管理方法。他解釋說，員工的眼睛是雪亮的，主管的一舉一動，員工們都看在眼裏，如果誰以權謀私，員工們知道了就會瞧不起你。「金魚缸」式管理就是明確提出要提高管理工作的透明度，管理的透明度一大，把每個下屬置於眾人監督之下，人們自然就會加強自我約束。麥當勞公司曾一度出現嚴重虧損，公司總裁親自到各公司、各部門檢查工作，發現了各公司部門的主管都習慣於坐在高靠背椅上指手畫腳。於是他向麥當勞速食店發出指示，必須把所有主管坐的椅背鋸掉，以此促使主管深入現場發現問題，這一招竟使麥當勞公司經營狀況獲得了極大的轉機。因為主管和員工們同乘著公司這一條船，只有平時同甘共苦，情況緊急時才會同舟共濟。

要保持清廉儉樸。作為一位公司主管，應該清楚自己的節儉行為，不管大小，都具有很強的導向作用。主管的言行舉止是下屬關注的中心和模仿的樣板。

台灣塑膠集團董事長王永慶曾說：「勤儉是我們最大的優勢，放蕩無度是最大的錯誤。」他是這樣說的也是這樣做的。在台塑內部，一個裝文件的信封他可以連續使用 30 次，肥皂剩一小塊，還要粘在整塊肥皂上繼續使用。王永慶認為：「雖是一分錢的東西，也要撿起來加以利用。這不是小氣，而是一種精神，一種良好的習慣。」由此可見，要想成為一個卓越的主管是相當不容易的，清廉儉樸這一點，你就應該努力做到。

要戒掉自己的不良嗜好。不少主管總有抽煙、喝酒的不良嗜好，這些東西給我們身心健康帶來的害處就不必說了。單從對主管個人素質和表率作用所產生的不良影響上說，就應該戒掉煙酒。例如現在大中城市都在普及戒煙，國家還特別規定了戒煙日，如果自

己還整天泡在煙霧中，還怎樣對下屬下達「戒煙令」呢？

◎殺「刁猴」顯示威嚴

社會愈複雜，愈見機巧奸詐。人是複雜的，每個人都各有主張，各行其是，如果主管不能樹立權威，則工作很難進行下去。所以，必要時必須殺雞駭猴，以儆效尤。

在一些特別情況下，因種種原因有一些個別單位或部門對新任的主管會採取排斥、打擊或孤立的做法，嚴重影響新任主管開展工作，對此做為主管必須採取有效措施堅決予以懲戒。古代漢朝的韓信，出身寒微，自被劉邦築壇拜將後，一班老臣武將更是不服，背後議論紛紛。這些韓信心裏十分清楚，他決定殺雞駭猴，樹立自己的權威。

一天，韓信下令集合操演，限五更時分全體集合。點名完畢，只有監軍殷蓋未到，韓信也不多說，下令演習開始。

中午時分，殷蓋才從營外姍姍而來。到了轅門，被守衛的軍士攔住：「元帥已經演習半天了，沒有命令，不敢放行！」

殷蓋一聽，大發脾氣：「什麼元帥不元帥？韓信他算什麼東西，好，你去通報！」

過了一會兒，守門軍士傳令「請」。

殷蓋大模大樣地進去，見了韓信，兩手一拱，尚有餘怒。

韓信問：「軍有禁令，漢王亦有手諭，你身為監軍為何遲到？」轉身問司晨官：「現在是什麼時候？」

「已過中午了！」司晨官答。

「早已三令五申，限卯時齊集，你卻過了三四個時辰才來，如此蔑視軍令，依法當斬！」韓信很嚴肅地對殷蓋說。

殷蓋不以為然，強詞奪理，仍不把韓信放在眼裏。

韓信大怒，喝令左右將殷蓋綁了，然後說：「你身為大將，豈不聞受命之日，則忘其家；臨軍約束，則忘其親；臨陣殺敵，則忘其身！你以身許國。還念及父子親屬？」

然後，召軍政司問：「殷蓋違令，罪在那一條？」

曾參道：「與軍約會，期而後至，犯得慢軍之罪，當斬！」

殷蓋這時才知闖了禍，嚇得魂不附體，急以目視樊噲，想求他說情，但樊噲既出不得聲，又離不得營，只是乾著急。轅門外有人知道了這個消息，飛馬報了劉邦。劉邦也大吃了一驚，急忙讓酈生持手諭前去求情。

酈生飛馬趕到，正見殷蓋跪在地上，等候行刑，便高叫：「有漢王手諭，刀下留人！」騎馬闖入軍營，被守門軍士攔住，解見韓信。韓信說：「軍中不准馳馬，酈大夫素熟兵法，為何故犯軍令？」

酈生說：「是奉漢王之命來的！」

「雖奉命而來，於法亦有抵觸！」

韓信說完，問軍政司：「酈大夫該當何罪？」

「有馳馬軍中者，犯輕軍之罪，當斬首以示三軍！」

韓信說：「既然有王旨在身，故免本身之死，但要斬馬夫，以彰軍令！」

不一會兒，殷蓋和馬夫被處斬了。從此，各將士凜然不敢再犯軍令，死心塌地聽從韓信指揮。

所以，在意見紛紜、工作受到許多阻撓的時候，為使步驟劃一、

法令貫徹執行，必須以嚴厲手段來應對。

心得欄

第 **3** 章

領導者就要這樣擔責任

一個沒有責任心的主管，是讓下屬瞧不起的。有無責任心，是評判主管優劣的要素之一，一個責任心強的主管，總是以身作則、言出必行、勇擔責任、嚴守職業道德，他的身邊總有一隻強大的團隊信任他、擁護他，並成功實現一個又一個目標。

◎有責任心的主管更能承受失敗

人們通常誤以為只有下屬會失敗，一旦成為主管，由於已經累積了工作經驗，對工作已經十分熟練，失敗的次數也可大為減少。其實，並不只有下屬會失敗。

作為主管，必然比下屬有更多的失敗。所謂失敗更多，並不是指至今為止的失敗總數。如果下屬今年失敗了十次，主管就應該失敗二十次。失敗的次數與挑戰的次數成正比，如果主管的失敗次數

少於下屬，就說明主管沒有挑戰的勇氣。

　　沒有失敗絕不是一件值得驕傲的事。當自己沒有失敗時，對於下屬的失敗就會十分冷漠，缺乏體諒的態度。當主管對下屬的失敗缺乏體諒的態度時，下屬就會害怕失敗。不曾失敗的主管，或已經忘記自己以前曾經失敗過的主管，往往會認為失敗是一件很嚴重的事。

　　主管自己以前明明也曾經失敗過很多次，但卻擺出一副好像自己很少失敗，儼然一副最聰明的成功者的模樣。如果主管意識到自己的失敗遠遠多於下屬，就說明他是一位稱職的主管。

　　其實，失敗也不是什麼大不了的事，但必須要求下屬加以彌補，並牢記彌補的方法，這才是重點所在。主管必須讓下屬瞭解錯誤可以加以修正，且自己也必須瞭解這一點。』

◎「四不要」法則

1. 不要將責任推給下屬

　　作為職場的上司或主管，有些人極少向下屬承認自己的錯誤，甚至有的錯誤連公司高層都清楚了，還不肯承認。如某人犯了錯，使公司蒙受了損失，高層追究起來，就將責任推到下層不受重視的員工身上，在未經調查的情況下將其開除；員工無辜背上黑鍋是小事，但因此而成為日後找工作的污點卻是無法挽回的損失，真正犯錯及不問情由的高層難辭其咎。

　　當事情錯到無可挽救的地步時，還想方設法推卸自己的責任，是主管最要不得的行為。這樣做，只能使下屬進一步看清你的嘴

臉，徹底喪失你在下屬中的威信。

及早承認錯誤，員工會因你勇於認錯而尊敬你，你也可避免浪費許多時間。

2. 不要只埋怨下屬不力

在決策時，必須掌握一切有關資料。例如某項工程要在指定時間內完成，你便要清楚是否有足夠員工工作，或是否有人休假等不利因素。在沒有熟悉情況時就下決定是非常冒險的，同時還可能會造成日後與員工的矛盾。

假如你在估計錯誤的情況下做出決定，而又沒有預先想辦法解決可能出現的問題，導致工程受到延遲，就必須自己承擔責任，而不要單單埋怨下屬不力。

3. 不要成為規章的奴隸

作為主管，不要成為規章的奴隸。人是活的，規章是死的，沒有必要機械地死摳字眼去辦事，以免延緩工作進度。當然，備有規章及照章辦事是理所當然的，但應容許有某種程度的彈性，當發現某些員工的工作效率及品質比規章所規定的做得更好，那便毫不猶豫，立刻修改規章。

4. 不要故步自封

別以為自己的工作與別人不同，事實上你正在做的，每天有無數人在做著，主要是處理方式有所不同而已。如果能夠摒除自己的狹隘偏見，到各地考察，學習別人的成功經驗，對下屬和自己必有幫助。

抱著不恥下問的精神，可以學到更多知識，儘管求教對象中有些人是你的下屬，但並不表示你的一切都能超過他；大部份公司都

以學歷為選才標準，但僅靠一套理論不足以順利地完成工作，你應該明白，多方面吸取經驗是必要的。

◎果斷負起下屬的失敗或事故的責任

平常我們總會輕鬆地說「由我負責」，報紙上也常常出現「引咎辭職」的字眼。現在讓我們來稍微思考一下「負責任」的具體意義。

假設由於下屬加工失誤，造成公司產品的性能無法達到說明書上的要求，顧客索賠時，生產科長該如何來負責呢？主管要激勵下屬，運用自己的經驗來及早修改出如說明書上所述性能的產品。將修改後的產品送到顧客手中，對方如能欣然接受，則生產科長就算是「負責任」了。但是，如果修改作業給公司造成了損失，使顧客對公司失去了信任，發生了金額難以計數的巨大損失時（如果能切實地工作，應該就不會發生這種情形），該如何對公司負責呢？

現將下屬失敗或遇到糾紛時，主管該如何負責的具體對策介紹如下：

主管必須要有負起下屬失敗責任的覺悟，這是由組織的性質所決定的。總之，對於領導所屬工作部門的下屬、機器設備以及各項經費等，既然給予他們自由運用的權限，自然得負責一切的後果。如果能有此覺悟，則對外要負起下屬失敗的全部責任，在所負責部門的內部，要竭盡心力想出使現在不正常狀態步入正常軌道的對策，然後進行實施。

說起來似乎是理所當然的事，但讓我們來傾聽部門內實際的對

話，看看結果如何。「真討厭！××真可惡。就是因為他沒有留意，才會造成今天的問題。」在這句話裏，看不出主管有負起下屬失敗責任的意識，而且逃避責任，把一切過失都推到下屬的身上。如果下屬聽到這句話，對主管的信賴感會立刻煙消雲散，甚至抱有敵意。

要儘快想出解決問題的對策，然後確實實施。要避免急著想使現狀早點正常化而求快不求好的傾向。如果這種傾向持續下去，就會再次引起危機。

不少主管僅憑主觀想像出來的對策處理問題，這種處理方式當然也很好。不過，主管的最終目的是希望早點恢復正常。所以，只要是有利於恢復正常的事，不管什麼都可以派上用場。具體地說，不只是利用部門內的力量，還可以拜訪上司，或利用相關部門的力量。不管是屬於那一種情形，主管本身要率先解決問題，接著要實施善後對策，不是處理完目前的事故就算大功告成。千萬不可忘了實行針對這次事件的措施所影響到的其他問題的對策。

除了儘快使上述的對策告一段落外，還需花一點時間來實施下面的對策。

⑴消除問題根本的原因。這次的失敗或事故，必定有它發生的原因。查明原因後，想辦法連根拔除。但現實中疏於這項努力的主管相當多，所以不可不留意。

⑵嚴格反省主管本身對工作部門的管理方法。如果能事先發現問題的弊端，然後想辦法連根拔除，應該就不會演變成大事故。因此，主管注意力與觀察力的敏銳程度——對工作部門的管理方法，一定在某些地方出現了疏漏。

⑶重新指導下屬。此對策可分成兩大方向。其一是對導致這次

問題的負責人的指導。不只是指導消除事故原因的對策，還要使他更加善於配合你的指導。其二是分析這次事故的原因，找出全體下屬共同的弱點，然後加強指導。在指導時，要求下屬，即使是不好的事，也要如實地報告。

◎在不斷反省中找到進步的支點

人的一生中不可能不犯錯誤，有人躲避，有人忌諱，有人強辯，有人認真反省。從面對錯誤的態度中就可以看出一個人的個人素養。

主管也會在決策以及與下屬關係的處理上犯點錯誤，錯了不怕，關鍵在於要承認自己有錯誤。要做到勇於承認錯誤，避免夜郎自大、目中無人，就必須學會善於自省。知人難，知己更難。人的眼睛能看清楚遠處的東西，卻看不見近處的睫毛。要正確地認識自己很不容易，因為自己看自己。難免帶有主觀的成分、感情的色彩。

主管不但要盡可能瞭解他人，更應該充分地瞭解自己，清醒地認識自己。要做到具有自知之明和善於自處，就必須樂於自省，嚴於剖析自己。「省」是察看、檢查的意思。自省即是自身的反省，這既是自身修養完善的手段，也是通過修養而達到的一種習慣美德。要養成善於自省、勤於自察的習慣，可以從以下三方面進行：

第一，對自己的思想、言行表現等進行反省，冷靜地分析自己的對錯得失，明確努力的方向。很多成功的人士都有這樣一些習慣。即每天下班後、就寢前「過過電影」，堅持寫日記、週記等。

第二，與別人相比較，對照檢查自己。孔子曰：「見賢思齊焉，

見不賢而內自省也」，就是這個意思。人都是在一定的社會關係中生活的，只有把自己與其他的社會成員進行比較，才能確定自己的社會位置以及長處和短處。而不是局限在自己的小圈子裏，成為不知天高地厚的「井底之蛙」。

第三，從自己的工作對象即週圍人和事的反應中來反思自己。心理學家柯裏說：「人與人之間可以互相作為參照物，每個人都有在對方眼裏的形象。」別人對自己的態度、評價等都是自我認識的參照點，有心人在群眾中隨時會捕捉到自己的不足，從而警醒。

往往有些主管對自己犯的錯誤視而不見，甚至推卸責任或堅決否認，一個重要原因便是目中無人的毛病在作怪。作為組織的主管，面對錯綜複雜的人際關係，要處理好它，就需要在日常的處事中謙虛待人。夜郎自大、目中無人是一種極壞的心態，有了這種心態，人就會顯得十分浮躁不安。不能定下心來做實際工作。而且，對自己的期望值過高，一旦目標落空對其無疑是致命打擊，很可能會因此一蹶不振。所以說，最傲的人往往是最脆弱的人。

目中無人的危害不僅僅影響對個人能力的定位，還嚴重影響對上下級關係的處理。

對一個主管來說，每一名組織成員都是組織中不可或缺的一部份。自驕自大的主管最容易忽略的正是這一點。有些主管習慣小瞧那些在最底層工作的成員，而實際上組織所有操作性的事務都是由他們來完成的，他們擁有極其豐富的實踐經驗，這是中層幹部甚至高層主管所無法比擬的。主管的自傲態度往往會趕走這些人中較為能幹的，從而使整個團隊人心渙散，人才品質下降，最終只剩下善於拍馬屁的無用之人。

如果說這種態度發生在與下級的關係上、危害到整個企業的話，那麼如果主管在處理與上級關係時也用這種姿態的話，受害的只能是自己。上級一旦發現你對他的忽視，做法就和普通的組織成員不一樣了，因為他掌握著對你的控制權。他會對你十分反感，而且會在決策與支配的過程中表現出來，因而不利於你的發展和能力的發揮。

心得欄 -

- -

- -

- -

- -

- -

◎不要與下屬爭功

　　只有在肯定下屬心力貢獻的環境裏,他們才會全力發揮創意才華,以達到自我建構的目標,增加個人的價值與生活保障。

　　常聽到有職工在私下裏罵主管的情況,「哼,功勞是他的,榮譽是他的,好房子他佔著,而我們什麼也沒有得到」。

　　這種情況很普遍,在有些企業中一些管理者把下屬的工作成果佔為己有,又未能適當歸功於他們,這讓下屬覺得管理者偷取了他們的工作成績。既然回饋得不到,下屬的工作能力便是他們自認為最有力的法寶。他們希望在短期內發揮創意才華,來證明他們短期貢獻的價值。當下屬提出創意成果時,他們其實是在進行測試,看看這個工作環境是否能肯定他們的貢獻。

　　當下屬辛苦貢獻,成果卻讓管理者佔去時,讓他們覺得仿佛銀行存款全都被歸到另一個人的名下。他們不可能再把錢款存進同一個戶頭裏去了,因為某個不值得信任的管理者偷取了他們的創意存款。

　　這種憤怒是可想而知的,下列抱怨是最常聽到的:

　　「如果工作順利,他們會佔去所有的功勞;一旦出了問題,大家就開始互踢皮球。這些管理者會在公司會議中被表彰,獨享工作的成就與榮耀。這對真正在做事的下層員工的士氣打擊很大,我們無法相信上層管理階層知道是誰真正在做事,這真是扼殺工作動力的一大殺手。」

　　許多人抱怨:「我的主管沒有為我爭取任何升遷或加薪的機

會，讓我覺得非常憤怒。我這麼賣命，至少應該得到一點回饋。或者，我根本就應該停止努力工作或乾脆離開這家公司。」

注意，當許多下屬詢問：如果你盡了全力，結果什麼也沒得到時，這是不是暗示他下一次不必再努力？當然，管理者未必要靠升遷或加薪來滿足下屬的事業心。下屬所追求的個人保障，管理者有必要提供他們定期的工作表現報告。

其實管理者只需要輕易地提供令下屬滿意回饋，只要回饋特定而精確。例如，簡短一句鼓勵或讚美的話。

在許多例子中，有些管理者根本不願意提供下屬任何工作表現報告。當管理者不能給予下屬適當的回饋時，他們便無法計劃未來，他們會問自己的貢獻受到肯定了嗎？

他們應該繼續為同一位管理者貢獻心力嗎？他們是否需要改善工作態度或能力？如何才能有所改善？正如一個職員所說：「我不覺得受到管理。我的主管從來不會對我吼叫，也不批評，但他也從來不會讚美。」

這位職員說：「有時我懷疑他是否在乎我的感覺。我做得很好嗎？或者不好？他是否永遠也不會告訴我？沒有人告訴我該怎麼做，如果可能的話，我寧願明天就離職，因為我覺得很不安全。我不能確定工作做得如何，效率如何，又害怕被開除。我受夠了工作上的焦慮恐懼，這當然嚴重影響我的成績。

「有時我覺得自己也許不夠格做這份工作，可是如果有人告訴我做得不錯，即使只是說：『繼續努力，你做得不錯。』我就不會一直想著要離職。我經常覺得沒有人真正知道我在做什麼，我一直處在焦慮之中，總是擔心沒把工作做好。我知道這麼想反而會浪費

更多時間，可是我的主管從來不會針對這些給我幫助。」

久而久之，下屬不再從負面回饋中學習，因為他們不滿自己的成就得不到適當肯定，而只要一出差錯就被罵得狗血淋頭的事實。結果，他們對工作表現產生出偏狹的概念，相對地也貶損了他們的自信。不均衡的回饋是如此地重挫他們的鬥志，並將使下屬職員萌生去意。

對此，做主管的絕不可以不在意，下屬有了成績就要給予加薪提升，不要總是讓他們失望，如果下屬的工作長期得不到肯定，他們的跳槽只是時間問題。

◎為下屬承擔責任

主管需要有與員工共用榮譽的精神和敢於為下屬承擔責任的勇氣。主管被授權經營管理，無論是獲得成功，還是遭到失敗，都負有不可推卸的責任。

一個著名的美國橄欖球教練保羅‧貝爾在談到他的隊伍如何能夠取得一個又一個的勝利時，說：「如果有什麼事辦糟了，那一定是我做的；如果有什麼事做得很好，那麼一定是球員做的。這就是使球員為你贏得比賽的所有秘訣。」

這是一種很高的個人風範，這種與下屬共用榮譽的精神鼓勵了球隊的每一個人，既然能做到這一點，球隊的每戰必勝也就是情理之中的事了。

在企業中，主管也需要有這種與員工共用榮譽的精神和敢於為下屬承擔責任的勇氣。主管被授權經營管理，無論是獲得成功，還

是遭到失敗，都負有不可推卸的責任。即使員工失誤了，也有主管的失職、指揮不當、培訓不夠的責任。有時取得榮譽了，而且你是決策者，榮譽對你當之無愧，但是通向榮譽的路途是離不開團隊的協作、配合的。所以，與下屬共用榮譽是一個成功的主管所應該做的。

共用榮譽，也就是說，主管在獲得各種榮譽之後，如果不吃獨食，而是以各種形式讓下屬分享榮譽及榮譽帶來的喜悅，會使下屬得到實現自身價值和受到主管器重的滿足，這種滿足在以後的工作中會釋放出更多的能量，也在無形之中沖淡了人們普遍存在的對受表彰者的嫉妒心理。

主管與下屬共用榮譽的方式很多。例如，不少主管在拿到上級的獎金後，請做出貢獻的中層幹部、員工到飯店去吃一頓，實際上就是在共用榮譽，這是物質的，更是精神的。一位獲得了上級表揚的廠長在全廠大會上講話，他不是冷冷地說「成績是歸於大家的」一類套話，而是頗有感情地把工作中有突出貢獻的員工的事件一件件列了出來，連一位員工在休假中上班的事也提到了。最後，他又說榮譽是屬於全廠員工的，沒有他們的努力，就沒有今天，並向大家表示了深深的敬意和感謝。

試想，如果這位廠長將光環緊緊地罩在自己的頭上，將一切成績歸於已有，那樣不但容易樹立對立面，而且也會挫傷員工繼續努力的積極性。

與下屬共用榮譽，而不是爭功論賞，將好處盡撈在自己手裏，只有這樣的主管才可以用人格力量感召下屬，鞭策和激勵他們，讓他們盡可能發揮出自己的才智，促進事業的發展。

◎你應該負起全部責任

作為一個主管，你就應為實現目標負全責。這個目標也許是上級定的，也許會是你的追隨者定的，當然，更可能是你自己定的，目標是由誰定的並不重要。

團隊的大小也並不重要，可以是數百萬人的大軍，也可以只是你領導著另外一個人。但只要你成為一個團隊的主管，你就得單獨負起完成任務的責任。

你可以授權要別人為你擔負某些任務，但責任仍然要由你負。不管那些人工作得好壞，甚至他們是否照你的話去做，責任還是要由你個人承擔。

你應該負起全部責任，並在錯誤發生時承認是你的錯誤，這才是你應該做的事。假若你想成為一個真正的主管，這是你唯一的選擇。能這樣做，下屬們就會相信你，不管你走到何處，他們都會追隨你；不能這樣做，很快你就會失去領導的地位。

英代爾公司總裁兼執行長安德魯・葛洛夫不但使這家公司發展成「財星 500 大企業」，且列名全美國最佳的 100 家公司之林。不過，《財星雜誌》也稱葛洛夫為全美國十大最難纏的主管之一。他對負責和承認錯誤有什麼看法呢，以下是他所說的話：

「所有身處經理層的人（教師、政府官員、甚至是父母），不管是男是女，是老是少，全都害怕承認錯誤，擔心這會影響到我們的威望。實際上，承認錯誤乃是一種堅強、成熟和公正的表現。」

蘋果電腦公司總裁史考利也說過：「在成功路上，錯誤是一個

非常真實且重要的部份。在蘋果電腦，犯錯乃是唯一的學習之道。假若在高層的人不能傳達可能犯錯的觀念，你也許會造成下屬的誤解，很快你會從人群中孤立。」

◎能擔當責任才能引領他人

不要把一切責任推給下屬，勇敢地為下屬承擔責任，這樣會讓下屬的心理負擔大大減輕，並且對你心存感激。這是一種睿智的選擇。

紐約一位市長在一本書中寫道：「所謂的領導者，就是在享受特權的同時，承擔起更大的責任，在風險或危機來臨時，有勇氣站出來，單獨扛起壓力。」

能擔當責任的領導者有一種引領人的氣質，能擔當責任的企業才會有更多的贏利機會。責任是使命，責任是動力，一個具有強烈事業心、責任感、對工作高度負責的人，才可能有強烈的使命感和強大的內在動力，才能做好本職工作，才能勇於擔當責任；而一個沒有事業心和責任感的人，是不可能勇於擔當的。

責任感是一種使命，沒有了責任，那一切都只是空談。西點軍校強調：沒有做不好的事情，只有不負責任的人。想證明自己的最好方式就是去承擔責任。不管做什麼事情，都要時刻記住自己的責任，無論在什麼樣的工作崗位上，都要對自己的工作負責。

不要把一切責任推給下屬，勇敢地為下屬承擔責任，這會讓下屬的心理負擔大大減輕，並且對你心存感激。這是一種睿智的選擇。當事情沒有按你設想的那樣發展時，不管是不是你的錯，你都

要為此負起責任。與急於將錯誤歸咎於他人的心態相比，一個勇於負責的心態將使你獲得更大的影響力。

要使企業有效地運轉，領導者必須負起責任。據說哈裏。杜魯門擔任美國總統時，他的橢圓形辦公室上掛有一塊牌子，上面寫著：「責任就在這裏。」每個企業家都應採取這種態度。

如果你對部下的表現不滿意，請不要責怪部下，因為錯誤就在你自己身上；如果你對公司的經營不滿意，請在自己身上找找原因，而不要只是到市場上去找原因；如果你對公司的贏利百分比不滿意，請不要歸咎於通貨膨脹，而應嚴肅地看一看你是怎麼幹的，你要是一味地推卸責任，就永遠無法取得成功。

越是推卸責任、逃避責任，就越有可能失敗。一個領導者會遭到怎樣的失敗，可以通過一個公式來預測，這個公式是：他越是想尋找社會可以接受的藉口，就失敗得越慘。

對於軟弱的人而言，責任是壓垮他們的最後一根稻草，他們怕自己根本無力負擔、徹底崩潰。於是，這種人面對責任選擇了逃避。殊不知，日後把他們的人生變得毫無光彩的正是這個選擇。

實際上，承擔責任會讓人得到鍛鍊，責任不會壓垮人，反而會讓人知道如何接受命運給人的考驗，讓他軟弱的肩膀變得堅強起來。對於只想隨心所欲生活的人而言，承擔責任會讓他毫無頭緒的人生變得目的鮮明，讓他在人生之旅上邁出的每一步都有意義。

從現在起，你必須努力使自己成為一個稱職的責任者。不要懷疑自己的能力，只要你不推脫、不逃避，敢於承擔責任，就能夠逐漸步入傑出者的行列。

第 **4** 章

領導者就要這樣定決策

　　一個無法當機立斷的人，是無法勝任領導職位並帶領部屬發展事業的。任何一個缺乏果斷決定的領導者，對企業可能造成的誤導及損害，都是難以估量的。

　　一個卓越的領導者，總是勇敢自信，勤於思考，總能找出方向，並能創造性地排除前進中的障礙。

◎主管是決策的最後拍板人

　　埃爾摩·派特森(EllmoreC·Patterson)是摩根公司的董事長兼首席執行官。摩根公司是世界上最大的金融企業之一。派特森曾說過這麼一段話：「從一開始，我就向每位新進員工明白地表示，這個環境隨時存在著不穩定和不可測的因素。我要他們搜集所有重要資訊，仔細研讀後再下決策。」

威廉‧克勞海軍上將(Admiral William Crow)擔任過參謀長聯席會議主席，這是美軍中最高的職位。他在接受《時代》雜誌的一次訪問時說：「我認識一些人，他們在做重大決定時，連考慮都不考慮一下。我卻不是這樣，要是遇著重大問題，我連覺都會睡不好。」

　　軍事領導人物常會遭遇一些重大問題。西元前 1100 年，以色列將軍基甸必須攻擊兵力遠超過他的敵人。有一次，他面臨的是守在堅固營地的米甸人，米甸人裝備精良，受過良好的軍事訓練，並且具有豐富的作戰經驗，而基甸的部隊只是些未經訓練的「烏合之眾」。基甸只說了一句話：「不願作戰的可以離開。」立刻有 23000 人回了家，他都沒有回頭看一下，這可是他軍隊 2/3 的人數啊！接著基甸立即又決定，進一步將軍隊減少到 300 人，但這些都是勇敢的核心分子。他給每個人一隻號角、一把火炬和一隻空罐子，然後將這些人分成 3 組。到了夜裏，這 3 組人包圍了米甸軍的營房。他們先是用空罐蓋住火光，然後在基甸的一個信號下，打破空罐，吹起號角，然後大聲吶喊：「上帝的劍和基甸的劍！」你可以想像出米甸人的營地會是個什麼樣的境況。通常一隻火把代表 100 人，米甸人以為遭到了幾萬人的攻擊。

　　《聖經‧士師記》第七章告訴我們當時的情況：「……耶和華使全營的人用刀互相擊殺，逃到西利拉的伯哈示他，直逃到靠近他巴的亞伯米阿拉。以色列人就從拿弗他利、亞設和瑪拿西全地聚集來追趕米甸人。」

　　如今在以色列陸軍中，基甸的這個戰例仍作為部隊作戰的典範。

在向目標邁進的路上，一定會遭遇到許多障礙，這是抵達成功目標必須經歷的過程。有問題才是正常現象，先要有心理準備。但作為一位主管，在這些問題發生時，必須設法解決。

怎樣才能保證解決這些問題呢？首先要明白問題可分為兩種：一種是不必親自去解決的問題，另一種是必須由自己解決的問題。很多你遇到的問題，是應該讓團隊中其他人去解決的。

假若你成為解決團體內日常問題的人，你會發現，團體裏其他的人都會將越來越多的問題推給你。沒多久，你的全部時間都要花在解決這些瑣碎的問題上，再也沒有時間來做策略計劃甚至全盤考慮。你會將時間全部用在「救火」上，而且大多數火災都不是需要由你來撲滅的。

另一個原因是，你不應該將所有的問題解決掉，應該留下一些來鍛鍊下屬，應培養他們解決問題的能力。很多主管都沒有這樣做，因此他們成為團體中不可或缺的人。等到有一天，主管無法親自解決每一件重大問題，而下屬又都不能解決，最後會弄到不可收拾的地步，或者是由於下屬平時缺乏訓練，即使勉強加以解決，方式也十分拙劣。

最後，要是你能訓練下屬成功地解決分內工作的問題，他們會有種成就感，更會增加他們的自信。這能加強團隊的工作能力。所有問題主管都親自解決，就剝奪了下屬進步的機會。

不過，不親自出馬並不表示有問題出現時，你只是微笑著袖手旁觀。你得協助那些負責解決問題的下屬，在他們提出請求時，給他們提供建議。要儘量讓他們比較容易地解決問題。但絕對要將問題留給他們，不要變成你的問題。正如史密斯將軍（Perry M·Smith）

所說：「主管必須做一個最後問題解決者，這有助於團體的發展和
興盛。」

在特殊情況下，主管必須親自解決問題。這與你的工作層次完
全沒有關係。正如一個 CEO 所說：「執行官應該是問題的解決者。
他必須將問題剖開，然後找其他專家，將問題降低到能夠解決的程
度，最後組成一個判斷架構。」

遇到下列一些狀況，你應該親自去解決：

· 有關你團體領導方面的問題。

· 你擁有解決這些問題的特殊專長、知識或經驗時。

· 情況緊急時。

· 下屬無法解決時。

主管應該是問題的解決者。他必須將問題剖開，然後找其他專
家，將問題降低到能夠解決的程度，最後組成一個判斷架構。

◎意見由別人提，決定由自己定

美國已故總統羅斯福是經常請教別人的，凡是他的顧問對他說
的話他都靜心聽著。不過他知道無論什麼事最後還是要自己來決
定，不論別人的意見如何。關於這一點，在他某次寫給塔夫脫的一
封信中說得很清楚。他力請塔夫脫接受最高法院的法官之職，但是
他知道最後的決定必須要他自己作出。羅斯福的信上是這樣寫的：

「威爾，這件事究竟如何是好，還是要你自己做決定。沒有人
能替我決定：究竟是去打仗呢，還是留在國內做海軍次長？也沒有
人能替我決定：是去做副總統呢，還是繼續做州長？因為無論怎樣

決定，總是要決定的人自己去做，別人不能替他去做，因此別人也不能替他做任何決斷。」

塔夫脫答應了羅斯福的請求，這或許是受了羅斯福誠意請求的原因，但是他的最後決定要自己完全負起責任。他的決定或許是對的，但是即便錯了，我們也不能想像塔夫脫會去埋怨羅斯福。成功的人時時徵求別人的意見，以便能有正確的決定，但是他不會因別人的意見而回避自己決定的責任。

你可以聽別人的意見，因為他們的意見可以使你看得清楚些，不過如果叫別人來替你承擔決定的責任，那便錯了。如果你徵求別人的意見，將來事情弄糟了便怪他，那你實在是一個弱者。別人的意見錯了，千萬不可怪別人，因為對別人的意見接受與否是你自己的責任。要以批評的態度聽別人的意見，要以獨立的態度來做最後的決定。如果別人的意見錯了，要責備自己沒有選擇合適的顧問。要集中精力去追求可靠的意見，而不可浪費時光去埋怨別人。

如果你對於各方面的事實知道得清楚，便可以決定得快，而且大半不會錯，也無須激烈地爭辯。這種決策是可以自己確立的。

徵求多數人的意見，以得到各方面對這個問題的看法。不過最後的決定要你自己負責，不可隨便埋怨別人。正確的決策是可以自己確立的，無須激烈地爭辯。如果一種決定需要激烈地爭辯，便要細心地考察一番。

◎利用智囊團來精確地制定決策

少數企業家自稱通過所謂的「智囊團」或「小集團思考」來制宅決策。彼得‧派克爵士說:「我非常清楚,讓人分擔你的問題,讓人傾聽你的問題,你就有找出解決辦法的更好機會。組織絕不是一個人的影子,與同事的討論十分重要。一個企業家或許提出一個主意,隨後的討論又充實了這個主意;有時,討論可能意見一致,形成一個主意;它們或者是『熱烈的』或『滔滔不絕的』討論,企業家在討論中尋求使他的同事捲入手邊的事務。不過,在每種情況下,責任牢牢地保留在這個企業家手中。這或許是成功者的優勢造成了這種現象。此外,就像有些會議由積極的談話者支配,也有一些會議可能受積極的聽眾支配。」

即使有設計夥伴、設計小組,也有設計公司,而基本設計只由一個人完成;一個創作過程很難經過許多不同的頭腦進行(儘管不同的頭腦能夠提供資料和進行創作後的修飾);所以,一個成功概念的設計易於在一個人的頭腦中產生。成功的人易於成為他所選擇的領域中的創造性設計師。結果是,有種傾向把決策責任歸於獨自工作。然而,傳播資訊仍是不可或缺的。

讓我們列舉軍事領域中的例子。戰爭儘管有其複雜性,事實上卻不是由委員會決策,這是為什麼呢?

委員會是由個人組成的集團,其中許多人都精通他們的專業。集團領袖的作用是擬訂提交這些專家們的問題,因此,做出的決定應該有利於主管的分析。一個主要弱點是,專家們拼命強調他們自

己的觀點，或者誇大他們的情況；另一個弱點是，嘗試充當集團領袖可能把複雜的事態說得十分簡單，這麼做是危險的。

在企業界，彭諾克勳爵認為情況確實是這樣。著名企業家福特勳爵則自稱是「智囊團」方法的倡議者，他說：「我在擔任英國產業聯盟主席時，曾多次見過瑪格麗特·柴契爾。有些報導把她描寫成盛氣凌人、感覺遲鈍的人，只會把人關在門外，其實這種描寫不真實。她常常聽取別人的意見，全神貫注於你說的話，尤其是如果她重視你的觀點時。作為主管必須聽取他人的意見……當你有了一個思路，這時你還必須充分驗證它；在作出一個決定之前，你必須考慮將要影響的所有人。你有了你自己的假設，隨時付諸實行。今天，嚴重的危險就是沒完沒了的磋商，我不認為你能這麼做並進行領導……歸根結底得靠我自己。」

福特勳爵說：「我喜歡由他人來鼓舞我的觀點和想法。我喜歡提出什麼東西，並說『我認為我們應該做這件事』，然後或許把事情誇張一點，聽聽他人會說些什麼。有人很可能說，『唉，我沒有把握。我想，我們或許能做這件事；我想，我們可以用那種方式做這件事。』這種談話可能持續 10 分鐘、一個小時或一週，在談話結束時，我會就將要做的正確事情下決心。美國人把這稱為小集團思考，我想，我對這種做法深信不疑。我善於改變自己的想法。」

事實上，福特勳爵善於改變他的想法，這並不會使他的決定有任何遜色。儘管這是一種集團思考，其實聽起來很像是福特的決定。這與日本的小集團思考概念形成對照。在日本的小集團思考中，沒人具有明確的主意，但人人都提出自己的點滴資訊和經驗。漸漸地一個主意就形成了——幾乎像是出自他們大家面前的那張桌

子。人們全都等候著這個主意，關注著它。最後，就有了一個決定。

過濾資料，傳送給「領袖」，以使這些資料成為對形勢分析的一個有價值的因素……這裏面似乎確實存在一種嚴重的危險，即事態達到這麼一種複雜程度（在經濟、生態，尤其是戰爭方面），這類資料之多超出了由個人作出正確決定的能力。我們或許將保持這種狀況，直到我們的「第 N 代」電腦能為我們承擔這個思考工作為止，但這甚至預示著更大危險的來臨。

大衛・馬奧尼認為，提出恰當的問題，並判斷所得答覆的含義，是非常重要的領導能力：「讓我這麼說，我有大量煩惱，但煩惱不是拖拉。它們是各不相干的兩件事。我總是嘗試用 95 種以上的方式觀察，以便找出什麼方式是最好的，我總是為這種最佳方式煩惱，我總是從整個 360 度方向觀察我能使用的最佳方式，因此，這不是笨拙。

「優秀經理的作用就是全面尋求資訊。有些人你可以輕視，因為他們極其守舊；有些人你得明白，你正在與他們賭博；還有些人是激進的空想家！你在你的內心審查他們，你對他們加以評價。我們所說的是煩惱；反之是因循守舊和無所事事。」

在這兒，我們看到了思考的兩個重要方面。一方面是選取和評價資訊，另一方面是構造一幅知覺圖。這幅圖表明資訊、偏見和不確定的領域。知覺圖越是完善，尋找通向你想去的地方的途徑就變得越容易。這恰恰正是我們在學校中教授「思考」時採用的那種方法・如果知覺圖非常出色，那麼，實際的「思考」部份就變得非常輕鬆，因為這幅圖已向你指明了路線。

問題在於，這是一幅「知覺」圖，不僅僅是一幅資訊圖。人們

總是錯誤地認為，你可以把所有的資訊放入這幅圖（或輸入電腦），而正確的答案將突然出現。可是，資訊僅是圖的一部份，更重要的部份是知覺——考察資訊的方法。這就是為什麼大衛‧馬奧尼如此強調「用 95 種不同方式」考察的原因。

從來沒有正確的知覺，只有可供選擇的知覺，它們全被記在這幅圖上。思考者的任務是繪製這幅圖，而不是胡亂地擺演繹推理。在知覺固定後，玩弄語言遊戲，演繹推理可以很出色，但現實形勢中的思考更複雜。

吉姆‧羅傑斯為了探明一個公司（一筆潛在投資）的真實情景，總是不得不依據他所讀到的東西及他在外面和從該公司經理們那兒聽到的東西。

「我總是去看望 X、Y、Z，與他們商討他們的業務。是的，他們一定會告訴我有關他們的業務的最好情況，尤其是如果我是一個外來投資者，那些情況是用來炫耀和掩飾的。但那麼做其實不會使我誤入歧途，大多數時間他們確實相信和真誠地承認他們所告訴我的東西。可是，然後你不得不運用大量知識、細緻洞察力和大量其他的外界消息來加以判斷。

「我與幾十個傢伙談話，他們告訴我：『聽著，對那個企業投資是可怕的，你真不應該投資。』但我需要的是事實。請實事求是地回答這個問題、還有那個問題。這樣我就會發現該公司本身也不知道的情況，或者我能夠解釋該公司不瞭解的事情。」

◎對自己的決策有信心

　　一個優秀的主管，首先要對自己的決策充滿信心。自己都沒有信心的決策，又怎能讓部屬產生信心呢？

　　如果你的決策是深思熟慮的結果，那你就沒有理由再猶豫不決，畏首畏尾。

　　里美將軍是美國戰略空軍的締造人之一。第二次世界大戰前夕，年過 30 的里美是一位空軍的領航員，只是一名普通士兵。幾年以後，他就成為一位將軍，成為數千人的領導，並為他們的生命安全負責。從士兵到將軍的過程中，他充分自信，相信自己的判斷成為他最重要的秘訣。也正是因為自信，里美做出了許多常人不敢為的大事。

　　「二戰」之初，里美參加了歐洲對德作戰，那時他是上校大隊長。由於德軍集中猛烈的防空炮火的攻擊，轟炸機損失極大，轟炸效果非常不好。B-17 轟炸機必須緩慢地直線的平飛，並且要對瞄準點、風向、飛速做出準確的估計，才能擊中目標。這樣轟炸一個目標，飛機要來回往返兩三次，這樣就增加了被擊落的幾率，一些轟炸機飛行人員的情緒非常悲觀。里美沒有在困難面前退縮，他在反覆考慮了飛機損失與轟炸成果的比例關係後，確定了新的作戰方法。他命令所屬部隊在轟炸前 15 分鐘，必須做直線平飛。命令既出，專家們都施加壓力，一致認為這是極為冒險和不負責任的，甚至請求軍方撤銷其職務。里美在聽取各方面意見後，仍確信自己的方案是可行的。

在頂著巨大的壓力實施里美的想法以後，每枚炸彈都能擊中目標，減少了飛機被擊中的可能，損失的比例迅速減小。正是里美的自信使美國戰略空軍經受住了嚴峻的考驗，因此，他有權來領導更多的軍人和飛機。

後來，他又參加了太平洋戰區對日本的作戰。此時，他已經是一位德高望重的將軍，領導的是當時美國最先進的飛機——B-29高空轟炸機。這種飛機性能極為優越，當然，造價也是十分昂貴的。因此美國空軍司令部要求里美及其士兵要像愛護眼睛一樣愛護每一架飛機，並聲言，每損失一架 B-29，空軍司令部都要做特別調查，嚴懲肇事者。

如此先進受重視的高空轟炸機，應該在戰場上唱主角，充當尖刀。但是效果卻不盡如人意，正如有些飛行員不無諷刺地說：「B-29可以擊中任何地方，可就是擊不中目標。」原因當然不是山本五十六的防空火炮比希特勒的高射炮飛得高，而是飛機自身存在著一些嚴重的技術問題。里美看到了這一情況，他陷入了深深的思考之中。在廣泛聽取了作戰人員和一些專家的建議後，他果斷地做出決定：他命令飛機做出一些改動，從而減少了一些裝備和人員，以便裝載更多的彈藥。他還做出了一個讓內行大吃一驚的決定：命令飛機飛行高度不得超過 7500 英尺，把高空轟炸機變成了低空轟炸機。

此命令一出，里美面臨著更大的壓力。美國空軍司令艾德諾在電話中甚至氣憤地說：「我們花了大筆經費製造出的高空轟炸機和先進的自衛系統將被你的一道命令毀於一旦，你這是拿飛行員的生命開玩笑，是違背命令。如果你一意孤行，我會考慮撤換你的職務。」

里美沒有改變自己的決定，他要讓事實來說話。

事實證明里美是正確的，在低空，飛機能準確地炸到目標，里美的戰術獲得了巨大的成功。

後來，里美擔任了空軍參謀長。當有人問起他成功的秘訣時，他說：「秘訣沒有，但做每件事之前，我都知道自己會成功。」

卓越的主管必須有自己獨特的思考方式，在遇到阻力的時候，必須有自信。當然，有可能成功也有可能失敗，但問題的關鍵是，只有自己去做，才可能知道自己能否成功。如果過分考慮失敗帶來的後果，從而失去把握成功的信心，那麼成功永遠不會到來。

心得欄 ------------------------------

◎決策時要有果斷行事的魄力

現代企業要求決策具有一定的效率，因為只有這樣才能適應瞬息萬變的市場競爭。決策時的猶豫不決，有意或無意的拖延常會降低決策的效率。在猶豫不決時，主管首先要找出拖延的主要原因，才能對症下藥，著手改進。

你可以首先列出幾個懸而未決的決定，然後認真分析，看這些問題為什麼會進入決策系統，是從那裏進入的，並且要找出共同的原因。接下來要判斷問題的解決是否在自己的權力範圍內。如果是，就立即動手解決，如果不是，問題的解決還要依賴其他人的支持。這時可以設法製造一個能使決策過程的改進迫在眉睫的事件，並且要準備與對改革有最大影響力的人公開對話，不要漏掉每一個對改革有影響的人。可以將自己的改革建議與理由寫成文稿，並舉出特例，以增強說服力，而且自己的改革建議應包括兩三個可供選擇的方案。

在改革決策過程的方法中，可以有以下幾種選擇：

· 組建高效率的團組，以便依靠團組的力量形成更好的決策方法。這個小組應當反映那些使決策過程被拖延的各個團組和部門的狀況。

· 使重大決策的範圍縮至最小。這個範圍應能保證取得很大的成功，以便樹立信心，為下面的改革提供支持。

· 下調決策制定的層次。發掘企業中的能幹、守信、有責任心、高素質的人才，給予他們相應的決策權，同時也要有制衡機

制，防止這些人才作出對企業不利的決定。

· 把決策過程劃分為逐步遞進的小步驟。讓決策者作出第一階段的決策，給予他們制定決策的機會，培養他們制定決策的能力，注意在與他們的交往中介紹情況，提供建議。當他們成功地制定了決策時，鼓勵他們。

在你改進決策過程時，還要注意以下問題，以免出現差錯。

首先，你不要把猶豫不決、拖延看作是別人的過錯，不然，就沒有人敢於提出自己的想法了。認真分析幾個決策過程後，你會發現，事先準備的充分與否以及呈報時的陳述方式都會對決策產生很大的影響，有時甚至成為阻礙決策的主要因素。因此，有必要培養每個人的能力，讓他們學會如何使重要的資訊引起別人的注意，怎樣將自己的想法、計劃、提議或報告向聽眾明確清晰地闡述。

其次，要注意是否是全體員工都有躲避發言的行為。如果是，就讓大家共同討論為何躲避，想辦法使全體員工學會採取行動，邁出前進的步伐。最好的辦法是讓大家共同參與，共同設想如何採取辦法付諸行動。這時你組建的小組對解決這個問題會有很大的幫助。

◎用充分的時間和事實保證正確的決策

要保證有正確的決策，就必須有充足的時間來決策。如果不能立刻決定怎麼辦？最好是等等。

不過不要在等待的時間中一味地憂慮，而是要尋求瞭解關於這個問題的真實情況。你所瞭解的事實愈多，愈容易做決定，而最後的決定就愈會是正確的。

如果對於問題各方面的情形完全透徹地瞭解了，那就可以馬上決定，不過這是對同樣的問題有著長期深入的瞭解才能辦到的。情形愈生疏，決策時就愈需要慎重。

第一要求正確，而速度任自己去伸縮。

有時遲延可以完全改變我們的觀點，因為我們的偏見或許是因為某種小小的情形而來。美國著名的化學家力特爾如果不是在行動之前等候了一會，就將做出一件大錯事。

「我一個人單獨經營工業化學產品企業幾年之後，虧損嚴重。我覺得前途很是黯淡，於是一味認定僅憑一個人的力量蠻幹是做不好的。當時有幾個工作我可以去做，所以，我決定選定一個做。我這樣決定的時候，正是下午將近傍晚時分，我正忙著收拾東西，忽然從前用過的一位老闆來了。我便想把這種不好的情形告訴他。

「『現在天晚了，我們去吃了飯再說吧！』他說。

「我同他到他所屬的那個俱樂部去，他叫了幾盤好菜來。然後我們便隨便地談起來，以至於我把自己的煩惱都拋到了腦後。

「『喂！你剛才說你的生意做得不好，究竟是怎樣一回事呢？』

他忽然插嘴說。

「『不談也罷。』我回答說。

「第二天我回到化學實驗室裏，從那天以後我就再也不想丟棄我自己所經營的事業了。從那次經驗以後，我便斷定無論何人正當饑餓或是異常疲乏的時候，絕不可決定什麼事。凡是這兩種情形，都足以減低你的自信心，而這時你的判斷力是不可靠的。你是戴著憂鬱的眼鏡來看世界的。」

經過一晚良好的睡眠，吃一餐豐盛的晚飯，在新鮮空氣中快活地走一遭，玩耍一下，或是有小病時吃一點藥，那麼，整個的情形就可能會完全改觀了。正當急躁不安時，去決定一個重要的問題，這實在是太愚蠢了。

◎怎樣處理決策中的輕重緩急

美國決策大師皮爾斯・卡特有一句名言：「決策的最佳時機並不僅僅是快速，而是適速。」

和做任何事情一樣，公司決策也要有輕重緩急。這是公司老闆應當把握住的問題。

一家公司的組織結構無論如何簡單，無論管理如何有序，公司中有待完成的工作總是遠遠多於用現有的資源所能做的事情。因此，公司必須要有輕重緩急的決策，否則就將一事無成。而公司對自己的瞭解，對自己的經濟特點、長處與短處、機會與需要的決策分析，恰恰也就反映在這些決策之中。

確定先做的事對於任何人似乎都並不困難，使人犯難的倒是決

定「後做的事」，也就是決定什麼不應該做。人們怎麼強調也不為過的是，事情不可推遲，只可放棄。重拾先前不得不推遲的舊事，不管當時它看來是多麼可取，幾乎始終是一個嚴重錯誤。這當然也是人們之所以如此不願意確定後做的原因所在。

機會和資源的最大化原則是指導公司確定輕重緩急的準則。除非少數的幾個實屬第一流的資源，被滿貸荷地用於為數不多的幾個突出的機會，就不能說公司的輕重緩急已被真正確定。尤其是那些真正重大的機會，即那些可以實現潛能和那些可以創造未來的機會，必須得到它們的潛能所應得到的資源，即使以放棄眼前利益為代價，也應在所不惜。

有關公司的策劃，公司的優勢所在及其輕重緩急方面的幾個關鍵性的決策，既可在意識到其影響的情況下做出，也可作為某種緊急瑣事之後的亡羊補牢。既可出自最高管理層，也可出自某個普通職員，有時他對一個技術細節的處理，在事實上決定了公司的特性和方向。

但是，不管以何種方式，不管出於何處，這些決策總會在公司中做出。沒有這些決策，就沒有任何行動能真正發生。

雖然沒有任何公式能為這些關鍵性的決策提供「正確」的答案，但是，倘若它們是隨意工作，是在對它們的重要性茫然不清之下做出的，那麼它們不可避免地將是錯誤的。要想獲得正確答案，這些關鍵性的決策都必須是有計劃、系統地做出的。對此，公司的最高管理層責無旁貸。

輕者當緩，重者當急，關鍵決策，有關公司生死攸關，更是一刻也不能忽視。

事實上，決策本身既是一件硬性工作，也是一件彈性工作，但不能固執行事，應該採取靈活的方法，控制好決策的過程，該先就先，該後就後，做點彈性處理也是公司主管的智慧所在。

◎怎樣面對決策中的反對意見

　　為什麼會有反面意見，主要有三項理由。

　　第一，唯有反面意見，才能避免決策人陷身為組織的俘虜。在一個組織中，任何人都各有所求，都希望主管的決策能對自己有利。

　　唯一能突破這一陷阱，使決策人不致成為某方面的俘虜的辦法，就在於引起爭辯、有實據，慎重對待經過深思熟慮的反面意見。

　　第二，反面意見的本身，正是決策所需的「另一方案」。決策時只有一種方案，別無其他選擇，則其與賭博何異？只有一種方案，失敗的機會必高。也許是這決策打從開始就錯了；也許是其後因情況變易而使決策錯了。如果在決策過程中有若干方案可供選擇，則決策人進可攻、退可守，有多方思考和比較的餘地。反之，捨此以外別無他途，決策人在遇到該決策行不通的時候，就只有背水一戰了。

　　例如1914年德軍的舒利芬戰略計劃和羅斯福總統的經濟計劃的故事。在這兩個故事中，原定計劃到了應該發生效果的緊要關頭，都忽然起了變化。

　　先說德軍的作戰計劃，到頭來走不通了。但德軍沒有第二套戰略方案，所以只好痛苦地撐持下去，走一步改一步，這實在是無可奈何的不幸。實際上前後約25年，德軍參謀本部從來沒有想到增

擬另一套計劃。參謀本部的力量,全都耗用在研究舒利芬戰略計劃的細節上了。等到舒利芬戰略計劃失敗時,再也找不出第二條可行之路了。

德軍所有將領,雖然都受過嚴格的戰略訓練,可是在那種情況下,也只有隨機應變。換言之,他們只能時而向東,時而向西,始終不明白到底是為了什麼。

羅斯福總統的故事與上面所說的正好相反。在他當選就任總統之前,競選活動全按正統的經濟計劃為基礎進行。但是同時,羅斯福總統擁有另一批人才,專事研究「另一方案」。那另一方案,是以早年老羅斯福總統時代的進步黨的建議為基礎,是一種根本不同的政策,以經濟和社會的全面革新為目的。那一批「另一方案」的人才,後來都成了羅斯福總統的智囊團。因此,羅斯福接任總統後,美國金融制度起了變化,當正統性經濟計劃行不通的時候,他立刻胸有成竹地提出了第二套計劃。所以,他總有一項有效的政策。

反過來說,如果羅斯福當初沒有另一方案,恐怕他也將像德軍參謀本部一樣,要迷惘而不知所措了。羅斯福在就任之初,提出的計劃是以 19 世紀傳統的國際經濟理論為基礎的。他在 1932 年 11 月當選總統,1933 年 3 月就職。誰知道就在這短短的四個多月中間,國際經濟和國內經濟都一落千丈。羅斯福看得很清楚,在這樣重大的變化之下,如果提不出另一套方案,他就只有聽天由命了。羅斯福縱然有天大的本領,也只能在驟然陰霾四罩之中摸索前進,也只能時而飄向左、時而飄向右了。

另一個例子,是 1936 年羅斯福再度全勝當選總統後,他計劃改組最高法院,卻遭到了失敗。當時,他以為他能控制國會,想不

到事與願違，提出的計劃受到了國會的強烈反對。然而，這一次他卻提不出別的方案了。結果他不但無法推行其改革計劃，甚至他的政治控制力也受到了影響（雖然他當時仍擁有極高的聲望）。

◎怎樣防範決策風險

　　所謂防範風險的分析，是指在對各種可能方案進行評價、比較和選擇時，除根據決策目標進行選擇外，還必須對決策執行後可能出現的不良後果即副作用進行估計，並研究防止的措施，防患於未然。對此，也有人稱之為「可能出現問題的分析」。

　　在防範風險的分析中，各種問題及其原因都有出現的可能，不一定真能出現，但是任何一種由可能原因造成的可能問題，都有可能影響到決策的成敗，因此應當對全部可能出現的問題進行認真地考慮。為了有效地進行這項工作，一般應當按照下列步驟進行：

1. 對可能產生的副作用進行估計

　　在對可能出現的問題進行估計時，應儘量做到全面。由於不良後果的存在往往是潛在的，尤其是有些不良後果還不是決策執行的直接後果，而是後果的後果，即所謂第二級、第三級後果，更不容易被發現，這就要求決策者必須具有系統的觀點，能對問題進行系統地分析。例如，企業的決策，就應當從企業的組織工作（單位、部門間的關係、意見溝通、協調、安全等）、員工個人的發展（素質的提高、職位提升、工作積極性等）、物資與設備的利用、產品的品質與數量、財務狀況以及對外關係等各個方面進行全面地考慮。尤其是跨部門的決策、時間緊迫的決策、推行新制度的決策以及執

行中責任不易分清的決策等,都特別容易出現問題,更應進行全面系統地分析,找出可能發生的問題。

在對可能發生的問題進行估計時,不僅要估計會產生那些問題,而且還要對每個問題進行具體地說明,如問題的具體內容,會產生在什麼地方,會在什麼時候發生,可能發展到什麼程度等。只有這樣,才有可能分析出產生這些問題的原因,並採取有效的措施加以防止。

2. 對可能發生的問題的危險性進行估計

由於可能發生的問題很多,決策者沒有能力(也沒有必要)認真研究他所估計到的每一個可能的問題,而只能捨其小者而集中精力於危險性大的問題。那麼,如何確定問題的危險性呢,一般是通過綜合以下兩方面的判斷來確定。

① 這項可能出現的問題如果發生的話,其危害的程度將如何?

② 這項問題出現的可能性(即概率)如何?

對於危害嚴重程度往往是用評分法來進行估計,分數越高,說明嚴重程度越大。在估計出問題的危害嚴重程度之後,將它同問題出現的概率相乘,乘積就是該項問題危險度的計量。

有了各項可能問題的危險度計量,就可以把它們按危險度大小分為以下三類:

① 危險性最大的可能問題(也就是嚴重性大且發生的可能性也大的問題)。這類問題對決策有致命的影響,必須全力加以防範,否則有可能使決策完全失敗。

② 對決策有嚴重影響,但還不到致命程度,希望儘量加以防範,或使其影響減至最小限度。

③危險性很小的可能問題。這種問題對決策影響不大，可採用簡便辦法加以處置，或不予理會。

舉一個簡單的例子，假定某個小五金工廠為了推銷產品，決定自己設立一個門市部，工廠的負責人經過防範分析後，估計出該項工作可能出現的問題，並估計了問題的嚴重性及其出現概率，見下表。

可能出現的問題發生危害分析表

可能出現的問題	出現概率（%）	危害的嚴重程度（評分）	危險度（左兩欄乘積）
一、建店時出現的問題：			
1. 修房子遇到的困難	3	8	24
2. 有關部門刁難	1	8	8
二、營業中出現的問題：			
管理不善	50	3	150
營業員服務態度不好	20	7	140
3. 營業員不熟悉業務	10	4	40
4. 被盜	0.5	8	4
5. 被小孩打破玻璃	0.5	1	0.5

註：表中「危害的嚴重程度」最高分為 10，最低分為 0。

從表中可以看出，管理不善與營業員態度不好是兩個主要問題，它們的危險度最大，這兩個問題不解決，就有可能使決策達不到目的，因此必須採取強有力的措施加以解決。其次是修房問題與營業員業務熟悉問題，也具有一定的危險度，應考慮採取適當的措

施。至於被盜及門面玻璃被打破等，其出現概率很小，而且出售的並非什麼貴重商品，所以危險度不大，可以不必管它。

3.對問題發生的可能原因及其可能性大小進行分析

可能發生問題的原因分析與已發生問題的原因分析有所不同，前者只是估計有可能發生而尚未真正發生，因而產生這些問題的原因還只是潛在的。在這種情況下，決策者無法根據實際的事實而只能根據自己的經驗來進行判斷。但是，由於一個可能的問題會有很多的可能原因，因此決策者要想知道需要對那些可能原因特別加以注意，就必須在找出每項問題的可能原因之後，再對每一個可能原因的可能性大小進行大致地估計。

例如，在項目投資的施工方案中，一個危險性很大的問題是設備交貨延遲。這個問題的可能原因很多，如供方生產延遲、供方工廠出現事故、交通運輸不暢、鐵路線因天災而中斷、合約日期寫錯、供方負責幹部因更換而在交接中出現遺漏、訂貨單丟失，等等。其中各個原因的出現概率並不一樣，因此，應當按出現概率的大小對可能原因進行排隊，重點抓住出現概率大的那些原因，對於出現概率極小的原因則可以冒險不去理它。然後，還要進一步把應當抓的原因當做可能問題來看，再深究這些問題的可能原因（即原因的原因）及其出現概率，一直到可以採取一定的直接措施加以防止為止。

例如，估計可能發生的問題是某產品出現滯銷，而這個問題的可能原因之一是成本過高而無法同其他企業的同類產品競爭。在這種情況下就應採取一定的措施降低成本。可是要想做到這一點，就必須把成本過高再當做一個可能問題來看，研究出成本過高的可能的原因（對產品滯銷來說則是可能原因的可能原因），如可能是原材

料浪費、或工時安排不合理、或技術不合理等，然後才能針對這些可能的原因採取適當的具體措施加以改進。

採取預防措施是為了消除問題的可能原因，或將問題發生的可能性減至最小限度。但是，由於每個問題的可能原因很多，因此就需要針對不同的原因採取不同的措施，以防止每個可能原因的出現，從而減少問題的發生機會。預防措施研究出來後，就應列入決策方案的實施計劃中，以便落實。

4.為使危害減至最小準備一定的應急措施

一般說來，預防措施是針對危險度大的問題和出現概率大的可能原因的，它可以通過決策的實施計劃得到實現，減少不良後果出現的可能性，但是，出現的可能性減小並不等於不可能出現，不能認為有了預防措施就可以萬事大吉、絕對安全了，如果基於這種錯誤認識而不考慮應急措施，那就無法完全消除危險的嚴重後果。下面就是一個典型的例子：

1982 年 2 月 8 日，日本的「新日本飯店」發生了一場火災。大火首先出現在飯店的第九層，火警發生後，飯店的值班人員也曾拉開消火栓，但因不會打開水閥，致使火勢蔓延開來。這次火災造成的後果十分嚴重，291 名住宿飯店的人中就有近百人死傷和失蹤。事後經過調查，發現釀成這一慘禍的主要原因是飯店缺乏防火的應急措施。雖然日本消防廳曾向該飯店下令安裝自動防火報警設施，但飯店只安裝了很少的一部份，而第八到第十層還沒有安裝。如果飯店能夠高度重視，在事先準備自動防火報警設施，那麼即使在消火栓用不上的情況下，仍可以通過自動滅火器及時將火撲滅，不致造成如此嚴重的後果。

由此可見，對於會產生特別嚴重不良後果的可能問題，除了要採取預防措施來消除其原因，或減少其發生的可能性外，還必須準備一定的應急措施，以備萬一問題發生時能消除或減少其影響。當然，決策者也不能因為具有善於應付緊急事變的能力而忽視了預防措施，因為預防一個問題的發生，畢竟比問題發生之後再採取措施要好得多。

　　應急措施與預防措施不同，預防措施是在問題發生之前，在決策的執行過程中實施的；而應急措施則是備用的，要到問題發生的時候才能用上。不論是預防措施還是應急措施，都應選擇其收益最大而代價最小的，也就是通常所說的「有效措施」，加以採用。

　　有了防範分析，並有了預防措施和應急措施，就可以使決策的副作用降至最小，提高決策的合理性和有效性。

心得欄

\- -

\- -

\- -

\- -

\- -

\- -

◎果斷把握機會

在現代商業競爭中，抓住機會就是成功，而機會稍縱即逝，沒有見微知著、敏銳果斷的能力，就不能抓住機會。所謂見微知著、敏銳果斷，就是在競爭中密切注視每一個細微的變化，並分析出內在的本質，判斷事物的發展方向，然後做出敏銳果斷的決定，使自己領先一步，抓住機會，取得成功。

機會是一種稍縱即逝的東西，而且機會的產生也並非易事，因此不可能每個人什麼時候都有機會可抓。而機會還沒有來臨時，最好的辦法就是：等待，等待，再等待。在等待中，為機會的到來做好準備。一旦機會在你面前出現，千萬別猶豫，抓住它，那麼你就是成功者。

耐心等待是一個很不錯的辦法，在美國，許多主管都深深地懂得它的重要性。他們都極富耐心，因為他們知道，等待會使他們取得意想不到的成功。

敢於冒險對於決策者而言很重要，做到這一點有兩種方法：

一是要肯做「不賺錢的買賣」。

世界「假日客棧之父」、美國巨富威爾遜在創業初期，全部家當只有一台分期付款「賒」來的爆米花機，價值 50 美元。第一次世界大戰結束時，威爾遜的生意賺了點錢，他便決定從事地皮生意。當時幹這一行的人並不多，因為戰後人們都很窮，買地皮修房子、建商店、蓋廠房的人並不多，地皮的價格一直很低。

聽說威爾遜要幹這不賺錢的買賣，一些朋友都來勸阻他。但威

爾遜卻堅持己見，他認為這些人的目光太短淺。雖然連年的戰爭使美國的經濟衰退，但美國是戰勝國，它的經濟會很快復蘇的，地皮的價格一定會暴漲，賺錢是不會成問題的。威爾遜用自己的全部資金再加一部份貸款買下了市郊一塊很大的地皮。這塊地由於地勢低窪，既不適宜耕種，也不適宜蓋房子，所以一直無人問津。可是威爾遜親自去看了兩次之後，便決定買下那塊雜草叢生的荒涼之地。

這一次，連很少過問生意的母親和妻子都出面干涉了。可是威爾遜卻認為，美國經濟會很快繁榮起來，城市人口會越來越多，市區也將會不斷擴大，他買下的這塊地皮一定會成為「黃金寶地」。

事實正如威爾遜所料，3 年之後，城市人口劇增，市區迅速發展，馬路一直修到了鹹爾遜那塊地的邊上。大多數人這才突然發現，此地的風景實在迷人。寬闊的密西西比河從它旁邊蜿蜒而過，大河兩岸，楊柳成蔭，是人們消夏避暑的好地方。於是，這塊地皮身價倍增。許多商人都爭相出高價購買。但威爾遜並不急於出手，真是叫人捉摸不透。

其實這便是成功經營者高明的地方，威爾遜自己何嘗不知道這塊地皮的身價，不過他看得更遠。此地風景宜人。必將招來越來越多的遊客，如果自己在這裏開個旅店，豈不比賣地皮更賺錢？於是威爾遜毅然決定自己籌措資金開旅店。不久，威爾遜便蓋了一座汽車旅館，取名為「假日客棧」。假日客棧由於地理位置好、舒適方便，開業後，遊客盈門，生意興隆。從那以後，威爾遜的假日客棧便像雨後春筍般地出現在美國與世界其他地方，這位高瞻遠矚的「風水先生」獲得了巨大的成功。

做生意如同下棋一樣，平庸之輩往往只能看到眼前一兩步，而

高明的棋手則能看出後五六步甚至更多。能遇事處處留心。比別人看得更遠，這樣做出的決策才可能切合市場發展的需要，達到決勝於千里的目的。身為現代企業的主管，必須在這方面多下工夫。

二是要敢於相信自己的商業直覺和眼光。

世界旅店大王希爾頓一生有三條原則：信仰、努力和眼光。不論做那一行，若想做得比別人更出色。他認為首先必須具備高瞻遠矚的目光，惟有如此，才可做出正確的決策。把握不了市場的變化，看不出行情的發展趨勢，決策便很可能失誤。

◎推功攬錯，收服人心

管理者賦予人才重大責任，在激發士氣上非常有效，但並不是說將責任都推給人才後，領導就可以逃避責任。當人才在工作中失敗，或發生內外糾紛時，領導絕不能以「這是你做的事，你要負責」為藉口，將其置之不理。相反，也有些領導會將人才的實績，全都當作是自己的功勞，或是在和人才一起工作之初，對人才的提議持反對意見，但事成之後，卻又誇耀自己很有本事，這些做法都會打擊人才的士氣。

管理者要勇於負責，不諉過於人才。古語說：「事敗歸咎於謀主者，乃庸人。」但是，歷史上諉過於人的例子卻不勝枚舉。

朱由檢是明光宗的第五子。天啟七年。其兄明熹宗朱由校病死，他以「兄終弟及」的方式當了皇帝。即位之初，他很想有一番作為，處死了禍國殃民的魏忠賢，杖殺了淫亂朝綱的客氏，但是在清兵叩關、東北告急、闖獻起義、中原動亂的情況下，無力扭轉明

王朝衰亡的局勢，最終當了亡國之君。

朱由檢虛榮心極重，他往往自以為是，有時做出一些冒險決定，授意臣下去辦，一旦出事，就諉過於臣下，拿臣下治罪。

崇禎十五年，朱由檢決定與清議和，但他不公開自己的主張，而是密令兵部陳新甲去辦。陳新甲忠實地執行了他的指示。後議和事情洩露，朝臣上疏參劾陳新甲，朱由檢害怕事漏，殃及自己，於是立即下令處死了陳新甲。朱由檢在位 17 年，朝中閣臣、尚書要員像走馬燈一樣更換。先後出任閣僚的 50 餘人，吏部尚書 13 人，兵部尚書 17 人，刑部尚書 17 人，由於他的喜怒無常、猜忌多疑，這些閣僚、尚書下場大都悲慘，多數是罷官、流放，有的被關入牢獄，甚至被誅戮。作為朝廷欽差的總督、巡撫，下場亦慘。其中總督為他所誅殺者多達 11 人，巡撫為其所誅者亦達 11 人之多。這不僅在明代，就是在中國歷代帝王中都是罕見的。他這樣兇橫地踐踏朝臣，群臣自然也不會死心塌地為他效勞盡忠。

崇禎十七年三月十九日，李白成的義軍攻佔北京城。崇禎帝在滿朝文武作鳥獸散的情況下，令皇后自殺，用劍刺死公主，攜太監王承恩來到景山，在壽皇亭旁的一顆槐樹下，哀歎道：「我平日待官吏亦不薄，今日至此，群臣無一相從。」說罷，與王承恩對縊於槐樹下，時年 35 歲。崇禎帝屍體以髮覆面，左足靴子脫落，衣襟上寫有：「朕涼德藐躬，上千天咎，致逆賊直逼京師，皆諸臣誤朕。死無面目見祖宗，自去冠冕，以髮覆面。」但他至死也沒有認識亡國的主要原因，而將實際罪責推到群臣頭上，這實在是一大悲劇。

每一個人都可能犯錯，只要勇於反省過失，並且確實地反映在今後的行動上，那麼這個人便會一天天地成長、進步。反過來說，

把自己的過失推諉給人才的管理者，不僅會在人才心目中喪失威信，也不利於自身的進步。把自己犯下的過失推諉給人才，這種管理者最要不得。尤其是，心裏明明知道這過失的責任全在自己，卻設法把責任推給人才，其用心可說非常卑劣。

英國的歷史學家湯瑪斯也曾說過，「過失本身並不可怕，最可怕的是自己一點兒也不曉得犯下了過失。」

有些管理者迷迷糊糊地知道自己犯下了過失，但是深恐自己承認後會喪失管理者的權威，為了掩飾自己無能，於是巧妙地把這過失推諉給別人。可是，無論如何運用心思把責任轉嫁給他人，身為人才的人，幾乎都知道這過失是管理者自己犯下的，因此，表面雖然不說，心裏卻會暗暗地蔑視他。

◎行動而不是埋怨

埋怨，是一種很複雜的心態。它既反映出對現實的不滿，同時又反映出對現實的恐懼。埋怨者總希望在沒完沒了的埋怨聲中，能走來一位「救世主」般的人物，一下子給他們一個完美的世界。事實上，完美的世界不是靠埋怨得來的，而是靠行動，而且是立即的行動來爭取的。

行動是你改變現狀的捷徑，而埋怨則只能消磨你的鬥志和你的信心。埋怨是你不敢來爭取行動的藉口，是來自內心的藉口。

行動本身會增強信心，埋怨只會帶來恐懼。克服恐懼的最好辦法就是行動。

傘兵教練說：「跳傘本身真的很好玩。讓人難受的只是『等待跳傘』的一剎那。在跳傘的人各就各位時，我讓他們『儘快』度過這段時間。曾經不止一次，有人因幻想太多『可能發生的事』而暈倒，如果不能鼓勵他跳第二次，他就永遠當不成傘兵了。跳的人拖得愈久愈害怕，就愈沒有信心。」

「等待」甚至會折磨各種專家，讓他們變得神經兮兮。《時代雜誌》曾經報導美國最有名的新聞播音員愛德華‧慕羅先生。他在面對麥克風以前總是滿頭大汗，一開始播音以後，所有的恐懼就都沒有了。許多老牌演員也有這種經驗。他們都同意，治療舞台恐懼症惟一的良藥就是「行動」。立刻進入正規工作就可以解除所有的緊張、恐怖與不安。

一般人應付恐懼最常用的方法就是「不做」，或是埋怨這、埋

怨那，即使最老練的推銷員也難免。他們為了克服恐懼，往往在客戶附近徘徊猶豫。要不然乾脆找個地方一杯又一杯地喝咖啡來培養自信與勇氣，這樣根本沒有效果。克服恐懼——任何一種恐懼——最好的辦法就是「立刻去做」。

你害怕電話訪問嗎？馬上就去打電話，你的恐懼便會一掃而光；萬一你仍舊拖拖拉拉，你會愈來愈不想打了。

你是不是不敢做一次全身健康檢查？只要你去，所有的疑慮都會消失。你可能什麼毛病也沒有；萬一有，也可以及早發現。如果不去檢查的話。你的恐懼會越來越深，直到真正生病為止。

你是不是不敢跟上司討論一個問題？馬上找他討論，這樣才會發現根本沒有那麼恐怖。

建立你的信心。用行動來消除煩惱。

有一個野心勃勃卻沒有作品的作家說：「我的煩惱是日子過得很快，一直寫不出像樣的東西。」

「你看，」他說，「寫作是一項很有創造性的工作，要有靈感才行，這樣才會提起精神去寫，才會有寫作的興趣和熱忱。」

說實在的，寫作的確需要創造力，但是另一個寫出暢銷書的作家，他的秘訣是什麼呢？

「我用『精神力量』。」他說，「我有許多東西必須按時交稿，因此無論如何不能等到有了靈感才去寫，那樣根本不行。一定要想辦法推動自己的精神力量。方法如下：我先定下心來坐好，拿一隻鉛筆亂畫，想到什麼就寫什麼，儘量放鬆。我的手先開始活動，用不了多久，我還沒注意到時，便已經文思泉湧了。」

「當然有時候不用亂畫也會突然心血來潮。」他繼續說，「但

這些只能算是紅利而已，因為大部份的好構想都是在進入正規工作情況以後得來的。」

「明天」、「下個禮拜」、「以後」、「將來某個時候」或「有一天」往往就是「永遠做不到」的同義詞。有很多好計劃沒有實現，只是因為應該說「我現在就去做，馬上開始」的時候，卻說「我將來有一天會開始去做」。

讓我們時時刻刻記著這樣一句：「今天可以做的事不要拖到明天。」如果你時時想到「現在」，就會完成許多事情；如果常想「將來有一天」或「將來什麼時候」，那就將一事無成。

成功不會在前面坐著等待你的到來，機遇不時從你身邊馳過。你只有在它們越過你的一瞬間，抓住它們。

心得欄

_____

_____

_____

_____

_____

_____

第 *5* 章

領導者就要學習創新

　　成功，取決於人的能力；而能力，則取決於人的學習。不斷學習知識，正是成功的奧秘。

　　世界在飛速變化，新問題層出不窮，要想適應不斷發展變化的客觀世界，就必須努力做到終生學習。只有善於學習、終生學習的人，才能具備高能力，才能夠贏得燦爛的未來。

◎只有不斷學習，才能跟上時代的步伐

　　有位記者曾問亞洲富豪李嘉誠：「李先生，您成功靠什麼？」李嘉誠毫不猶豫地回答：「靠學習，不斷地學習。」不斷地學習知識，是李嘉誠成功的奧秘。

　　李嘉誠勤于自學，在任何情況下都不忘記讀書。青年時打工期間，他堅持「搶學」，創業期間堅持「搶學」，經營自己的「商業王

國」期間，仍孜孜不倦地學習。李嘉誠一天工作十多個小時，仍然堅持學英語。早在辦塑膠廠時就專門聘請一位私人教師每天早晨 7 點 30 分上課，上完課再去上班，天天如此。當年，懂英文的華人在香港社會很少。懂得英文，使李嘉誠可以直接飛往英美，參加各種展銷會，談生意可直接與外籍投資顧問、銀行的高層打交道。如今，李嘉誠已年逾古稀，仍愛書如命，堅持不斷地讀書學習。

李嘉誠說：「在知識經濟的時代裏，如果你有資金，但缺乏知識，沒有最新的資訊，你越拼搏，失敗的可能性越大；反之，則有可能獲得成功。」

在知識經濟的時代。如果你有資金，但缺乏知識，沒有最新的資訊，你越拼搏。失敗的可能性越大；反之。則有可能獲得成功。

當今時代，知識更新的速度大大加快，學習也無止境。我們要適應不斷發展變化的客觀世界，就必須把學習從單純的求知變為生活的方式，把學習作為一生的追求，實現終身學習。

成功，取決於人的能力；而能力，則取決於人的學習。不斷學習知識，正是成功的奧秘。一切事物隨著歲月的流逝都會不斷失去價值，人們賴以生存的知識、技能也一樣會失去價值。只有持續學習，才能不斷獲得新知，增長才幹，跟上時代的步伐。

一個成功的人，必須掌握廣博的知識，要多讀書、多學習、多思考。具有豐富知識和經驗的人，比只有一種知識和經驗的人更容易產生新的聯想豐。獨到的見解。

一個發展了某方面單一能力的人，不是一個真正的成功人士；一個沒有接受過良好的教育、沒有豐富知識的領導者，也談不上是一個真正成功的領導者。無論掌握那一種知識，對工作都是有用

的，知識能夠擴大你的視野，通過潛移默化的作用，提升你的思維能力，增強你的分析能力，強化你的決斷能力。

西點軍校教育的內容紛繁複雜，不僅使學生打下足夠堅實的軍事知識基礎，而且普通教育也同樣優秀，在美國享有盛名。

西點軍校的每個畢業生都必修 32 門核心課程，以構成廣泛的知識基礎。雖然學習課程廣泛，但他們每一門學科的研習卻並不是泛泛的，要達到相當的深度。

知識就是力量，知識也是使人的精神變得勇敢的最好途徑。全面而充足的知識儲備、理論的知識與實際經驗的密切結合，使得西點畢業生到戰場上以後能夠得心應手，進入社會各界也都能迅速適應。

一個成功的人，必須掌握廣博的知識，要多讀書、多學習、多思考。具有豐富知識和經驗的人，比只有一種知識和經驗的人更容易產生新的聯想和獨到的見解。自身的知識越充足，成功的機會就越大。

機遇對於任何人都是平等的，想要成為一個成功者，就要不斷進取，學會捕捉機遇。機遇有時只能靠等待，在遇到這種情況的時候，煩躁不安是沒有用處的，最好利用這種時候加強修煉、充實自我。在等待中積累力量，一旦時機到來，便可一把抓住。

機遇無處不在，關鍵是看你能否把握住它。偶然的機會只對那些勤奮工作的人才有意義。無論是過去、現在或是將來，最有希望的成功者，並不是天生出眾的人，而是那些既善於抓住機遇，又善於創造機遇的人。成功的秘密在於，當機遇來臨的時候，你已經做好了把握住它的準備。時刻準備著，當機會來臨時你就成功了。

◎思路決定出路，有新思路才有新出路

擁有了好的思路，就能夠在迷霧中看清目標。在眾多資源中發現自己的獨特優勢。好的思路，會使人生旅途充滿亮光，每一種好的思維方式，都會引導你順利地走向成功的彼岸。

有人認為在知識經濟時代，只有高學歷、高智商或身懷某種特殊技能的人才能獲得成功。其實，這種想法是錯誤的。誠然，高學歷、高智商和特殊技能是促使其成功的重要因素，但起關鍵作用的還是人的思路，否則就無法解釋以下的現象：在我國改革開放以來，一些只有小學、初中文化，也沒什麼特殊技能的人，是如何在短短的一二十年中發跡起來，把事業做人的？那些演藝明星、社會名流、商業鉅子為什麼能夠實現自己的人生價值，並能取得大大小小的成功？答案就是他們有獨特的思考技巧。

成功的首要因素就看你有沒有一個人生發展的正確思路。新思路帶來新方法，新方法帶來新機遇，新機遇帶來新成果。

有思考力的人才會有創造力，才能主動掌控自己的命運。懶惰平庸的人往往不是不動手腳，而是不動腦子，這種壞習慣制約了他們走向成功的可能；相反，那些最終能成大事者基本都在此前養成了勤於思考的習慣，善於發現問題，努力地尋求解決問題的方法，甚至讓問題成為改變自己命運的機遇。

思路會給我們帶來巨大的利益，會打開不可思議的機會之門。對於追求成功的人來說，機會是平等的，就看你願意不願意運用新的思路，去發現機遇，把握機會，攻克成功路上的難關。

◎誰擁有新想法，誰就擁有成功的可能

　　生活中，你和別人的差距更多的是體現在想法上。雖然初始時就差那麼一點點，但日積月累就越拉越大。

　　古今中外，凡成功人士的事蹟，無不向我們昭示，創造性思維對人生發展具有決定性的作用。但相比而言，為什麼我們當中只有少數人成功呢？這是因為許多人盲從於習慣，盲從于權威，不願與眾不同，不敢標新立異，所以在任何時候、任何組織中成功的只有少數人。

　　生活中，你和別人的差距更多的是體現在想法上，雖然初始時就差那麼一點點，但日積月累就越拉越大。所以，瞭解差距並及時總結，才能迎頭趕上。成功需要很高的悟性與洞察力，面對差距和挑戰，你應及時調整心態、勤於思考。其實，你最需要做的應該是改變自己的想法，那怕改變只是很小的一點，也可能起到很好的效果。

　　日本水泥大王淺野總一郎，在他 23 歲時，身無分文，又找不到工作，有一段時間每天都陷入半饑餓狀態之中。有一天，他發現有個水泉，已挨餓整整兩天的他就捧起這水來試飲充饑，一喝覺得清涼可口。淺野腦海中馬上浮現出一個想法：「就乾脆賣水算了！」於是他在路旁擺攤賣水的生活便開始了，生財工具大部份是撿來的。這最簡單的賣水生意使這位吃盡千辛萬苦的青年不必再挨餓了。

　　淺野後來說：「在這世界上沒有一件無用的東西，任何東西都

可以加以利用。」淺野賣水兩年，25 歲時已賺了一筆為數不少的錢，於是開始經營煤炭零售店。30 歲時，當時的橫濱市長聽到淺野很會從普通的東西上發現出價值來，就約見他說：「你以很會利用廢物而聞名，但是人的排洩物，我想，你是沒有辦法去利用的了。」「只收集一兩家糞便不會賺錢！但是收集數個人的大小便就會賺錢。」「怎麼樣收集呢？」「做公共廁所。」這樣，淺野就替橫濱市設置了 63 處日本最初的公共廁所，因而成為日本公共廁所的始祖。廁所做好後，他就把汲糞便的權利以每年 400 元賣給別人，兩年後設立了一家日本最初的人造肥料公司。由此帶來的財富無法估量。

可見，同樣面對一件事、一個問題，不同的人會產生不同的想法，而正是不同的想法決定了不同的事業走向，決定了個人日後在人生成敗上的分野。

作為一個成功的領導者，就應該善於轉換想法，把別人難以做成的事做成，把自己本來做不成的事做成。當別人失敗時，你如果可以從他人的失敗中總結經驗，得出正確的想法，並付諸行動，你就可能成功。當你自己失敗了，如果你能夠吸取教訓，把思想轉換到新的、正確的想法上，再付諸行動，你同樣可以獲得成功。

其實，「與眾不同」也很容易，我們每個人只要不總是按照別人的想法去想問題，不總是按照別人的做法去做事業，那麼，我們就很有可能做出不尋常的業績來，就很有可能走上與眾不同的成功之路。這一點，相信每個人都能做到，因為每個人都具備這方面的潛質。

◎敢於創新的人才能在競爭中掌握主動權

　　人生需要不斷創新，領先別人的人永遠讓別人跟著他走，被別人領先的人永遠跟著別人走。別人做什麼你就做什麼，你最多只是個好的模仿者，但永遠不可能靠模仿成為領導品牌。

　　創新能力是領導者最寶貴的智力品質。領導者要開創工作的新局面，就必須具備創新能力。如果缺乏創新能力，墨守成規，因循守舊，就不能成為好的領導。要根據本行業發展的動向及企業的具體情況，及時地提出自己的設想，不斷改革工作方法。

　　一個人如果缺乏創新意識，卻想做一位出色的成功者，那是相當困難的。好奇心強烈的人，不但對於吸收新知識抱有高度的熱忱，並且經常搜尋處理事物的新方法。因此，一個人如果沒有了好奇心，就不可能花心思研究新事物，只是循著前人的步伐原地踏步而已，更不用說會有驚人的成就出現了。美國線上的一位首席執行宮曾經說過：「勤於動腦、敢於創新的人，才能爭取競爭的主動。」

　　你可能不曾想到，引起筆的革命的，並不是筆業商人，而是一位保險業員工，他叫威迪文。有一回，威迪文因為蘸水鋼筆寫不出字，而錯過了與別人簽合約的機會。威迪文十分痛心，他決定潛心研究出一種新的鋼筆。經過不懈的努力，他終於成功地造出了世界上首支自來水筆。

　　此後，「威迪文」筆大出風頭，8 年之後不僅品種多了，而且首次在筆上裝飾了圖案，美感大增。從 1904 年至 1914 年 11 年間，又推出了女士用的「安全筆」和自動吸水筆。

在 1929 年至 1930 年間,「威迪文」在款式、型號上不斷創新,首次推出了紅色漸變的透明產品。隨後又推出了流線型、顏色獨特的「百年筆」系列,這種筆有「筆史上最美麗的珍品」之美譽,被收藏家們視若瑰寶。威迪文通過自己的不懈努力,最終成了自來水鋼筆業的先驅者。

創新不僅在每天改變著人類的歷史,而且時刻都在為人類凝聚著財富。在工作中能夠創造多少價值,就看融入多少智慧,在工作中加入創新思維,也許可以產生意想不到的價值。

人生需要不斷創新,領先別人的人永遠讓別人跟著他走,被別人領先的人永遠跟著別人走。別人做什麼你就做什麼,你最多只是個好的模仿者,但永遠不可能靠模仿成為領導品牌。要成為一個領導潮流的人,你就必須成為一個創新者,只有創新才能讓你有機會超越常人。要時時刻刻想著「我如何跟別人不一樣,並且比他更好」,而不是「我如何與別人一樣好」。

領導者要把創造性思維的技巧教給每一個員工,讓員工在工作中自覺地發揮出創新潛能。這些技巧是:對現狀質疑,向假設挑戰。當愛因斯坦被問到他想送給他的學生什麼建議時,他的回答是:「只要求他們每天花一小時拒絕別人的看法,而且自己把事情想透。」

◎沒有創新就意味著衰敗與滅亡

沒有突破就沒有創新,沒有創新就沒有活力。沒有活力就缺乏生命力。所謂突破就是打破舊的傳統、習慣、經驗等思維定式,使思維產生質的飛躍。

這是一個處處充滿競爭的時代，而對於每個人來說，若想在社會上有所成就，就必須努力培養和展現自己創新的素質，千萬不可墨守成規。假如你的思維或產品一成不變，一點都沒有新鮮之處，那麼它們就會蒼白無力，很快就會被社會的大潮所淘汰。

　　如今，社會已進入資訊時代，科技日新月異，沒有一個產品能永遠暢銷，沒有一個人能夠永遠成功，在「快魚吃慢魚」「聰明魚吃笨魚」的時代，要求個人必須是創新型個人，團隊必須是創新型團隊，企業必須是創新型企業。企業只有不斷創新，總是走在時代的前列，才不會被淘汰。沒有突破就沒有創新，沒有創新就沒有活力，沒有活力就缺乏生命力，所謂突破就是打破舊的傳統、習慣、經驗等思維定式，使思維產生質的飛躍。

心得欄 _
_ _
_ _
_ _
_ _
_ _

◎唯有虛心學習，才能掌握未來

日本三洋電機公司創始人井植，14歲進松下電器公司當學徒。他的志向是成為松下老闆那樣的企業家，並願意為這個志向付出十倍辛苦。白天，他認認真真地幹好本職工作，任勞任怨，一絲不苟。晚上或工休日，當別的學徒玩耍時，他去附近的學校補習知識，為將來出人頭地準備條件。由於他的工作業績和個人素質都優於別人，19歲即被任命為廠長，並逐步升遷到製造部長的高位。後來他又與自己的兩位兄長合夥，創辦了今日名揚天下的三洋電機公司。

井植作為三洋公司的總經理，言傳身教，身體力行著三洋公司「造就他人，塑造自己」的經營理念。他經常出差，無法出席公司的重要會議。但他讓人把會議過程全都錄下來，回來後聽錄音。除此之外，他還把公司的各種演講活動、教育中心的各類講座都錄下來，隨時聽閱、學習。除了各種錄音資料外，他還剪報。有一次，一位記者看到他成堆的剪報資料後說：「下次我要查資料，就上您這兒來，這兒比圖書館還要方便齊全。」

無論在何時何地，每一個現代人都不要忘記給自己充電。尤其是在競爭激烈的工商業界，每個人必須隨時充實自己、積攢雄厚的實力，否則便會被競爭淘汰。

隨著社會的發展，知識的作用愈加重要。知識能夠擴大你的視野，提升你的思維能力，增強你的分析能力，強化你的決斷能力。在這個知識日新月異、網路資訊技術被普遍應用的時代，你如果不每天學習、不斷充電，那麼很快你就會落伍。

因此，無論在何時何地，每一個現代人都不要忘記給自己充電。尤其是在競爭激烈的工商業界，每個人必須隨時充實自己、積攢雄厚的實力，否則便會被競爭淘汰。

　　停止了學習，也就停止了發展。只有把學習和生活融為一體，使學習成為自身發展的必然需要，在學習中不斷發展，才能從一個台階邁向另一個更高的台階，才能從成功走向卓越。

　　為了在當今競爭激烈的商界中勝出，領導者要讓自己的專業技能隨時保持在巔峰的狀態。為此，你得對自己的技能層次時時保持警覺，並且探尋能夠讓你的專業技能更上一層樓的機會。通過閱讀、聆聽、訓練以吸取新的經驗。不論是在領導者生涯的那個階段，學習的腳步都不要稍有停歇。

　　「若是能養成每天讀10分鐘書的習慣，20年後，必判若兩人。」耶魯大學的一位校長說，「在各行各業做事的人，無論是商業界、交通界還是實業界，都這樣對我說，他們最需要的人才是大學學院培養的、能善於選擇書本、能活用書本知識的青年，而這種善用書本、活用書本能力的最初培養，最重要的是在家庭中，尤其是在那些具備各類書籍的家庭中。」這也正是一流領導者們之所以在飛機上都堅持讀書的根源。讀書，是更新知識的一條有效途徑。

　　每個人在一生中都會經歷無數次改變，生活的改變、工作的改變，只有那些不斷提升自己、塑造自己的人才能適應種種變化，才不會被生活拋棄，才會迅速成長。

◎學習力就是競爭力，不學習就沒有競爭力

成功的領導者無一不受益於學習，在夕蔔部環境相同的條件下。愛學習的人思想更成熟，考慮問題更全面。面對困難時能夠用知識、智慧去解決。

成功的領導者無一不受益於學習，在外部環境相同的條件下，愛學習的人思想更成熟，考慮問題更全面，面對困難時能夠用知識、智慧去解決。

後來成為美國著名軍事理論家的鄧尼斯·馬漢進入西點軍校後，一直如饑似渴地學習，他嚴格要求自己，成績一直較好。1827年，陸軍部批准馬漢出國到了巴黎，主要目的就是獲取有關美國和平建設時期所需的工程技術方面的情報。在法國的梅茨學習期間，他說：「儘管陸軍部沒有給我下達其他任務，然而我自己卻要在一年內完成兩年的課程。」馬漢一刻不停地研究，撰寫教材。

1837年，馬漢正式出版了他的《土木工程學》，立即得到社會的承認，被稱作是美國土木工程領域的最佳教科書。隨後，馬漢一直孜孜不倦地講學和著書立說。1874年，他出版了《前哨》，充分體現了他的軍事天才。在此書中，馬漢提出了閃電戰的理論。一位沒有見過汽車、飛機，對無線電、電視等通信設施一無所知的人，竟然有這些理論預想，真是難能可貴。

如果不繼續學習，就無法使自己適應急劇變化的時代，就會有被淘汰的危險。

作為一名領導者，只有對艱苦和嚴格的訓練習以為常，在困難

面前才能夠盡職盡責。成功從來不是從被迫吃苦而來，而是從自我訓練而來。

「給我任何一個人，只要不是精神病人，我都能把他訓練成一個優秀的人才。」西點軍校的一位校長如是說。西點人相信，並不是只有少數人天生具有管理的特質，而是每個學員都具有成為優秀者的潛力。西點軍校精英訓練營始終不渝地堅信每一個學員都能成為優秀的管理者，並且為此而躬行不輟。

即使領袖人物有一定的天分和才能，他也需要靠後天的努力。玉不琢不成器，同樣的道理，人不經過良好的教育培訓，即使有再好的天資也會被埋沒。很多管理者都是從底層做起的，世界上沒有人天生就具有管理才能，可以掌管大局、處亂不驚，但卓越的管理才能可以通過訓練獲得。

克羅克一出生，就與一個本來可以發大財的時代擦肩而過——向西部淘金的運動結束了。而正當他準備上大學時，又迎來了 1931 年的美國經濟大蕭條。他不得不順從囊中羞澀的現實，輟學去搞房地產。可房地產生意剛有起色，第二次世界大戰又打起來了。人們都只顧逃命，那有心思買房？於是房價急轉直下，克羅克又是竹籃打水一場空。這以後，他到處求職，曾做過急救車司機、鋼琴演奏員和攪拌器推銷員。但似乎一切都不順，不幸幾乎就沒離開過克羅克。

儘管如此，克羅克仍是熱情不減，執著追求，毫不氣餒。1955 年，在外面闖蕩了半輩子的他空手回到了老家。在賣掉了家裏的一份小產業後，克羅克開始做生意。這時，他發現迪克‧麥當勞和邁克‧麥當勞開辦的汽車餐廳生意十分紅火。經過一段時間的觀察，

他確認這種行業很有發展前途。當時克羅克已經 52 歲了，對於多數人來說這正是準備退休的年齡，可這位門外漢卻決心從頭做起，到這家餐廳打工，學做漢堡包。後來，他毫不猶豫地借債 270 萬美元買下了麥氏兄弟的餐廳。經過幾十年的苦心經營，麥當勞現在已經成為全球最大的以漢堡包為主食的速食公司，在國內外擁有了萬多家連鎖分店，年銷售額高達近 200 億美元。克羅克也被譽為「漢堡包王」。

刻苦訓練使一個人更充實、更崇高，它不僅幫助你獲取經驗、積累財富，而更重要的是它會影響一個人的內在。幫助你開發自己的能力，更好地利用自己的潛能，成為一個真正的勝利者。一位蟬聯三次世界冠軍的天才教練有一次說：「任何一位頂天立地、有作為的人，不管怎樣，最後他的內心一定會感謝刻苦的工作與訓練，他一定會衷心嚮往訓練的機會。」人生只是短暫的一瞬，生命的弓弦應該是緊繃不松的。生命不息，奮鬥不止，應該是每個人生存的原則，要捕捉機遇，就要積極進取，時刻準備著。一個成功者的成功之處就在於他總是比別人多付出一些，比別人多向前邁進一步。不吝惜自己汗水的人，也必將會有豐厚的收穫。

第 6 章

領導者就要有熱情、激情

　　熱情是領導力的重要基石，是傑出領導力不可替代的組成部份。充滿熱情並不僅是外在的表現，它會在你的內心形成一種習慣，然後通過言談舉止表現出來，從而影響下屬。

　　優秀的領導者善於對員工進行感情投資，能使下屬感覺自己受到了領導的重視和關愛，因而願意盡己所能，充分發揮自己的潛力。

◎對工作充滿激情

　　成功的領導者對生活和工作充滿了激情。他們從不抱怨別人和生活、工作的環境。他們一旦選擇了自己的事業，就會滿懷激情地投入進去，用激情溶化前進途中的困難、障礙。

　　激情具有偉大的力量，能使我們以更快的速度邁向人生的目

標。

　　成功的領導者對生活和工作充滿了激情，他們從不抱怨別人和生活、工作的環境，他們一旦選擇了自己的事業，就會滿懷激情地投入進去，用激情溶化前進途中的困難、障礙，他們是真正擁有世界、擁有快樂的人。成功不僅要有激情，還需要將這種激情堅持下來。

　　領導者的激情一般都是來自挑戰，大多數領導者總是樂於尋求富有意義的挑戰，希望做的事情能夠挑戰自己的能力極限，從而充滿了激情。所以，如果要將激情保持下去，這就需要不斷調整自己的目標，讓自己在競爭中提升自己的凝聚力。

　　創立 30 年的軟體銀行，投資過約 800 家 Internet 中小企業，在過去 10 年中他們的投資回報達 9 倍之多，是網路行業中全球投資回報最高的企業。孫正義在回答一位中小企業代表提問時說：「我投資的 Internet 企業中有 100 家企業破產了，但絕大多數生存了下來，相當一部份如阿里巴巴、雅虎等更取得了超級成功。在我看來，失敗的企業與成功的企業相比，除了一部份運氣以外，主要的區別在於管理層是否有創業激情。」那些成功的企業憑藉創業激情，總是能夠吸引人才，找到解決困難的方案，渡過難關。」

　　他說，自己創業的方式是先有激情，然後設立願景，最後確定戰略。現在他的目標是成立全球最大的移動 Internet 企業、亞洲第一的 Internet 企業。這個行業的技術革新是如此之快，幾乎無法預知將來會出現什麼樣的變革，但是他用激情、意志不斷挑戰自己，終於收穫了累累碩果。

　　激情是源於人們對事物的強烈興趣的表現。領導者的激情包括

對工作的激情、對人的激情和對組織目標的激情。富有激隋是成為一個真正的領導者的先決條件。它為領導者提供了堅持目標的動力，建立了一種表達對人們的熱愛與關懷的情境，點燃了領導者為更偉大的目標而努力的熱情。

　　要想獲得這個世界上的最大獎賞，你必須擁有將夢想轉化為工作激情，來發展和推銷自己的才能。滿懷激情地投入工作，用激情去工作才能獲得成功。在我們的生活中，最大的挑戰就是保持對生活的激情，堅定明確的奮鬥目標，永遠讓熾熱的火焰燃燒，並且保持這種高昂的鬥志，贏得這一切，就贏得了世界！

◎主動追求，才能不斷超越自我

　　如果想登上成功之梯的最高階，你得永遠保持主動追求的精神。即使面對缺乏挑戰或毫無樂趣的工作，最後也能獲得回報。

　　有了目標，沒有行動，一切都會與原來的目標背道而馳。有了積極的人生態度，沒有立即行動，一切都極有可能轉向成功的反面。所以說，主動追求是一切成功的根源。這也是為什麼少數人能從芸芸眾生中脫穎而出的原因，他們不但有行動，並且有不同於一般人的主動追求的精神。如果想登上成功之梯的最高階，你得永遠保持主動追求的精神，即使面對缺乏挑戰或毫無樂趣的工作，最後也能獲得回報。

　　成功需要持續的好運氣，而持續的運氣是靠積極主動的態度和把握運氣的能力。積極主動地做事，以積極的態度全面想想自己工作的好處，堅信自己從事的事業，發掘那些積極的方面，就會促使

自己行動起來。這有助於點燃你內心的熱忱，熱忱的火焰一旦被點燃，你下一步該做的就是不斷加柴，使火苗越來越大。

要獲得卓越的成就，你就應該主動追求。思想積極了，你才會摒棄懶散的習性。你必須讓潛意識充滿積極的想法，無論任何狀況，你都要超越自我。許多人被成功拒之門外，並不是成功遙不可及，而是他們不能發現自己身上的缺點，主動放棄，他們認定自己不會成功。事實上，只要你每天限定自己一定要超越自我一些，便會更加接近成功。

一個有積極態度的人，不會只停留在已有的條件或已有的成績上，他總是不停地開拓、不停地創造。世界是變化的，社會是發展的，因而不能被動地守著原有的東西，而應該是主動地適應著這種變化，不斷地創新，不斷地前進。誰有這種主動創新的積極態度，誰就能不斷地排除困難，不斷地獲得成功。

◎要想成功，就要盯住一個目標不放棄

　　世上所有的成功者幾乎都是對於自己的事業極度專注的人，能夠專注于一件事是成功者最可貴的品質之一。

　　土光敏夫個人成功的歷史，就是強烈的工作熱情充分表現的歷史。土光敏夫年輕時，在石川島造船所和石川島芝浦透平會社工作過，就是憑著一股子熱情和強烈的慾望，才使他贏得了成功。他每天早晨 4 點起床，上午 7 點就到達東芝總杜上班，晚上 11 點才睡覺。他這種工作習慣已經堅持 60 多年了。當時在石川島的人員中，充滿了一種「為了事業的人請來，為了工資的人請走」的工作氣氛，因此吸引了大批技術高超、事業心強的人來這裏工作。此時的土光敏夫只是一名技術員，為了不使自己落後，他一方面努力提高技術，另一方面攻讀德語。由於自己的熱情和工作慾望，在石川島工作期間，他成功地研製了日產發動機，並使大量使用進口產品的廠家開始使用本國產品。

　　每當有人問起此事，土光敏夫總是說：「我沒有什麼超人的才能，但我有著永不熄滅的工作熱情和強烈的工作慾望。」

　　人和人就天生的素質來說是差不多的，但後天努力的差別就大了。人生的時間、精力有限，要用有限的時間、精力造就人生最大的成功，就必須要專心致志，要揀對成功價值最大的事情去做。這就是要有所為、有所不為，這樣才人有作為。

　　企業也好，公司也罷，是不能容忍缺乏幹勁、缺乏熱情的員工存在的。

對於工作態度，日本的土光敏夫有著獨到的見解。他從自己長年從事的經營管理工作中深刻地體會到：「人們能力的高低、強弱之差固然是不能否定的，但這絕不是人們工作好壞的關鍵，工作好壞的關鍵在於他有沒有幹好工作的強烈慾望。」他總結說：「人們具有幹好工作的強烈慾望，並能使這種慾望長久地存在下去，這才是最重要的。只有具有這種強烈慾望的人，才可以說是擁有成功法寶的人。」同時，他還認為：「儘管有的人很有才能，但由於缺乏對工作的熱情，或者幹好工作的慾望不同，一段時間以後，也會產生很大的差異。」

　　為自己定下一個要贏取的目標，全力以赴投入到實現目標的行動中去，在沒有成功之前絕不開始下一項任務。我們如果要想取得成功就應該盯住一個目標不放棄，堅持下去。

　　集中精力才能跑得更快，只有專注於自己的目標，精益求精，才能在平凡的崗位幹出別人幹不出的業績來。全球最傑出的企業家，如通用電氣的傑克·韋爾奇、微軟的比爾·蓋茨和惠普公司的路·普拉特等，他們身上都有一個共同點，那就是最大限度地發揮自身潛能，對從事的事業充滿熱情。他們的才智或許稱不上最出色，自身也未必受過最好的教育，但是，他們卻注重時刻挖掘自身潛力，對事業執著追求，從不停止。

　　若不傾情投入，就不會有恆久的成功。成功者都相信熱忱的力量，如果要挑出一個與成功絕不可分的信念，那就是完全的投入。各行各業中的佼佼者，不一定都是最優秀、最聰明、最敏捷、最健壯的，但絕對都是最投入的。專注於心，保證你所在的組織始終高效前進，你和你的企業也會成為行業中的佼佼者。

成功不在於做許多事情，而在於專注。把你的全部精力集中到工作中去，這就是順利完成一件事的最大秘訣。無論做任何事，都不要企求太多。只要付出全部的精力，以一往無前、專心致志的精神去努力追求真正的價值，我們就會有所收穫。

◎讓下屬在你的微笑中受到鼓舞

微笑可以拉近彼此之間的距離，增強親和力，解除對方的抗拒。笑可以使你隨和，可以使人喜歡你。所以，一流的管理人員都是經常面帶微笑的。

微笑的力量是巨大的。笑容能照亮所有看到它的人，它像穿過烏雲的太陽，帶給人們溫暖。可以說，微笑是世界上最美的行為語言，雖然無聲，但最能打動人；微笑是人際關係中最佳的「潤滑劑」，無須解釋，就能拉近人們之間的心理距離。

人際關係大師卡耐基說：「做一個真誠微笑的人，微笑會讓人覺得你非常友善，他會明白你的心意：『我喜歡你，你使我快樂，我很高興見到你。』」微笑可以拉近彼此之間的距離，增強親和力，解除對方的抗拒。笑可以使你隨和，可以使人喜歡你，所以，一流的管理人員都是經常面帶微笑的。

一顆懂得感恩的心、一個甜美的笑容、一句簡短的問候儘管都是最細微不過的表現，但日久天長，它們所帶給你的回報會遠遠超出你的想像。微笑可以讓領導與員工之間更容易溝通，可以使企業形象更深刻地印在客戶的腦海中，能夠為企業帶來意想不到的收穫。很多領導者一直提倡實施「微笑管理」。他們認為，不論是服

務業還是其他行業,這種積極的工作氣氛才適合員工工作。如果企業內部人際關係「像鋼鐵般冷漠」,後果將是員工之間鉤心鬥角,企業形象必定會大打折扣,更不要談盈利了。

當領導者對事業充滿信心,並在工作中保持心情舒暢,以微笑管理員工時,企業的員工必定精神振作,任何困難都將不在話下。從領導者角度看,企業實施微笑管理,可以表現領導者的宏大氣度及平易近人。出現矛盾時,微笑可以使雙方恢復理智,化干戈為玉帛;當員工創造出良好業績時,領導者的微笑代表了肯定和贊許,員工能從微笑中受到鼓舞,獲得力量,並煥發出更高的工作熱情。

那麼,領導者應該如何做到微笑管理呢?

領導者在與下屬進行工作交談時,不論遇到什麼問題,一定要冷靜處理,語言與表情要保持一致,儘量用微笑替代僵硬的表情。當表揚員工的工作成績時,口頭贊許並加以微笑,可以激發員工的士氣。

指導工作時,我們一定要放下領導者的架子,要學會扮演教練和朋友的角色。不要以命令式的口吻進行交談,如果錯誤地以為臉色越沉,聲音越大,威信就會越高,這樣做的結果往往適得其反。

切忌當眾嚴詞批評與指責下屬,這樣只會把事情搞得更糟,會傷害員工的自尊心,造成員工工作情緒不高,出現逆反心理或行為。領導者應經常把微笑掛在臉上,微笑會傳染給每一位員工,使原本緊張的工作氣氛變得輕鬆活潑起來。員工心情愉悅,就會愉快地接受各項指令,工作效率也會隨之提高。

◎真正關心下屬，才能贏得下屬的信任與忠誠

「每一位成功的男人背後都站著一位偉大的女人。」日本麥當勞漢堡店總裁藤田田就懂得如何與「偉大」的女人溝通感悟，從而使自己的員工成為成功的男人。

日本麥當勞漢堡店員工的太太們過生日時，一般都會收到總裁藤田田讓禮儀小姐從花店送來的鮮花。

事實上，這束鮮花的價錢並不貴，然而太太們的心裏卻很高興，「連我先生都忘了我的生日，想不到董事長卻惦記著送鮮花給我」。總裁藤田田經常會收到類似的感謝函及電話。

日本麥當勞除了每年 6 月底和年底發放獎金外，每年 4 月還加發一次獎金。這個月的獎金並不交給員工，而是發給員工的太太們。如果是單身員工他們才直接發給本人，並鼓勵員工早日找到自己的伴侶。總裁藤田田特別在銀行裏以員工太太們的名義開戶頭，再將獎金分別存入各個戶頭，先生們不能經手。在把獎金存入員工太太們戶頭的同時，還附上一封做工精緻的道謝函：「由於各位太太的協助，公司才會有這麼好的員工，才會有這麼好的業績。雖然直接參與工作的是先生們。可是，正是因為你們這些賢內助的無私支持，先生們才會心情愉快地投入工作。」因而員工們則把這個獎金戲稱為「太太獎金」。

聽了這番話，那位太太不心存感激呢？而這種感激對一個家庭又意味著什麼呢？顯然，這種做法在薪酬支付的藝術中發揮了激勵員工、凝聚人心的作用。

每個人都不光是圍繞著物質利益而生活的，員工也不只是為了金錢而工作的。人有精神要求，有互相交流感情的需要。就領導者來說，要充分發揮下屬的能力和作用，使下屬盡職盡責，就必須對下屬進行感情投資。領導者對員工的感情投資，可以有效地激發員工潛在的能力，使員工產生強大的使命感與奉獻精神。得到了領導者感情投資的員工，在內心深處會對領領導者心存感激，認為領導者對自己有知遇之恩，因而「知恩圖報」，願意更加盡心盡力地工作。

只有通過感情投資。才能使下屬感覺自己受到了領導者的重視和關愛。因而願意盡己所能，充分發揮自己的能力。

現在管理界有一個很流行的詞──「情感管理」。它是通過情感的雙向溝通，關注人的內心世界，通過關愛別人，從而實現有效的管理。

如今，關愛員工，已成為企業做大做強的一個重要指標。關愛員工，除了讓員工多賺錢，使他們的生活有保障外，還要給員工營造友情與親情的和諧氣氛。日本麥當勞社長藤田田在所著暢銷書《誰是最會賺錢的人》中談到，他將他的所有投資進行分類，研究其回報率，發現感情投資在所有投資中花費最少，回報率最高。

感情就是凝聚力，感情有時甚至就是生產力。優秀的管理者善於對員工進行感情投資。只有通過感情上的溝通，才能使下屬感覺自己受到了領導者的重視和關愛，因而願意盡己所能，充分發揮自己的潛力。

一個優秀的管理者，不僅要當好領導者，更重要的是當好老師，誨人有術。幫助員工建立自信，給人勇氣，教人自立，是功德

無量的善行，也是誨人的真諦。不僅需要誨人不倦，還需要有良苦用心，要教育員工相信「天生我材必有用」。

　　人們通常用這句話來形象地說明皮格馬利翁效應：「說你行，你就行；說你不行，你就不行。」總之，要想使員工發展得更好，就應該給他傳遞積極的期望。

　　得到別人的喜歡和敬重是一種幸福，愛別人、關心別人也是一種幸福。要真正地去關心別人、愛別人，激勵他們展現最好的一面。人與人之間關係的好壞不一定只有在大事中才能體現出來，在日常生活的瑣碎小事之中更能體現出你的友善。既懂得工作的重要，又深知生活的樂趣，隨時把心中最真誠的愉悅帶給大家，這正是處理好人際關係的要訣。

　　俗話說：「帶人如帶兵，帶兵要帶心。」領導者只有真正關心下屬，才能贏得下屬的充分信任和忠誠，進而高效、高品質地完成管理工作，讓自己有很好的職業發展前景。

◎你尊重下屬，下屬才會尊重你

尊重員工是人性化管理的必然要求。只有員工個人受到了尊重，他們才會真正感到被重視、被激勵，做事情才會真正發自內心，才願意和領導者打成一片。

松下幸之助曾經說過，經營者必須兼任「端菜」的工作。這句話的意思並不是說讓經營者要親自去端菜，而是應該隨時懷抱這種謙遜的態度，對努力盡責的員工要滿懷感激之情。只要心懷感激，在行動之中便會自然地流露出來，這麼一來，自然會使員工振奮精神，因而更加努力地去工作以作為回報。松下幸之助說，當他的員工達到 100 人時，他要站在員工的最前面，以命令的口氣指揮部屬工作；當他的員工增加到 1000 人時。他必須站在員工的中間，誠懇地請求員工鼎力相助；當他的員工達 1 萬人時，他只要站在員工的後面，心存感激就可以了；當他的員工達 5 萬或 10 萬人時，除了心存感激還不夠，必須雙手合十，以拜佛的虔誠之心來領導他們。松下幸之助的這一段話，充分表達了他「柔性管理」的精髓。

一個知名企業的總裁曾經說過這樣一句話：「企業要走向以人為本的管理，第一步是學會尊重員工。」

尊重員工的理念被很多企業奉為圭臬。有「矽谷常青樹」美稱的惠普公司認為，人才最需要的是信任和尊重。「經營之神」松下幸之助曾經這樣告訴他的高層領導者：「要想很好地激勵員工的積極性、責任感，那麼你們就要拿出激勵的武器——尊重。」任何人都有被尊重的需要。員工一旦受到尊重，往往會產生比金錢激勵大

得多的激勵效果。

尊重員工是人性化管理的必然要求，只有員工個人受到了尊重，他們才會真正感到被重視、被激勵，做事情才會真正發自內心，才願意和領導者打成一片，站到領導者的立場，主動完成交辦的任務，心甘情願為工作團隊的榮譽付出。

尊重員工，就要尊重員工的人格、尊嚴、建議、要求等，只有尊重員工、信任員工，員工才能放手去大膽地工作，才能拿出100%的積極性去工作。尊重員工，尤其要尊重企業的小人物和普通員工的創造性建議，激發出他們想做事、想創新、想創造的積極陸。

在與「小人物」相處時，領導者的言行一定要謹慎。小人物由於處於劣勢地位，很在乎別人對他的態度，尤其是與位高權重的人交往時，更會心有顧忌。別人的一句話、一個眼神、一個動作，也許會傷了他們敏感的神經。所以，一定要注意自己的言行。

千萬別對下屬側目或者不屑，應該主動給他們提供工作上的指導，向他們談談自己的心得和經驗。這對於你而言，是易如反掌的，但卻會令對方相當感動，並把它銘記在心，始終與你站在同一立場。

尊重員工還有一個方面，那就是當員工的工作遇到困難時，主動為員工排憂解難，增加員工的安全感和信任感；當工作中出現差錯時，要勇於承擔自己應該承擔的責任。尊重既是用人的高招，也是激勵員工的辦法之一。

「尊重」這個詞說起來容易，做到卻很難，這也成為衡量一個成功人士的標準。待人如己不僅是一種道德法則，它還是一種動力，能推動整個工作環境的改善。當你試著待人如己、多替別人著想時，你身上就會散發出一種善意去影響和感染週圍的人。這種善

意最終會回饋到你自己身上，回饋到你的事業中。

◎能和諧相處，工作才能相互協調

身為領導者的你，要學習用不同的方式管理不同的人。要承認人的最大特點是人與人之間存在差異，克服自己的偏見，這樣才能使公司更和諧，也更具效率。

在當今這個人才輩出的社會裏，我們應該通過不同側面來瞭解一個人，給予別人全面展示自己的機會，從中發現別人的優點。這樣，才能吸收到優秀的人才為自己服務。

人與人之間存在偏見，不能看到對方的「廬山真面目」，往往是彼此沒有真心交往、主觀臆測的結果。領導者假如先人為主，抱著冷漠和過分警惕，甚至「老死不相往來」的態度，就會對真正值得交往的人心存偏見，與之失之交臂，留下人生遺憾，影響事業軌跡。

二十年前，世界巨富比爾·蓋茨和沃倫·巴菲特是兩個互不相干的人。彼此只聞其名，不識其人，兩人之間甚至還有很深的偏見：蓋茨認為巴菲特固執、小氣，靠投機發財，不懂時代先進技術；巴菲特則認為蓋茨不過是運氣好，靠時髦的東西賺了錢而已。但是，後來他們成了商場上不多見的莫逆之交，巴菲特多次公開說，此生最瞭解他的人就是蓋茨，而蓋茨尊稱巴菲特為自己人生的老師。

這種轉變起源於他們在 1991 年春天的第一次很重要的交往。那天，蓋茨收到了一張邀請他參加華爾街 CEO 聚會的請帖，主講人就是巴菲特，他不屑一顧，將請帖隨手丟到一旁。蓋茨的母親微笑

著勸兒子：「我倒是覺得你應該去聽聽，他或許恰好可以彌補你身上的缺點。」母親的話讓蓋茨清醒了許多，他決定去結識一下這位前輩。

在會議室，同樣在臆測中對對方抱有偏見的巴菲特見到蓋茨後，傲慢地說：「你就是那個傳說中非常幸運的年輕人啊。」蓋茨是以一顆真心來結交巴菲特的，因此他沒有針鋒相對，而是真誠地鞠了一躬：「我很想向前輩學習。」這出乎巴菲特的意料，心裏不由對蓋茨產生了好感。

離會議開始還有一段時間，巴菲特和蓋茨有意坐到了一起，一個講述，一個傾聽，彼此聊到自己的童年和對世界經濟的看法。兩人驚異地發現，他們有太多的共同點，都是白手起家、熱衷冒險、不怕犯錯誤……不知不覺中，時間已過去一個多小時，意猶未盡的巴菲特被催促著來到演講台上，他的開場白竟然是：「在開始講話之前，我想說的是，今天我第一次和比爾‧蓋茨交談，他是一個比我聰明的人……」

隨著交往的深入，蓋茨逐漸認識到巴菲特是個不可多得的「真人」：他並非一毛不拔的「鐵公雞」，而對金錢有著超凡脫俗的深刻見解；他不但支持妻子從事慈善事業，而且身體力行，計劃在自己離世後，將全部遺產捐獻給慈善事業；他助人為樂，對待朋友非常真誠、信任，他的人格魅力經常打動每一個與之交往的人……

「物以類聚，人以群分」，一般的人都願意同和自己性格相近的人相處，這是無可非議的。一個人要和所有的人都成為親密的朋友，那是不實際的、不可能的。但是，如果我們學會和各種不同性格的人打交道，我們就能和更多的人相處得好，工作起來就能相互

協調。

　　美國總統林肯在組織內閣時，所選任的內閣成員各有不同的個性：有勇於任事、屢建功勳的軍人史坦頓，有嚴厲的西華德，有冷靜善思的蔡斯，有堅定不移的卡梅隆，但林肯卻能使各個性格絕對不同的內閣成員互相合作。正因為林肯有寬宏的度量，能捨己從人，樂於與人為善，尤其是史坦頓，他那種倔強的態度，如在常人，幾乎不能容忍，唯有林肯過人的心胸，使得他駕馭內閣成員指揮自如，使每個內閣成員都能為國效忠。

　　積極與人交往，真心與人交往，這是洞悉真相、結交「真人」的最可靠、最必要的途徑。在交往的過程中受益最大的其實還是自己，就像蓋茨的母親所言：「他或許恰好可以彌補你身上的缺點。」

　　在我們的工作場所，總是充滿形形色色的人，即有各種背景的人、有各種性格的人、有不同生活經驗的人，領導者應尊重個別的差異並找出共同點。身為領導者的你要學習用不同的方式管理不同的人。要承認人的最大特點是人與人之間存在差異，克服自己的偏見，這樣才能使公司更和諧，也更具效率。

第 7 章

領導者就要有目標

　　缺乏目標，就不知要何去何從，浪費了寶貴的時間與精力，最終一事無成。有目標，才有動力；目標不明確，積極性無法發揮。所以，領導者要善於運用指定明確目標的策略，激發員工的潛力。

　　每一個領導人都該記住，領導者的境界是決定企業前途和方向的根本，面對生活，我們要讓自己擁有最開闊的心胸、最長遠的眼光、最超前的行動力。

◎看到別人看不到的，才能做到別人做不到的

　　有長遠眼光的人能夠不拘于現有的狀況，對事物發展做出大膽的預測。他們具有冒險精神，並且有著睿智的頭腦，懂得如何能夠實現目標。

一個人要想成就一番大的事業，沒有遠見是不行的。只有擁有深邃的思想和廣闊的視野，他才會獲得成功。成功的企業領導者同樣具備這種遠見。由於他們懂得如何面對所處的環境，所以，他們有一種超強的能力，幾乎可以為企業把握未來。一位著名的作家說過：「領導人的界定依據在於，他能否創造並實現遠景。」

對未來市場的敏銳洞察力是企業領導者極其重要的素質，領導者的境界是決定企業前途和方向的根本。培養企業家的遠見、智慧與精神，是這個時代提出的新課題。一個不斷壯大的企業需要有敏銳的洞察力和戰略判斷力的領導者。

被譽為「經營之神」「塑膠大王」的王永慶是 20 世紀中國台灣私營企業管理者中的佼佼者，他對時代趨勢的把握十分準確。1986年，台塑集團總營業額已達到新台幣 14 億元。王永慶領導的台塑發展到今天石化工業的霸主，沒有相當的遠大目光是不可想像的。一些企業在不景氣的時候都以壓縮投資、減少生產來擺脫困境，而王永慶卻有超人的氣魄和與眾不同的見解。他說：「經濟不景氣的時候，可能也是企業投資與擴展計劃的適當時機。」在台塑建成初期，生產的 PVC 塑膠粉賣不動，主要原因是客戶對台塑產品的品質不瞭解，所以造成積壓。而王永慶以過人的膽識和遠大的經營策略，不僅不退縮，反而決定擴大生產能力，日產量由原來的 100 噸增加到 200 噸，實現了規模生產，使生產成本大大降低，銷售價格也隨之下降。這樣一來，產品不僅沒有積壓，而且很受歡迎。

1980 年，美國石化工業普遍陷入低谷，許多石化廠因此關閉停產。而王永慶這時卻偏偏到美國投資建石化廠，同時還買下兩個石化廠、幾個 PVC 加工廠。王永慶這一招確實又得到了豐厚的回

報，令他的同行們羨慕不已。

　　機遇對於每個人都是平等的，就看你能不能不失時機地抓住它。王永慶不但見識高遠，而且具有敢為人先的勇氣和魄力。他善於審時度勢，敏銳地把握市場機遇，敢於決策，善於決策，因此取得了輝煌的成就。

　　只有看到別人看不見的事物的人，才能做到別人做不到的事情。遠見是成功者必備的素質之一，每一個渴望成功的人都要有意識地培養自己的遠見。美國商界有句名言：「愚者賺今朝，智者賺明天。」只有著眼于明天，不失時機地發掘或改進產品或服務，滿足消費者新的需求，才可能會獨佔鰲頭，形成「風景這邊獨好」的佳境。

　　遠見會給你帶來巨大的利益，會為你打開機會之門。當我們的工作是實現遠見的一部份時，每一項任務都具有價值。那怕是最單調的任務也會給你滿足感，因為你看到更大的目標正在一步步實現。

◎看得遠才能走得遠、行得穩

　　一個優秀的領導者需要具有獨特的視野和眼光，一種對未來趨向的把握，一種辨別企業發展方向的特殊技能，一種看到事物本質的能力，一種可以在變化無窮的環境中做出戰略選擇的決策力。

　　一個優秀的領導者不僅應該是值得信賴的，而且還應該具有前瞻性：他們要有目標和遠見。沒有遠見的領導者，從本質上講不是領導。不比別人看得遠，不具有遠見卓識，就缺乏領導他人的資本。

所以說，戰略遠見是領導者應該具有的本質特徵。

美國工業設計師諾曼‧貝爾‧蓋茨 1940 年在「建設明天的世界」博覽會中，代表通用汽車公司設計了「未來世界」展台，為未來的美國設計出環繞交錯、貫穿大陸的高速公路，並預言：「美國將會被高速公路所貫穿，駕駛員不用在交通信號燈前停車，而可以一鼓作氣地飛速穿越這個國家。」儘管當時有許多人對此表示懷疑，甚至提出反對意見。但這一預言現在已變成現實。高速公路以其安全、快速、實用的功能和美觀的造型遍佈全世界，為大自然增添了一道獨特的景觀。

人類技術進步的飛躍以及組織間變革競賽的日益激烈化，客觀上加劇了未來社會的不確定性，這就決定了領導者應該比歷史上任何時候都需要具備預測未來的能力。準確洞悉社會的變化，帶領團隊不斷求新、求變，在變革中求發展，是未來領導者的首要理念。他們往往比一般的領導者看得更高、更遠，在團隊還在蓬勃發展的時候，他們就已經開始發現危機並積極採取措施加以避免、消除。

遠見卓識並不是先知先覺，而是在公司面臨危機之時鎮定地、明確地指明公司的發展方向，確定公司的未來戰略目標。

你生存的價值和品質是由你所做的事情決定的，此時此刻你所做的事，就決定了你的生命是留在原地還是邁向未來。雖然同是處在 2012 年，但是如果有人已經在思維的模式和行動上超過了現在的年份，那麼他就將取得超越其他人的巨大成就。所以，對每一個人來說，最重要的不是你現在身處何處，而是你的想法在那里，你的事業方向在那里，你宏觀的格局在那里。

行動來自於理念的導向，未來有賴於眼光的指引。不要忽視眼

光和理念的價值，它常常是成功與失敗的分水嶺。優秀的領導者，都目光遠大，具有志存高遠的胸襟，他們總是敏銳地透視未來，準確地預測定勢，果敢地做出決斷，從而先人一步取得成功。

◎有明確的目標，才會有努力的方向

美國的布蘭查德曾經以體育運動的例子來說明目標明確的重要性，例如保齡球遊戲，他經常看到單位裏有一個人去打球，他走到端線把球滾了出去，他為球擊倒所有的瓶子而高興。但是上班時他為什麼沒有這股熱情？因為他不知道木瓶在那裏。對大多數管理者來說，要讓下屬幹什麼，心裏還是要有底的，只是懶得以通俗易懂的方式把底交給別人。他們認為下屬是應該知道的，這就像是一種不實際的保齡球遊戲，木瓶樹起來了，可是球員去滾球時，卻發現一道屏障遮住了木瓶，當他滾出球以後，雖然聽到了木瓶倒下的聲音，卻不知道究竟擊倒了多少木瓶。問他滾得怎麼樣，他會說「我不知道，但覺得還不錯」。

無論我們做什麼事情，都需要有屬於自己的原點和目標。要知道那裏是原點所在，更要瞭解目標是什麼。如果沒有原點，就會讓你不知從何下手，無法有好的開始；若缺乏目標，就不知要何去何從，浪費了寶貴的時間與精力，最終一事無成。

對於不知道停靠港口在那裏的船而言，任何風向都沒什麼益處。對於我們每個人來說，沒有明確的目標，很可能終其一生只是在原地打轉，浪費了時間、精力、心情，結果卻一直沒有邁出原點。作為企業領導者，如果沒有明確而遠大的目標，企業的員工也就成

了沒頭的蒼蠅,亂成一團,整個企業就沒有朝著一個目標前進的動力。

作為一個成功的領導者,不僅要鼓勵下屬根據公司的總門標制定自己的分目標,而且要求員工制定得明確、切實可行,而非敷衍瞭事的模糊性目標,把做事的目的告訴員工遠比把他們蒙在鼓裏強。

如果一個人不瞭解正在做什麼以及為什麼這樣做,我們就不能期望他能夠做得更好。每一個人都應意識到企業的整體目標及其部門目標,也包括自己的個人目標,才能更有效地工作。這樣他才會理解他被告知這樣或那樣做事的原因所在。

把做事的目的告訴員工,讓員工知道自己從事的工作是公司整體目標中不可缺少的一部份。這樣,會增強員工的自豪感和責任感,進而激發出其工作熱情和工作能力。

所以,一項活動要產生效果,就一定要明確一個目標,也就是說,成功的尺度不是做了多少工作,而是取得了多少成果。努力是成功的重要條件,但是並非唯一條件。聰明的做法是,培養自己抬起頭看見目標的習慣,更有技巧、更有效率地工作。

◎設定一個高目標，就等於達到了目標的一部份

夢想越大，成就才能越高，人生真的是做夢做出來的，越是卓越的人生越是夢想的產物。可以說，夢想越高，人生就越豐富，達成的成就就越卓越。

1961 年，當甘迺迪提出在 10 年內將人類送上月球的登月計劃時，根本用不著解釋這項計劃的作用和偉大意義。每個人都知道它的意義所在。雖然人們對其意義的理解各不相同。自有人類以來，月亮高懸在天上，一直是人們心中的一個謎，誰不願解開這個謎？因此，用不著宣傳，人們也願意為此投入足夠的熱情。團隊設定的每一個真正宏大的目標都應該是美好的，符合人們的核心價值觀，能觸發人們的夢想。這就是它具有巨大吸引力的原因。

不少人認為天才或成功是先天注定的。但是，世上被稱為天才的人，肯定比實際上成就天才事業的人要多得多。為什麼許多人一事無成，就是因為他們缺少雄心勃勃、排除萬難、邁向成功的動力，不敢為自己制定一個高遠的奮鬥目標。不管一個人有多麼超群的能力，如果缺少一個認定的高遠目標，他將一事無成。設定一個高目標，就等於達到了目標的一部份。

韓國三星集團董事長李健熙原本可以成為一位優秀的高爾夫球選手、一位發明家或一位動物學家，但他從小就樹立了讓韓國企業躋身世界前列的遠大理想，並積極地向著成為一名卓越的企業領導者的目標而努力，最後，他終於取得非凡的成就。

夢想越大，成就才能越高，人生真的是做夢做出來的，越是卓

越的人生越是夢想的產物。可以說,夢想越高,人生就越豐富,達成的成就就越卓越。夢想越低,人生的可塑性越差。也就是慣常說的:「期望值越高,達成期望的可能性越大。」把你的夢想提升起來,它不應該退縮在一個不恰當的位置,要學會接受夢想的牽引。

「如果你是個業務員,賺 1 萬美元容易,還是 10 萬美元容易?告訴你,是 10 萬美元!為什麼呢?如果你的目標是賺 1 萬美元,那麼你的打算不過是能糊口就行了。如果這就是你的目標與你工作的原因,請問你工作時會熱情洋溢嗎?」

一個具有崇高生活目的和事業目標的人,毫無疑問會比一個根本沒有目標的人更有作為。很重要的一點是,你的目標越大,你的成就就越大。當你的工作只是為了自己短期的利益而著想時,你的動力不是最強烈的,一旦遇到挫折就會放棄。當你的工作是為了長期的利益而著想時,你的動力是強烈的,一旦遇到挫折,你會為了這種使命感而堅持到底並全力以赴。成功者之所以有強大動力和不斷地努力,在於他們內心深處都有一種使命感,有一個遠大目標、有一個高標準在激勵他們、鞭策他們。

所有團隊都有目標,但是只有目標還不夠,目光遠大的團隊與普通團隊的區別就在於它敢於迎接巨大的、令人望而生畏的挑戰。目光遠大的團隊經常把宏偉的、大膽的目標作為促進團隊進步的一種有力手段。

在開始時心中就懷有一個高的目標,會讓你逐漸形成一種良好的工作方法,養成一種理性的判斷法則和工作習慣。如果你一開始心中就懷有最終目標,就會呈現出與眾不同的眼界。有了一個高的奮鬥目標,你的人生也就有了一個高起點。

◎比別人更具遠見卓識

見事於無萌即是遠見，見人所未見便是卓識。真正傑出的領導者必須具備遠見卓識的智慧和能力。

能想常人所未想，見常人所未見，是領導才能和領導智慧的重要表現。在《危機年代》一書中，邁克爾‧比奇洛斯描述了發生在1962年古巴導彈危機期間的一件事。

甘迺迪總統收到了蘇聯赫魯雪夫的一封信，該信以一種調解的口氣強烈要求和平解決古巴導彈危機。赫魯雪夫暗示說，蘇聯會無條件地滿足總統提出的撤走美國間諜飛機所發現的在古巴的攻擊性導彈的要求。赫魯雪夫在第二封信中提出要美國作出讓步的要求，作為從古巴撤出導彈的回報，美國必須拆除它在土耳其的導彈基地。

甘迺迪惱怒之極，又惶惑不解。為什麼有第二封信？他表示什麼意思呢？他和他的顧問們對此疑慮重重，苦惱萬分，因為第二封信的措辭看起來不像是赫魯雪夫的。克里姆林宮到底發生了什麼事情？蘇維埃中央委員會罷免了他的職務嗎？蘇軍嚴陣以待了嗎？美國對這兩封截然不同的信作何反應呢？

在甘迺迪和他的親密顧問們焦急地考慮他們的困境時，麥克喬治‧本迪提出了一種簡單卻又巧妙的解決辦法：不理第二封信，只對第一封信作出反應。本迪推理道，第一封信提供了總統能提供建議的理由。甘迺迪非常贊成這個想法，他馬上指示起草對第一封信的復函。

這項決策果然奏效。赫魯雪夫命令前往古巴的蘇聯艦艇返回。他下令撤除已經就位的那些導彈基地,並從古巴運回一切攻擊性導彈,古巴導彈危機結束了。

另一個例子,1990 年 3 月菲希爾作為美國交通部的一名資深研究員,正在參加由聯邦公路管理機構發起的全國性的研討會。由產業、政府和學校專家組成的小組非正式地稱這次研討會為「流動的 2000 年」,此次會議要集中討論通過飛速發展的電子學和通訊技術來改善公路運輸的問題。

研討會幾乎完全集中於方法,即先進的資訊技術能夠改善私人汽車運輸。但是,菲希爾認為,更多地使用私人汽車,不管技術上有多先進,私人汽車都會增加污染,不斷消耗能量資源,並且會引起更多的公路堵塞。他認為:擬議中的「流動的 2000 年」這一會議主題必須包括另外一項工作,即改善公共運輸,增加各種公共汽車設計方案的選擇。

菲希爾回到華盛頓,他讓機構的主管布賴恩‧克萊默確信:自己的看法是值得支持的。5 月份,在檢查「流動的 2000 年」計劃執行情況的全國性會議上,菲希爾讓克萊默制定計劃,把公共運輸列入「流動的 2000 年」議事日程中,並獲得一致的支持。由於這次高級會談,美國智慧型機動車公路協會(IVHS)成立了。在克萊默支持的基礎上,菲希爾說服了主要主管,在 IVHS 中增設了一個新的委員會,即先進公共運輸系統委員會。公共運輸系統現在已完成納入全國 IVHS 計劃中的主幹項目。

優秀領導者注重於分辨更深層次的秩序和機會,而其他人卻只觀察到混亂而認識不到新的選擇事例。

優秀領導者們知道，預見某物就產生該物。朗·菲希爾預見到對公共運輸作為聯邦改善運輸計劃的一部份的需要，結果是，先進的公共交通系統就產生了。

　　見識方面的坐井觀天、因循守舊、優柔寡斷、模棱兩可，往往會導致領導工作坐失良機，甚至失敗。這一點不僅對一些小企業如此，就是對那些現代化程度較高的大型企業同樣也是如此。例如：世界上聞名的美國克萊斯勒汽車公司，是僅次於通用和福特兩家汽車公司的大型企業，該公司生產的汽車，在技術品質上一向是享有很高聲望的。然而，在 1979 年前 9 個月中，該公司卻出乎意料地虧損了 7 億美元。

　　失敗的原因究竟何在呢？經過分析，原來就在於企業的主管在經營決策上缺乏遠見卓識。1973 年，當世界上出現了石油危機，嚴重衝擊了依賴石油的汽車製造業時，通用和福特兩家汽車公司的主管，都富有遠見地改變經營方針，讓企業開始設計和製造耗油量少的小型汽車，惟獨克萊斯勒汽車公司的主管，對未來的汽車銷售形勢缺乏預見，仍然成批生產耗油量大的大型汽車。結果，當 1978 年世界再出現石油危機時，該公司生產的大型汽車，品質再好，也只能存貨堆積，無人問津，企業瀕臨破產的邊緣。由此可見，遠見卓識在主管的決策中起著多麼重要的作用。

◎確定一個振奮人心的口號

工作正如人生，都需要一個明確的方向；一個振奮人心的口號就是一個明確的方向。

口號，不僅能喊出企業的形象，更能夠激起下屬的積極性、進取心和責任感，強化他們的經營觀念和行為準則，鼓勵全體員工樹立企業的良好形象。好的企業口號似戰鬥的號角，對於員工是一種鼓勵，對於落伍者是一種鞭策。這類口號的特點一般是言簡意賅，易於記誦，體現了企業的特點。

百貨大樓：「用我們的心和熱去溫暖每一個人，每一顆心。」

購物中心：「熱心、耐心、愛心、誠心。」

統一企業：「三好一公道(三好指「信譽好、品質好、服務好」)。」

華南銀行：「依賴、熱誠、前瞻未來。」

日產公司：「品不良在於心不正。」

本田科研：「用眼用心去創造。」

IBM 公司：「IBM 就是服務。」

美國電話電報公司：「普及的服務。」

波音公司：「我們每個人都代表公司。」

麥當勞公司：「顧客永遠是最重要的，服務是無價的，公司是大家。」

奇特公司：「進步是我們最好的產品。」

如此漂亮的企業口號，就像多彩的霓虹燈，給企業帶來了迷人的色彩，它使每個員工走進企業就像登上舞台一樣，情緒高漲，力

量倍增。因此，作為主管，還沒為自己的企業找到一個合適的口號，就有點失職。一個企業沒有振奮人心的口號，就像一個舞台沒有燈光一樣，乾巴巴的，難以激起員工的熱情和顧客的想像。

一個企業裏除了響亮的企業口號外，還可有企業歌曲、企業標語、企業標誌、企業座右銘等，這些都可以極大地促使你的下屬愛崗敬業。使他們信心永駐，力量倍增，在工作中越幹越有勁。

◎富有成功的遠見

對於一個企業的主管而言，他所做的計劃越長期，所牽涉的因素也越多，包括各項政治、經濟因素，公司內、外的變動等，這些都不是能夠用數字去測量的。因此，在做長期計劃時，無論如何謹慎，少許的偏差仍是不可避免的。

一個公司的組織、目標、優點、企業特色，等等，總不可能從天而降，而常是由領導階層和管理階層經過不斷討論、分析才得來的結果；所以，長期的系統性計劃固然對那些關鍵性問題的解決有影響，但是，實行計劃的終究是人，個人因素的影響，是絕對無法避免的。

對於企業管理人和企業的關係，英國鄧洛普公司主管雷伊·傑第斯舉了下面兩個比喻來解釋。

在數百年來的戰爭史中，我們發現：將領的才能對戰役的成敗有極大的影響力，即使在武器進步的現代戰爭中亦然。競爭激烈的商業戰場上的企業家們也正如戰場上的將軍！

技巧高超的音樂家、畫家比比皆是，但能夠運用這些技巧去創

造真、善、美藝術的，才能成為偉大的藝術家。同樣地，擁有企管專業知識的人比比皆是，但能夠善用這些知識的人，才能成為傑出的主管。

知識是可以傳授的，但巧思與靈感能否由學習而得，仍是個待解決的問題。傑出的主管對於一個企業，猶如無價之寶。即使預測將來無法完全正確，但「遠見」仍是一個企業成敗的關鍵。

這件工作做得越好，公司的發展就能越順利。

先見之明同時也能使公司在預見困境時，預作打算，甚至發揮影響力，改變未來。正如義大利名諺所說：「把握現在便是創造未來。」畢竟，企業環境是人所造成的，也必須受人為因素的影響，優秀的企業甚至能改變未來，而造福社會。

總之，作為主管，必須做到：

超越數字表格的估量，而看向更遠的未來。

除了預算表上明列的所需材料之外，為將來多儲存一些材料。

心得欄 ＿＿＿＿＿＿＿＿＿＿＿＿＿＿＿＿＿＿＿＿＿＿＿＿

＿＿＿＿＿＿＿＿＿＿＿＿＿＿＿＿＿＿＿＿＿＿＿＿＿＿＿

＿＿＿＿＿＿＿＿＿＿＿＿＿＿＿＿＿＿＿＿＿＿＿＿＿＿＿

＿＿＿＿＿＿＿＿＿＿＿＿＿＿＿＿＿＿＿＿＿＿＿＿＿＿＿

＿＿＿＿＿＿＿＿＿＿＿＿＿＿＿＿＿＿＿＿＿＿＿＿＿＿＿

＿＿＿＿＿＿＿＿＿＿＿＿＿＿＿＿＿＿＿＿＿＿＿＿＿＿＿

◎為企業勾畫出願景，吸引員工自發投入

　　一個吸引人的願景，它能夠充分激發組織成員的熱情，形成一股勢不可擋的力量。

　　在進攻義大利之前，法國統帥拿破崙還不忘鼓舞全軍的士氣：「我將帶領大家到世界上最肥美的平原去，那兒有名譽、光榮、富貴在等著大家。」拿破崙很準確地抓住了士兵們的期待，並將之具體地展現在他們的面前，以美麗的夢想來鼓舞他們。

　　領導要十分清楚團隊的願景應該是什麼，然後將願景告知部下。願景是潛藏在人們心中的一股感召他人的力量，提供願景是領導名的一項重要職責。未來的領導應該主張以願景為導向促使團隊合作，強調領導者應為組織成員提供一個清晰而明確的願景，並宣導組織成員應為實現願景而實施變革。一個吸引人的願景是成功的一半，它能夠充分激發組織成員的熱情，形成一股勢不可擋的力量。領導必須在願景和願景實現的可信度之間建立明確的聯繫，使組織成員相信這個願景是可以實現的，並且使組織中的每個成員都承擔起應有的責任，組織目標才能實現。

　　領導者應隨時保持與組織成員的溝通，幫助他們自發地投入，不僅要較具體地勾畫出願景，而且要把重心放在願景所能夠為組織及其成員帶來的好處上。

　　抓住了人們的期待，領導者就要為團體規劃願景。規劃願景的同時，有必要讓人看到達到願景的過程及其美好前程。如果是以強權來壓制一個人，這個人做起事來就失去了真正的動機。抓住人的

期待並予以具體化,為了要實現這個具體化的期待而努力,這就是賦予動機。

在提出企業發展目標時,必須注意企業目標與人才成長目標是否同步。讓員工徹底瞭解企業的經營方針、信念和企業目標,並據此設定自己的成長目標。不斷提出適合企業發展的目標,不斷提出與之相適應的人才成長目標,讓員工對未來充滿夢想,是企業發展過程中非常重要的經營謀略。找機會向員工暢談自己對未來的設想,讓員工看到光明的前景,相信會有許多人才脫穎而出,同時也會吸引更多的優秀人才。

願景最有價值的特色之一,就是它像一塊堅固的磁石,具有吸納和聯合他人的強大吸引力。同時,它也能吸引財力及其他資源的愉快投入,讓別人緊緊地圍繞在你的週圍。願景越宏偉,就越能激發自身的內在潛能;願景越具有挑戰性,就越能激發參與者的拼搏。一位知名公司的創始人就此說過:「你的首要任務就是使人們感受到遠見的重要性及不可或缺性,這將把每個勝利者內心的無窮動力激發出來。」

◎一個美好的夢想

　　無論面臨何種困境，管理者都要讓員工對未來充滿希望。給他們以美好的夢想，如果做不到這一點，就沒有資格當管理者。

　　有目標，才有動力；目標不明確，員工的積極性無法發揮。所以，管理者要善於運用指定明確目標的策略，激發員工的潛力。

　　確立目標是管理者的重要工作，許多知名企業都是在創業的開始就制定了一個明確而遠大的目標，並且積極鼓勵員工去奮鬥。在這裏，目標就是一個誘餌，他讓員工充滿了成功的希望，對企業、對自己充滿了信心。

　　松下的重要經營謀略之一就是不斷提出適合企業發展的目標，讓員工對未來充滿夢想。松下擔任社長時，常找機會向員工暢談自己對未來的設想。1955 年宣佈了他的「五年計劃」，計劃用 5 年的時間，使松下電器公司的效益從 220 億元增加至 800 億元。這種做法不但讓員工看到了光明的前景，也震驚了整個企業界，同行紛紛改變政策，向松下電器公司看齊。松下之所以這樣做，一方面是為了讓員工有堅定的目標與期待，另一方面，是由於他確信這是經營者的必備素質和應有做法。此後，他又陸續向員工提出，採用每週 5 天工作制，並把工資提高到西方發達國家的水準，同時請大家共同努力去實現。這些做法，從經營策略上說，可能遭遇很多批評，同時在推動事業時，也多少有不利的一面。但松下認為，讓員工徹底瞭解經營者的經營方針和信念，完全可以超越這種不利。5 年後，松下在員工面前發表的「五年計劃」以及實現與西方發達國

家相等的薪資勞動條件的承諾，都一一得到實現，從此員工士氣大振，與松下一道築起松下電器王國。

有些人也可能這樣認為，松下電器之所以能夠把夢想變為現實，完全是因為松下電器公司的經營一直都很順利的緣故，如果經營狀態不那麼理想，松下的目標不可能實現。其實不然，企業經營順利時，需要制定遠景目標，把企業做大做強；經營出現困難時，更需要制定改進目標，凝聚人心，走出困境。戰後的松下電器正處於慘澹經營之中，但松了卻不曾因此而放棄為公司制定目標。由於目標明確，松下電器在很短時間內就走出困境，續寫昔日輝煌。

從心理學的角度而言，目標能激發人的動機，如果人沒有行動目標的時候，他會放鬆對自己的要求和追求，人一旦有了明確的目標，就會產生責任感、緊迫感和內部動力，所以為員工制定目標可以激發他們丁作的動力。領導者在制定團隊目標時，不能隨心所欲，更不能簡單地把制定目標當成任務分派完就完事了，這些做法只會讓員工更加糊塗而已。

◎將大目標分解成容易達到的小目標

在目標制定、分解過程中，目標的難度以中等為宜，目標的難度太大，容易使人失去信心；目標的難度過小，又激發不出人才應有的動力。只有「跳一跳，夠得著」的目標才是最好的。

古人言：「不謀全局者，不足謀一域；不謀萬世者，不足謀一時。」因此，人要善於制定目標，並且建立起一個目標體系，即發展過程中的遠期目標、中期目標、近期目標，大目標之下要有各類中小目標，各目標之間還應該有很強的邏輯性和很強的靈活性。

領導者要善於設置正確、恰當的總目標和若干階段性目標，用以激發人才的積極性。設置總目標，可使下級的工作感到有方向，但如果僅僅有總目標，就會使人感到目標遙遠和渺茫，可望而不可即，從而影響其積極性的充分發揮，因此，還要把總目標分解為若干經過努力都可實現的階段性目標，這才有利於激發人們的積極性。

舉個簡單的例子，在跑步的時候，如果要人毫無目標和計劃地去跑，只能使人感到乏味，雖然沒跑多遠，也使人感到十分疲勞。若是預先告知要跑的距離以及到達終點後的榮譽和獎懲，自然會引起人的興趣，使單調的跑步成為一種追求和享受。聯繫到具體工作上，如果讓下屬參與制定工作目標和計劃，讓每個人瞭解個人在整體工作中的作用與影響，同樣也會使工作充滿吸引力。

秀吉首先將 100 個間隔的城牆分成 50 個部份，然後找出 50 個人，給每個負責人分兩個間隔，並命令他們要在 3 天之內將所負

責的兩個城牆修補好。

如果從接受命令的人來看，等於是將 100 個間隔的城牆突然減少到只有兩個而已。原來聽到要修補 100 個間隔的城牆，就覺得很煩，現在突然減少到每個人負責兩個，當然會使他們產生幹勁。因此，在他們夜以繼日地修補之後，青州城牆終於在 3 天內修補好了。

◎集中精力完成主要目標

把你的全部精力集中到一項工作中去，一步一步去累積自己的個人資源。每一位渴望成功的領導者，尤其是那些處在創業階段的奮進者，一定要時時處處防範自己，不要濫鋪攤子、濫用精力、四處出擊，而應當像錐子那樣，鑽其一點。把你的全部精力集中到一項工作中去，一步一步去累積自己的個人資源，才是成大事的必由之路。

在選擇將來自己要從事的職業和領域上，最明智的莫過於日本軟體銀行的董事長孫正義了，他在《福布斯》的年度富豪排行榜上名列全球第四，被譽為「日本的比爾‧蓋茨」。

在美國讀完大學後，孫正義回到了日本，成立了 Unison World 股份有限公司。孫正義成立這家公司的目的就是想要通過它來確定自己未來的事業是什麼，為此他必須進行社會調查。

通過拜訪各式各樣的人和閱讀各式各樣的書籍，孫正義列出了總共 40 項自己想要從事的行業，並且針對這些行業，孫正義進行了一連串的市場調查，並將結果與檢查項目表對照，判斷這些是不是適合自己投入一生的事業。孫正義針對這 40 項事業，分別編出

10 年的預估損益平衡表、資產負債表、資金週轉表以及組織圖，還依照不同的時間順序編制了不同的組織圖。

　　這項工作花去了孫正義將近一年的時間，經過很長時間的思考後，孫正義最後選擇了從事軟體的流通事業。他曾經這樣說過：「我不願意用性情或者是偶然的因素決定自己的命運和人生方向，一定要在個人有了充分瞭解的基礎上，決定自己未來的人生大道。當然，一旦擬訂了自己的人生計劃，我就會立即去付諸實施……」

　　一個人要成功，必須找準個人能力和職業的最佳結合點。那些在事業上有所作為的人都是懂得限制自己的人，都是在明確了目標後，根據自身的興趣、特長和現實需要，在眾多的選擇中選擇其一，放棄其他，然後集中「優勢兵力」，主要攻克某一領地。

心得欄

第 *8* 章

領導者就要這樣去用人

　　古人說：人盡其才，物盡其用。會用人的人，可以使任何人都派上用場。知人善用，這是領導者獲得事業上的成功並贏得下屬信賴的重要手段。

　　作為領導者應充分發揮下屬的長處，避其所短，用其所長。不僅僅是出於工作需要，同時也是給下屬一種滿足感。

◎企業的發展離不開人才

　　20 世紀美國通用電氣公司總裁傑克‧韋爾奇提出這樣的口號：「人，是我們最重要的資產！」

　　知識經濟時代，市場競爭達到了白熱化的程度，商海人潮中無時無處不存在著產品競爭、市場競爭、管理競爭等。但市場經濟的競爭歸根到底還是人才的競爭，人才就是一切。人才是世界上所有

資本中最寶貴、最有決定意義的資本。日本經濟起飛是依靠技術和管理這兩個輪子，而人才是車軸，沒有車軸的輪子是不能運轉的。人才是利潤最高的資本，只要恰當地投入並善加利用，就能給企業帶來幾倍甚至幾十倍的利潤。

企業的生存和發展，主管的事業成功與否，說到底還是用人。在市場經濟的大潮中，企業的發展往往與一些高素質的人才、有時甚至是一位高素質的人才密切相關。正因為人才具有十分重要的意義，所以才會出現大企業為爭奪人才、培養人才不惜花費大量時間和金錢的現象。

19 世紀初，福特公司發生了一個有趣的故事。當時，福特公司的一台電機發生故障，整個公司的這方面的行家都被難住了，沒有人知道毛病出在那兒。這些行家們又對這台電機進行多次研究，仍然是一無所獲。最後他們不得不請來了德國著名的科學家——斯坦門茨。

斯坦門茨在那台電機旁不斷地觀察，不斷地計算。最後，他在馬達上劃了一條線，然後對福特公司的人說：「請打開電機，沿線將裏面的線圈減少 16 匝。」

人們照做了，電機果然重新開始運轉了。

結果，斯坦門茨要價 1 萬美元，經理不禁愕然，讓他填材料費用單。只見斯坦門茨揮筆寫道：「畫一條線，1 美元；知道在什麼地方畫線，9999 美元。」

一條線的畫法，表面上看似乎簡單、容易，但卻體現著人才的重要性。

可惜，在某些主管眼裏，人才說起來重要，用起來次要。因為，

一般而言,「人才」的才能突出,有一定水準,主管就怕不好「主管」,往往敬而遠之。

其實,這些做法都是不可取的。首先,人才是你的部門取勝的重要保障,如果沒有人才何來你的事業?何況,對主管來說,你有職責、有義務使用人才,提拔人才,這樣你的下屬才會感到在你的領導下有前途,他們也願意為你而加倍努力。

◎屈尊折節,吸納人才

戰國時,齊兵攻燕,燕國百姓不甘心接受亡國的命運,將齊兵打退,找回世子為王,即燕昭王。

面對滿目瘡痍的國家,燕昭王立志不惜代價,廣招人才。昭王向德高望重的郭隗請教招賢之策。郭隗沉思良久,給昭王講了一個故事,大意是說,古時有一國君,最愛千里馬,派人四處尋求,三年而不得。有侍臣聽說在很遠的地方有千里馬,遂告知國君。國君予以千金,讓侍臣去買。沒料到,千里馬已得病死去。侍臣遂取出五百金,購來馬骨,獻給國君。國君大怒,侍臣卻解釋說:「大家聽說你肯花錢買死馬,還怕沒人把活馬送上來?」果如其言,消息一傳出,大家都認為國君果真最愛千里馬,不出一年,便從四面八方送來幾匹千里馬。

郭隗告誡昭王,只有屈尊折節才能將才智卓絕的人吸引來。昭王聽其言,重用郭隗,並設黃金台,廣攬才士。燕國遂強大起來,成為戰國七雄之一。

這則故事給我們的啟示是:

第一，選拔英才要有誠意。不要認為禮賢下士只是我國古代開明政治家的一種個人優良品德，它也是選拔人才的有效之舉。

　　第二，選拔英才首先要樹立起自己重才和愛才的形象。借重才、愛才形象來吸引那些懷才不遇的仁人志士是最好的方法。這實際上包含著一個如何利用好現有人才，並給予不斷地滿足，最後成就事業的過程。

　　第三，主管親自選拔人才。「主管不親自參與，就得不到人才。」這是日本川崎化工總裁淺井雅夫對於企業如何吸引人才、選拔人才的切身體會。在日本，爭奪高級人才的競爭十分激烈，許多大企業都只能保量不能保質，川崎化工作為一家小企業而沒有人才短缺之憂，就在於主管親自參與了人才的選拔。一項對大學生就業狀況的調查表明，那些推崇小企業的學生，大都把「能感受到企業一把手之魅力」作為重要條件；而追求大企業的學生，幾乎沒人將此作為選擇條件。

　　第四，人才選拔也要大量資金投入，如果主管有選人用人的苦心，即使花上幾十上百萬元，也會覺得是合理的。今天的人才選拔沒有錢是不能成功的。金錢、時間、熱情樣樣不可少。

　　第五，選拔人才要宣傳。黃金台又叫招賢台。時下，也有不少企業借報紙一角築起招賢台，廣招人才。公司創業初期，名聲不夠大，很少有慕名登門造訪的，所以利用各種宣傳媒介築起「黃金台」的方式很有價值，同時它還可以起到輿論宣傳、擴大影響的效果。

◎敢用比自己強的人

美國的鋼鐵大王卡內基的墓碑上刻著:「一位知道選用比他本人能力更強的人來為他工作的人安息在這裏。」

卡內基之所以能成為鋼鐵大王,並非由於他本人有什麼了不起的能力,而是因為他敢用比自己強的人。他曾說:「把我的廠房、機器、資金全部拿走,只要留下我的人,四年以後我又是個鋼鐵大王。」這句話,已成為世人皆知的名言。

貝爾是電話的發明人,還是美國著名大公司貝爾電話公司的創始人。貝爾的成功也在於敢用比自己強的人。他深知自己在經營管理方面並非強手。1897 年 7 月 1 日,他聘請希歐多爾‧維爾出任貝爾公司的總經理。維爾的經營管理是非常出色的。維爾主張,要達到自己的目標,必須爭取群眾,公司能否穩定發展,關鍵在於接班人和領導層的素質。他把精力放在對下屬的訓練和培養上,只在制定戰略決策時才插手,其他的就放手讓他人去幹。他心胸寬廣,從不計較個人的名利,對反對過他的人,也總是寬厚相待;他不擺架子,總能認真地聽取別人的意見,與下屬共商大計,鼓勵他們提出不同意見。在維爾的出色領導下,貝爾公司擊敗西部聯合公司的進攻,資本由 1878 年的 85 萬美元變為 1885 年的 6000 萬美元。如果不用維爾這樣的強手,貝爾公司的命運也許就是另一種情況了。

作為主管應心胸寬廣、不計較個人的名利,敢於起用比自己強的下屬,而自己的精力放在對下屬的訓練和培養上,只在制定戰略

決策時才插手，其他的就放手讓他人去做。

◎讓所用者敢於大膽工作

　　人才的需要是多層次的，除了物質上豐裕的供給外，如能滿足他們對於信任和信賴這種感情上的需要，人才就可以發揮出創造性的作用，做出更大的貢獻。

　　劉邦是個善用人才的君主，他的善用人才在任用大將陳平這件事上得到了充分體現。劉邦堅持自己的用人原則，劉邦的將領們誰也不敢議論陳平，而陳平輔佐劉邦，忠心耿耿，盡職盡責，為劉邦打天下立下了汗馬功勞。陳平到漢營不久，就使出離間計使項羽趕走他的重要謀臣範增，幫劉邦除了心頭大患，為以後的勝利鋪平了道路。

　　主管在任用人才時要充分信任他們，要相信他們對事業的忠誠，放手讓他們工作，使其敢於負責，大膽工作。

　　首先，主管對下屬必須瞭解，清楚下屬的歷史和各種現實表現。既知思想覺悟水準，又知實際工作能力，這是信任的前提條件。

　　其次，主管任命下屬什麼職務，就應授予其相應的權力，使下屬的職、權統一起來，有職又有權。凡是下屬職權內的事，不隨便干涉。有的主管名義上授權，實際上包辦代替，越權指揮，對下屬表現出不信任，這些都會挫傷他們的自尊心和積極性。

　　再次，當下屬做出成績時，要及時給予鼓勵和表揚；當他們在工作中遇到困難和阻力時，要給予堅決支持和有力幫助；當他們在工作中出了差錯時，主管要把責任承擔起來，幫助他們總結經驗，

鼓勵他們繼續前進；當他們在改革創新中受到保守勢力責難時，主管要挺身而出，為他們撐腰做主，鼓勵他們堅持到底。如果主管對下屬處處設防，半信半疑，便會損害事業的發展。

　　當然，主管用人是建立在知人的基礎上，不瞭解的人，就不能輕易任用，這就是疑人不用、用人不疑。

　　主管在任用人才時要充分信任他們，要相信他們對事業的忠誠，放手讓他們工作，使其敢於大膽工作。當然主管用人是建立在知人的基礎上，不瞭解的人，就不能輕易任用，這就是疑人不用、用人不疑。

　　漢朝開國皇帝劉邦和他的部下韓信，曾經有過這麼一段對話：

　　「如果我親自領兵，你認為能帶多少士兵呢？」

　　「陛下最多只能率領 10 萬大軍。」

　　「那麼，你能帶多少兵呢？」

　　「我是愈多愈好。」

　　「那像你這樣能幹的人，又為什麼要做我的部下呢？」

　　「因為陛下不是兵士的長官，而是將軍的長官。」

　　從這段對話中，可以瞭解，在指揮軍隊和征戰沙場方面，韓信的才能確是勝過劉邦，可是劉邦有辦法運用韓信的才能。關於這一點，漢高祖曾對部下說：「我的智略計謀比不上張良，在行政管理上又不如蕭何，指揮軍隊更不如韓信。得到這三位傑出的人才助陣，這是得天下的主要原因。」

　　漢高祖的話，十分引人深思。如果單以才智來一較高下，那多的是比他傑出的人，但以他的才能所建立的王朝，卻能統治廣大的中國達好幾百年之久，他能成功地創建許多豐功偉業的秘訣就是能

知人善任。

劉邦和項羽爭奪天下，而項羽也是一位英雄人物，無論才能和力量，都遠在劉邦之上。可是項羽不善於用人，甚至連自己的軍師范增都容不下，這是項羽失敗的主因。

即使一個才智出眾的人，也無法勝任所有的事情。所以，唯有知人善任的主管，才可完成超過自己能力的偉大事業。然而一般人最容易犯的錯誤，就是高估自己的能力，而不肯接受他人的忠告。主管也最應留意這點。當一個主管發現部下的能力在某些方面高過自己時，也正表示他有成功的傾向。而一個主管如果所用的人都是平凡庸俗、能力比自己差的人，要想成功就太難了。

義大利首屈一指的菲亞特汽車公司是菲亞特集團的一個組成部份，也是世界 10 大汽車公司之一。

誰也不會料到這家赫赫有名的公司，在 1979 年以前的 10 年裏，竟是個面臨倒閉的公司。它連年虧損，無法進行再投資，被迫將 13%的股票賣給了對外銀行。

面對這種困境，菲亞特集團老闆艾格龍尼家族大膽起用強過他們的維托雷‧吉德拉，任命他為汽車公司總經理，將公司全權交給他獨立經營。吉德拉管理才華出眾，平易近人，具有不屈不撓而又吃苦耐勞、腳踏實地的性格，老闆正是看中他的這些優點而邀請他來任職的。

吉德拉上任後，果然出手不凡，大刀闊斧地進行了一系列行之有效的改革。在吉德拉的整治下，菲亞特汽車公司很快擺脫了困境，提高了生產率。到 1984 年，終於使汽車銷售量達到了 100 多萬輛，躍居歐洲第一；吉德拉本人也由於經營有方而聞名，被人們

稱之為歐洲汽車市場的「霸主」。這正是敢用強者所取得的傑出成績。

那麼，作為主管，怎樣才能用好強者呢？下面的幾點建議可供參考。

1. 用強人需要肚量

敢用強過自己的人，要容人之長。容人之長需要有更大的「度量」。某一企業家曾指出：「用一個能力強的人，只會提高你自己的地位；條件好的人不但增進整個部門的工作成效，更使你因為容人之長而名聲大噪，何樂不為。」可見容人之長已成為多數智慧之士的共識。

2. 要克服求全責備的心態

優秀人才的可貴就在於有主見，有創見，不隨波逐流，不看誰的眼色行事。人才的特徵就是：創造力強，能為組織帶來績效，協助主管開創局面，甚至其能力超過主管。既是創新開拓就難免與傳統、權威不一致，甚至也可能與主管合不來。任何發明創造、改革進取都不能保證百分之百的成功，錯誤與失敗在所難免，甚至失敗多於成功。主管用強於自己的人要有「大肚能容，容天下難容之士」的雅量，才能成就大業，成常人難成之舉。

要做到敢於用比自己強的人，要克服求全責備的心態。求全責備，是指對人要求過嚴，容不得別人半點缺陷，見人一「短」，便橫加指責，不予任用。求全責備是用人之大忌，它壓抑著人的工作積極性，阻礙人的成長，阻礙人的智慧的充分發揮；它使人謹小慎微不思進取；阻礙人的創造性思維與想像力的發揮；它使人缺乏活力，缺乏競爭能力和應變能力，造成人才特別是優秀人才的極大浪

費；人才也是凡人，有其長也有其短。如獲得 1998 年諾貝爾物理獎的華裔科學家崔琦竟不會使用電腦。如果用現代人必須掌握電腦的標準來衡量，連「現代人」都算不上的崔琦怎麼能獲得世界影響最大的獎項呢？

　　杜拉克在《有效的管理者》中有一段很精彩的評論：誰想在一個組織中任用沒有缺點的人，這個組織最多是一個平平庸庸的組織。誰想找「各方面都好」的人，只有優點沒有缺點的人，結果只能找到平庸的人，要不就是無能的人。其實世界上是沒有「完人」的。

3. 要允許下屬失敗

　　敢用強過自己的人，要容許失敗。創造性活動，失敗多於成功，但沒有失敗就沒有成功。美國管理學家湯姆‧彼德斯和南茜‧奧斯丁考察了幾十個組織，從少數技術先進、實力雄厚的大公司到中小企業、金融業、服務業和傳統手工業，從學校、軍事單位到政府機關。他們發現，最優秀的組織都是能夠容忍失敗的組織。如花旗銀行、通用電氣公司、百事可樂公司，都大力主張「失敗是正常現象」，甚至認為應獎勵「合理錯誤」。

◎重視個性鮮明的人才

有一次，日本本田公司在招聘優秀人才時，主持招聘工作的主管對兩名應徵者取捨不定，向老闆本田宗一郎請示，本田隨口便答：「錄用那名不那麼正常的人。」

本田宗一郎認為，正常的人發展有限，不正常的人發展反而不可限量，往往會有驚人之舉。這種選人方法對本田公司發展成為世界超級企業起了相當大的作用。

沒有個性鮮明的人才，就不會產生獨具特色的商品。

本田公司的研發機構「本田技研社」，專門招聘個性不同的怪才。本田的員工一般是兩種：一種是「本田迷」，即對本田車喜歡到入迷的程度，他們不計較工資待遇，而是想親手研製發明新型本田車；一種是一些性格古怪的人才，他們或愛奇思異想，或愛提不同意見，或熱衷於發明創造。

本田認為：「對下屬必須大膽委託工作，但要提出高目標。至於如何達到，主管無須指手畫腳，讓怪才們自己想辦法。」「人只有逼急了，才能產生創造力。」在美國獲汽車設計大獎的本田新車型，都是那些被視為「怪才」的人發明的。

人事管理中強調在適當的職位選用適當的人員，人員獲得該職位的途徑是首先必須具備任職資格，任職資格考核制度從而成為人事管理中的核心內容。然而，儘管很多職位的資格考核方法在企業的長期發展中已成為一種定勢，但總還有個別慧眼獨具的企業主管以一種更直觀、更準確的方法進行人才選拔，而且往往能有奇效。

日本一家公司，原是一個幾人的小作坊，僅 10 年的時間就發展為一家擁有 700 餘員工的企業，產品打入國際市場，銷售額比創業初期提高了 100 倍。該公司主管在選拔人才上，有些獨特的做法。

　　例如，這家公司主管經過較長時間的實地考察和數據收集，對上班早和遲的人得出的結論是：上班遲的人，多數工作成績比較差。上班時，姍姍來遲，滿臉的睡意，這樣的人絕對幹不出像樣的工作。

　　當今世界上沒有事事都幹得非常出色的全才。但是，在行事之前如能三思而後行，就可能把事情辦好。反之如事事都匆匆忙忙，那麼就很容易產生差錯。

　　作為擔負人才選拔重任的主管，要選拔到真正的人才，就要不僅能夠正確對待那些贊同自己意見的人，而且還要能夠接納那些「怪才」；要注意下級的一舉一動，從這些舉動的「一斑」中窺出「全貌」，作為選才的憑據。

　　沒有個性鮮明的人才，就不會有獨具特色的工作業績。作為主管，要選拔到真正的人才，既要能夠正確對待那些贊同自己意見的人，還要能夠接納那些「怪才」。怪才往往能出怪招，並產生獨特的價值。

◎物色到理想的接班人

要追求長遠的公司經營發展目標，公司的後繼接班人選是件相當重要的事。接班人問題是任何主管都要面臨的問題，只是面對的形式不同而已。不論是有任職期限的還是沒有明確任職期限的主管，都要在位時物色培養好自己的接班人，否則公司就會陷入混亂，甚至一蹶不振。

接班人不應只有一個，而應是數個。自然，到最後關頭必然有一個人到最高的位置上，但未到最後關頭，不要作出這個決定。過早決定接班人，除了不利自己之外，還會影響其他人的士氣。接班人如果內定，再奮鬥也就無價值了，這是一般人的想法，而且對接班者本人，也容易滋長驕傲情緒，甚至萌生野心提前「搶班奪權」，使一個原本優秀的人才毀於一旦。

要多選幾個人，分別對他們說有做接班人的機會，但要經過觀察和鍛鍊，這幾個人就會奮力爭先，相互競爭；再以增強擴充個人的經驗為由，不停地互調職位。這不但具有訓練的效果，更會顯露出每個人的才能和短處。

可以在適當的時候給接班人獨當大任的機會，看他是否會為所欲為。這種實習對接班人是絕對必要的。

公司面臨危機，人事更迭頻繁，這就更要選好接班人，但這時已沒有時間去培養發現，完全看主管的眼力和膽識了。

美國克萊斯勒汽車公司經營狀況好時，曾獨佔 25.8%的美國市場佔有率。二戰後，汽車業不景氣，加之繼任者的無能，公司銷售

額直線下降，到 1962 年，公司的市場佔有率跌至 8%。克萊斯勒公司的弱點，就是第一任總經理傲慢成性、獨斷專行，未能尋找到理想的接班人。

克萊斯勒的繼任者克拉曾在公司任高級職員達 15 年之久，但他是以技術起家的技術重點主義者，在推銷方面處處存在漏洞，他自我滿足於新型汽車的設計製造，而對近代的市場開拓毫無熱情。業績下滑，促成公司的「動脈硬化」，加上內部紛爭，更是雪上加霜。

克拉的接班人第三任總經理克尔巴特曾採取分權化，可是過於獨立的體制所造成的業務部門宗派化，根本無視整個公司的體制，因而更加混亂不堪。克爾巴特只好急忙制定縮小業務部門制度，但由於經營方針失去一貫性，產生了眾多的野心家。在經營上失去信心的克爾巴特，看重尼巴克在業績上的貢獻，想重點培養他，沒想到卻因此助長了尼巴克的野心。尼巴克看克爾巴特遲遲不交權，便在股東大會上，收買部份股東，驅逐克爾巴特，自己趁機擔任總經理，然而他上任 9 週便被撤職。

這件事成為克萊斯勒公司的最大污點，使克萊斯勒公司的名譽受到了極大的打擊。

對於經營者的無能，克萊斯勒董事會便以自 1958 年以來任常務董事的美國實業界大亨勒布為中心，重建克萊斯勒公司。勒布擔任董事長之後，便選拔副總經理達芬特擔任公司的第五任總經理。達芬特那時年僅 42 歲，在經營手法方面完全是未知數，這不僅是勒布一生中最大的一次冒險，也是克萊斯勒公司下的「世紀賭注」！但公司已到了非下賭注不可的地步。達芬特面對險惡局勢，毫不猶

豫地挑起重擔。鑑於公司偏重技術的誤區,他決定在產品方面仍讓產品部門的技術人員負責,自己全力抓經營。針對公司的處境,他制定了向海外發展的戰略,公司在 19 個國家和地區建立了海外據點,使其勢力急速地擴張,並席捲了歐洲、日本,終於使克萊斯勒起死回生。可見,選什麼人當接班人的確非同小可,不過最好不要下「賭注」。

　　過早決定接班人,除了不利自己之外,還會影響其他人的士氣。接班人如果已內定,再奮鬥也就無價值了,這是一般人的想法。而且對接班者本人,也容易滋長驕傲情緒,甚至萌生野心提前「搶班奪權」,使一個原本優秀的人才毀於一旦。

◎做分配工作的內行人

　　上司如果能幹,定能將員工工作分配得極為妥當,引發他們的工作意念,否則部屬會有抵觸的心理。

　　工作分配如果不妥當,就易造成不滿的情緒。分配工作雖是小事,卻與員工的士氣大有關係,所以千萬不可忽略。

　　世界上的人才成千上萬,有全才,有偏才;有鬼才,有怪才;還有雄才,有奸才。但無論什麼樣的人才,都各有其用,關鍵在於主管如何任用。任用正確,則坐擁天下,一切盡在掌握之中;任用不當,則危機四伏,大局不定,可謂「搬起石頭砸自己的腳」。善於用人的主管,適時升降,恰到好處,覺得人傑雄才遍地有;拙於用人的主管‧亂用一氣,適得其反,直歎人才實在難找。可見,用人也須講究方法與藝術,並非隨心所欲。要做到善於分配工作。就

要注意：

第一，經常檢討個人負責的工作內容，適當地估計工作的質與量，以求分配平均。

第二，充分考慮某份工作完成所需的時間。

第三，若派給其他員工，應先分析員工本身工作進行的狀況。

一般主管在用人時，面對一個各方面都差不多的人和在某一方面比較擅長的人，往往難以取捨；而優秀的主管寧可任用有偏長的人。據調查，有偏長的人的創造性比各方面比較平均的人強，他們對自己所擅長方面的工作幹得更為出色。當然，這也不是絕對的，要根據工作的需要而定。如果工作要求一個比較全面的人才，則絕不能任用一個有偏長的人。那麼，什麼時候可以任用有偏長的人呢？當某一項工作對人才的全面性要求不強，各方面都差不多的人和有偏長的人都能幹時，主管就應當捨「全」求「偏」了。

可能一些主管還有疑慮：用偏長之才不等於冒險嗎？萬一在工作中出現其他意外情況，偏長就無計可施了。我們前邊已經講過，偏長所任工作需是對某一方面要求較為突出的工作，就像學生學專業一樣，在某一專業比較突出，而其他方面相對較弱。偏長並非只會某一方面的工作，而是指其他方面相對較弱而已。

並且，任用偏長也要有一定的技巧，偏長之才一旦被用對了地方，就能做出常人難以做出的成績。例如，陳景潤在數學方面有偏長，他被用來搞數學研究，正好符合其偏長，故能有大的成就；反之恐怕他也只能平凡過一生。因此，主管在用偏長之才時，一定要給以符合其偏長的工作。

◎善於發現下屬的長處

有這樣一個故事，一個小男孩出於一時的氣憤對自己的母親喊道他恨她。然後也許是害怕懲罰，他就跑出房屋，來到山邊，並對山谷喊道：「我恨你，我恨你，我恨你。」接著從山谷傳來回音：「我恨你，我恨你，我恨你。」這個小孩有點吃驚，他跑回屋裏對他母親說，山谷裏有個奇怪的男孩說他恨他。他母親把他帶回山邊，並要他喊：「我愛你。」這個小孩照他母親說的做了，而這次他卻發現，有一個很好的小孩在山谷裏說：「我愛你，我愛你」。

生命就像這種回音，你送出去什麼，它就返回什麼，你播種什麼就收穫什麼，你給予別人什麼就得到什麼，如果你努力尋找最佳的方式，以便在人生各方面取得最好的收穫，那麼你面對每一個人每一件事的時候，就該學會發現其美好的一面，並把它作為金科玉律，奉行不悖。

特別是作為一家企業的經理，對於下屬和他的工作，一定要有能力努力去發現、去挖掘其優秀的一面。如果你把你的員工看得一團糟，往往就是因為你的眼光問題，有句話是這樣說的：「我們的週圍不是缺少美，而是缺少發現。」

善於發現美，善於發現下屬的長處，又指不要苛求人才。現代化管理學主張對人實行功能分析，這裏所說的廣能」，是指一個人能力的強弱，長短處的綜合；這裏所說的「功」，就是看這些能力是否可轉化為工作成果。

結論表明，寧肯使用有缺點的能人，也不用「沒有」缺點的平

庸的「完人」。用人不同於治病，醫師治病時專挑人的病症，專挑人的缺點，用人則應該首先找他的長處，看他適宜做什麼。

「好風憑藉力，送我上青雲」。長袖善舞者，只不過能借助他人之力為我所用。對於經營管理者來說，所謂的「借力作用」，主要指外部之力，通過結合隨從的優點，借助下屬的智慧和能力，更好地完成自己的工作。

精明的主管不僅有知人善任的能力，還要具備一種駕馭人心的能力。古代思想家孟軻說過「天時不如地利，地利不如人和」。「人和」即眾望所歸、人心所向，是一個主管成就自己事業的根本。明智之人都知道，要想成就自己，就必須獲得與此相關人士的認同，獲得眾人的支持。

「你就是公司」，這是美國惠普公司經營哲學的最動人、最成功之處。公司有這樣一個傳統，就是設計師正在設計的東西，公司員工可以對其「百般挑剔」，以儘量採納眾多的高見。每個人都存在著渴望表現的心態，尤其希望通過施展才幹而得到主管的重視。

作為一個成功的主管，不能不明白下屬的這一心理需求，惠普公司正是把握了員工的這個心理特點，才把員工的能動性很好地提高到了「你就是公司」這樣的一個高度，激起員工做出超出其職責的成就。事實上，惠普公司許多「拳頭」產品，都凝聚了每一位員工的辛勤汗水。

總之，發現人美好的一面，利用人美好的一面，足可以作為待人處事的最高原則和用人的經驗。

◎企業成功的關鍵在於用好人才

在楚漢相爭中，劉邦之所以能以弱勝強，其中一個重要因素就是善於用人，正如他自己所說的：「夫運籌帷幄之中，決勝千里之外，吾不如子房；鎮國家，撫百姓，給餉饋，不絕糧道，吾不如蕭何；連百萬之眾，戰必勝，攻必取，吾不如韓信。三人皆人傑，吾能用之，此吾所以取天下者也。項羽有一范曾而不能用，此所以為我擒也。」

三國時劉備之所以能取得三足鼎立的局面，也離不開他擁有並成功地使用了諸葛亮等人才；唐太宗時能有「夜不閉戶，道不拾遺」的太平盛世，也是因為他成功地用人，做到了「用人如器，備取所長」。說到底，縱觀歷史中的名君盛世，無一不是身邊有一批參與制定、貫徹執行正確決策的人才。

歷史的經驗告訴我們，做出正確的決策只是通向成功的第一步。如果沒有成功的用人，不善於用人，即使決策正確，在實施過程中也可能貫徹不下去，甚至走樣變質，使決策意圖無法實現，導致事業終歸失敗。以北宋時期的王安石變法為例：其決策肯定是正確的，而且旨在富國強兵的諸多新法也是好的、可行的，但終因遭到了頑固保守勢力的反對，缺少人才去主持這項工作而失敗。不得不承認用人上的失敗也是變法失敗的重要原因之一。可見，成就大業，離不開傑出的人才。

諸多成功企業家對人才是如何看待的呢？

美國著名女企業家瑪麗‧凱說：「優秀的人才是公司最重要的

資產，留住好人才是優秀公司的標誌。」美國鋼鐵大王卡耐基說：「將我所有的工廠、設備、市場、資金全部奪去，但是只要留下我的組織人員，幾年之後，我仍將是一個鋼鐵大王。」在他們看來，對企業最重要的不是有多少資產，而是擁有多少人才，人才在他們眼中才是無價之寶。

總之，只有擁有了人才，用好了人才，才有可能取得成功。一句話，人才對於企業的作用是難以用金錢來估量的，企業成功的關鍵在於用好人才。

◎能力比學歷更重要

必須認識到，知識份子常自陷於自己知識的格局內，以至於無法成大功立大業。

汽車大王亨利‧福特曾經說過這麼一句話：「越好的技術人員，越不敢活用知識。」

福特是在企業經營上屢次發明增產方法的人。他為了增產的事和他的技術人員研商時，他的技師往往會說：「董事長，那太難了。沒有辦法的，從理論上著眼，也是行不通的。」

技術越好的人，越有這種消極的個性。這經常令福特大傷腦筋。

在面對一個工作時，一個人如果對有關知識瞭解不深，他會說：「做做看。」於是著手埋頭苦幹，拼命地下工夫，結果往往能完成相當困難的工作。但是有知識的人，常會一開頭就說：「這是困難的，看起來無法做。」這實在是畫地自限，且不能自拔的現象。

今天的年輕人，很多受過高等教育，所以有相當的學問和知

識。由於現代社會的變遷，分工很細，新知識、新技術層出不窮，年輕人在學校中所學的知識、技能遠遠滿足不了實際工作的需要。這就要求在平時的實踐中不斷積累經驗和新知識，掌握新技能。尤其是剛從學校畢業的年輕人，最容易被知識所限制，所以要十分留心這一點，盡可能將所學知識充分發揮出來。

在實際工作中常常可以發現，一些工程技術人員雖然學歷不高。卻往往具有較深的專業知識和較強的實際工作能力；相反，一些高學歷人員，雖然各方面都表現不錯，卻沒有突出的特點，與他們談話留下的印象不深。一個人實際工作能力的高低，並不能單從學歷或應聘時獲得的筆試、面試成績，就可以看得出來的。具有了實際工作經驗，也不見得能力就強、創造性就高。特別是選拔事業開發型人才時，主要看他的綜合基礎能力，就像挑選運動員苗子一樣，關鍵看他是不是一塊好材料，有沒有發展潛力。所以，高學歷不等於高能力。在招聘過程中更應注重招聘那些高能力的人才。

當今社會，人們對高學歷越來越看重，本科生比比皆是，研究生越來越多，很多單位在招聘時都以學歷進行限制。然而，高學歷並不代表高能力，知識份子未必是「能力分子」。因而選拔人才、提拔人才時更要注重其實踐能力。

新力公司能取得今天這樣的成就，當然要首推其創始人盛田昭夫的功勞。世界上很多機構都在調查和研究新力的成功秘訣，盛田昭夫也曾經寫過一本總結自己領導經驗的書：《讓學歷見鬼去吧》。他在這本書中這樣說道：「我想把新力公司所有的人事檔案全部燒毀，以便在公司裏杜絕在學歷上的任何歧視。」不久之後，他就真的將這句話付諸實踐了，此舉促使了一大批人才脫穎而出。

西武企業集團是日本的一個經營飯店、鐵道、百貨等服務行業的龐大的企業組織。西武集團老闆堤義明被松下幸之助譽為「日本服務第一人」。西武集團成功的原因與堤義明獨特的用人之道密不可分。

　　西武集團聘用新職員有一個顯著特點，就是大學畢業者和高中程度的人都有同等機會成為西武的職員。堤義明從來就反對迷信一紙文憑的「學歷信仰症」，他手下很多高層主管都沒有學歷，卻有學識、誠意和人格。但是他並不反對聘用有學歷、學識和教養的專家。

　　有一次，在和松下幸之助談話時，堤義明作了一個大膽的假設：如果把松下幸之助和本田宗一郎這樣的人，送到東京大學受教育，那很可能就沒有今天的松下電器和本田汽車了。

　　一般的大企業，都千方百計地吸引具有高學歷的年輕人到其公司就職，但是堤義明從來不追隨別人的做法，不存心去搶大學畢業生。他說：「一般的大企業打的算盤是，每聘用 10 個大學生，將來有一個成才，就已經心滿意足了。我倒不同意這種觀點，我寧可仔細地挑選恰當的大學畢業生，然後把更多的工作機會留給那些沒有機會接受大學教育的一般年輕人。我的打算是，10 個大學生就有兩個以上的人成才；然後，每接收 20 個學歷較低的人進公司工作，就希望有一個人會出人頭地。」

　　堤義明在解釋不用一流大學的畢業生的理由時說：「我的西武集團，不是一流大學畢業生的安樂窩，但卻保證是一流人才的工作場所。隨便把經理的職位給一個一流大學的畢業生，他可能因為自己是一流大學出身的聰明人，覺得自己該坐經理的位子，反而不會

珍惜他的職位。可是,一個沒有大學學歷或是來自三流大學的年輕人,你覺得他有潛能又力求上進,讓他升任經理,他肯定喜出望外,而且會加倍地努力,做好他的分內工作。理由很簡單,這類人懂得珍惜自己所得到的任何機會。」

這種排除學歷條件,挑選、培養有潛力人才的方法,在日本也是少有的,而堤義明卻堅持這麼做。西武集團出現了一種很獨特的現象,就是沒有人拿讀過什麼大學來炫耀自己,甚至也沒有人提自己過去的學歷。堤義明認為,學歷只能證明一個人受教育時間的長短,而不能證明一個人具有的實質性的才幹。

在西武,所有考試合格進公司的職員,頭三年都只派到最普通的崗位上去當小雜工。三年的打雜,是一種最初階段的考驗。堤義明認為沒有三年的磨煉與觀察,主管人員不容易從大群下屬職員中找出可以勝任艱難工作的好手。

總之,主管應用正確的眼光去發現人才,並真正做到發揮人才的作用。學歷並不是衡量一個人是否真正有才能的惟一標準,不要被學歷遮住了選拔人才的視野,應該注重員工的實踐能力。

◎敢於起用能人

漢高祖劉邦平定天下之後,在洛陽的慶功宴上曾高度評價了張良、蕭何、韓信等人的功績。劉邦還是很有自知之明的,他知道自己不是全才,在很多方面不如自己的下級。他之所以能打敗不可一世的楚霸王項羽,一統天下,是因為重用了一些在某些方面比自己能力更強的人。而恰恰是在這一點上,劉邦表現出了一個統帥最值

得稱道的親和能力。

打天下如此，搞其他事業也莫不如此。被譽為美國鋼鐵工業之王的卡耐基說過：「你可以將我所有的工廠、設備、市場、資金全部奪去，但只要保留我的組織和人員，幾年後，我仍將是鋼鐵大王。」卡耐基的話反映了西方企業家在管理上的一種反省，即他們認識到，人的因素是最重要的。

卡耐基死後，人們在他的墓碑上刻上了這樣一段話：這裏安葬著一個人，他最擅長的能力是，把那些強過自己的人，組織到為他服務的管理機構之中。

作為一名主管，要想成就一番事業，就必須學會借力，樂於用比自己強的人。有些主管之所以不樂意用比自己強的人，除了怕這些人難以駕馭，擔心彼此之間容易發生意見分歧，工作會受到影響外，主要還是嫉賢妒能的心理在作怪。他們總以為自己是主管，自然應該是佼佼者，各方面都應該比別人高上一籌。因此，遇上比自己能力強、本領大的人時，就萌生妒意，採取種種辦法壓制他們。

如果你真心希望你的下屬能夠各盡其才，各盡其能，為你的事業而奮鬥，就必須敢於起用他們，借用他們的才華，鑄就你事業的輝煌。

◎產生歸宿感是留住人才的根本方法

對於大多數企業主管來說，留住人才是他們的重要任務之一。但對於員工來說，有時金錢並不是作出選擇的惟一條件，工作環境的溫馨，工作夥伴的熟悉，工作配合的默契，都對一個人的工作心

理狀態產生影響。其實,每一個人都需要歸宿感,讓員工擁有歸宿感是人的重要原則之一,下面讓我們來看看豐田的做法吧。

豐田公司的信條是:「僱員總是忠誠於那些忠誠於自己的公司」。為了表明公司命運與員工命運的緊密相系、不可分割,公司以「沒有許諾的終身僱用」向員工表明對他們的忠誠。在公司文件和經理的談話中不斷地提到終身僱用。例如團隊成員手冊中就寫道:「終身僱用是我們的目標——你和公司共同努力以確保豐田成功的結果。我們相信工作保障是激勵員工積極工作的關鍵。」

但在事實上,雙方並沒有簽訂什麼保證書。只要在團隊成員手冊中同時清楚地寫道:「所有員工同豐田的勞動關係是基於就業自願原則的。這意味著無論是豐田還是公司僱員,在任何時候,因為任何理由都可以炒對方的魷魚。」但是豐田公司的員工都相信他們的工作是有保證的。

有位僱員在接受香港記者採訪時說:「公司是永遠不會將我們解僱的。即使不景氣的時候,我們也將被留在這裏,和公司一起渡過難關。」這種自信並非是盲目的。公司總裁多次公開表示,在公司困難的時候,不會裁員,而是「重新配置」。「我們將利用這個機會來進一步培訓我們的團隊成員——我們這樣稱呼我們的員工。團隊成員將利用這個機會來繼續提高,而這是他們在繁忙的工作崗位上做不到的。」

豐田公司的一個部門主管說,他已經在這個崗位上千了 20 多年。他說我在這裏待這麼長時間的主要原因並不是豐厚的酬賞,更為重要的是在這些年的工作時間裏,已經建立了自己的威信,確實不想再到別的公司去從頭做起了。他感覺他已經在很多情況下對公

司做出了影響並且也得到了認可，對他來說，這些事情是比金錢更重要的事情。

他的這段話，真實地反映了人們在基本物質生活得到滿足的情況下，將不再把金錢作為主要的工作動機，對大多數人來說，「個人價值的實現」、「受人尊重」遠比金錢更重要。

因此，高薪酬並不能買得員工的永久性忠誠，惟有情感的投入才能讓員工無法抗拒企業巨大的磁力。

◎用人的關鍵在於信賴

我們都知道，當一個人在做一件事情的時候，如果得不到上級的信任，那就會覺得工作已經沒有任何意義，工作中就沒有了積極性，更不會盡心盡力地去完成那項工作了。因此，由己及人，在企業中的用人也是一樣的。用人而不予以相應的信任，處處猜忌，予以控制，很難想像被任用的人還會不會心情愉快地工作，還會不會有很高的積極性去完成工作。當他感覺到你的不信任之後，我們也很難苛求他會對你很忠誠，會為你盡心盡力地辦事。

因此，要使人發揮積極作用，使員工積極努力地工作，就必須對他充分信賴。

向下屬表示信賴，是確保用人成功的「廉價」投入。當下屬屢攻不克，傷亡慘重，但處在再堅持一下就能奪取最後勝利的關鍵時刻；當下屬因為工作中的失誤，受到人們的指責、非議，處在進退維谷的困難時刻；當下屬身遭不幸，求援無望，處於極端悲憤和苦惱的痛苦時刻……

此時，下屬最害怕的，就是失去主管對他的信賴。倘若主管果真能夠及時給下屬送去他最需要的東西——充分的信賴，可想而知，這將對下屬產生多麼巨大的激勵作用！

三國時的孫策，十幾歲就統率千軍萬馬，橫掃江東，幾年的時間幹出了一番轟轟烈烈的事業，他在用人上最值得稱道的就是信任。他以對下級的信任，換取了下級的忠勇。可以說，如果沒有信任，他是不可能取得那麼大的成就的。史書上記載：「策為人，美姿顏，好笑語，性闊達聽受，善於用人，是以士民見者，莫不盡心，樂為致死。」孫策對太史慈的重用充分地表明瞭他對下屬的信任所產生的良好效果。當劉繇被孫策殺得大敗，殘兵敗將逃散四方的時候，孫策派太史慈去招納劉繇的部下。這時身邊的人都擔心太史慈會戀舊主而一去不返，而孫策卻說：「太史慈不是那種人，你們放心好了。」並親自為太史慈設宴送行，握住他的手問：「何時能完成任務？」太史慈說：「不過兩個月。」果然，過了50多天，太史慈就率領著浩浩蕩蕩的隊伍回到了孫營。

從這個例子中我們可以看到信任能讓下屬對主管更忠誠，能促使他們死心塌地為你努力工作，能最大限度地去發揮其才能。

孔子說：「民無信不立，信則人在焉。」松下幸之助說：「用人的關鍵在於信賴。如果對同僚處處設防，半信半疑，則將會損害事業的發展，要得心應手地用人，就必須信任到底，委以全責。」

可見，大到一個民族，小到一個單位，如果上下左右之間沒有充分的信任，那將是極其危險的。

總之，只有對所用之人予以充分的信任，並讓其感受到你對他的這種信任，你才能激發其積極性和創造性，從而才能達到獲取最

大人才效益的目的。那麼，怎樣才能做到充分信賴呢？

　　對於某些主管來說，做到對下屬的充分信賴是很難的，但同時也是極為容易的。「難」就在於主管的思想一定要轉變，不僅要牢記「用人不疑」這一準則，同時也要把權力放開，不能牢牢地守著權力不放，這樣顯然不是對下屬能力的一種信任；「易」就在於主管每天每時都要接觸下屬，經常不斷地向下屬佈置各種大大小小的工作，這既給主管提供了瞭解下屬的理想場所，也給主管提供了運用各種方式、巧妙地向下屬表示信賴的絕好機會。因此，優秀的主管要能積極地轉變權力，充分利用各種機會向下屬表示充分的信賴。

◎主管必須會「將將」

　　主管能控制的範圍也是極其有限的，但是可以通過「將將」的手段來達到」將兵」的目的。

　　主管要發揮領導作用，並非要親自領導每一個下屬，而是要通過領導若干直接的下屬來達到。

　　漢朝開國皇帝漢高祖劉邦，雖說出身不甚高貴，但必須承認，他本身具有卓越的領導才能。分析他的領導藝術，善於用人不能不說是非常優秀的一面。

　　就憑善於「將將」這一手，讓韓信、張良、蕭何等曠世英才集中在自己麾下，打敗了「力拔千鈞」的項羽。有一次劉邦與韓信談論帶兵的問題，劉邦問道：「我可以帶多少兵馬？」韓信回答：「陛下可帶十萬兵馬。」劉邦又問：「那麼你呢？」韓信答：「多多益善。」

劉邦聽了很不高興地說：「難道我帶兵不如你麼？」韓信趕忙說：「陛下雖不善帶兵，卻善於統將啊！」

可以說，韓信這裏並沒有多少恭維的意思，而是道出了一番實情。善於「將將」，能夠對將才指揮若定，運用自如，正是劉邦取勝的一件法寶。同理，那些出色的主管，無不善於「將將」，能夠自如地運用手中的權力，支配和影響部下。

人們通常認為管理工作對部下有一定支配權——如他有權招聘或解僱他們，有權決定是否給他們提供預算財源以支援他們的某項工作等等。但人們常常忽視了管理工作的另一個特點——即作為一個群體，部下對上司亦有一定的影響。

部下對上司的影響，最常見的來自以下幾個方面：他們掌握某些技術使他們不能被人輕易替換；他們掌握某些他人沒有的本行業資訊或知識；他們有良好的人際關係，批評他們或調換他們的工作都會引起與他們一夥人的不滿；某個部下的工作恰恰是某上司全盤工作的中心點，

故而他的表現對上司工作影響甚大；某個部下的工作與其他重要工作或重要的人有密切關係，致使這位上司要間接地依賴這名部下等等。

所以，儘管上司對下屬具有法定的支配權，但以上那些因素加在一起也足以置他於不利之地。這些因素給他的權力造成一個又一個的障礙，從而導致一些管理中的棘手問題和困境。因此，學會「將將」乃是主管能力的精髓所在。

◎合理搭配人才，充分發揮群體優勢

在一個群體中，不僅要突出個體的優勢，而且要突出最佳的群體結構。在我們的現實社會中，「全才」實在太少，「偏才」確實很多，「偏才」如若組合得好，就是更大的「全才」。

在一個人才結構中，每個人才因素之間最好形成互補的關係，包括才能互補、知識互補、性格互補、年齡互補和綜合素質互補。隨著現代科學技術的發展，很多研究、攻關專案是需要體現多邊互補原則的，這裏既需要有知識互補，又需要有能力、年齡等方面的互補。這樣的人才結構，在科學上常需「通才」領導，使每個人才因素各得其位，各展其能，從而和諧地組合在一個「大型樂隊」之中。

事實也反覆證明了，人才結構中的這種互補定律在人們的實際生活中可以產生十分巨大的互補效應。

曾經有五位諾貝爾獎獲得者力圖解決超導微觀理論的創立問題，卻都未能如願。而這項成果的最後奪魁者，竟然是巴丁、庫珀和施裏弗三人。他們三個人組成了一個具有互補作用的人才結構：巴丁老馬識途，把握方向；庫珀年富力強，思維敏捷；施裏弗善於創新，方法靈活。這也是一個多邊綜合、多邊互補的典型。

綜合互補的用人之道在現代企業管理中，地位越來越重要。在用人方面，不僅表現在用人的量的多少，而且還在於其人才的合理搭配上。只有這樣，用人之量才有效用。這方面，唐太宗用人搭配的方法是非常高明的，即「房謀杜斷」體系。

唐太宗登基後，唐朝因開國不久，許多規章法典需要重新制定。李世民在與房玄齡研究安邦治國大略之時，發現房玄齡能提出許多精闢的見解和具體的辦法。但是，房玄齡卻對自己的想法和建議不善於整理，他有很多精闢見解，很難決定選用那一條。這時候，唐太宗一定說：「非杜如晦來不能決斷。」原來，杜如晦雖不善於謀劃，但卻善於對別人提出的意見做週密的分析，他精於決斷，什麼事情經他一審視，很快就能變成一項決策、律令。所以，每當唐太宗要杜如晦來時，房玄齡並不認為是皇帝寵愛他而生嫉妒之心。杜如晦來，也不出風頭另搞一套，而是最後採用房玄齡的謀劃，這正好發揮了兩人各自的特長。房玄齡和杜如晦成為唐朝最有才能的兩個宰相。

在一個人才群體中，不僅要突出個體的優勢，而且要突出最佳的群體結構。在我們的現實社會中，「全才」實在太少，「偏才」確實很多，「偏才」如若組合得好，就是更大的「全才」。唐太宗就是深諳此理，他掌握了房玄齡和杜如晦兩人的所長和所短，並且發現了他們在能力上的互補性。於是，他把這兩個人有效地搭配起來，為自己出謀劃策。一方面能較好地調動兩人的積極性，發揮了他們的特長，同時也使自己取得了超過前人的成就。

要善於取長補短，把各種不同類型的專才或偏才組織成互補結構，任何人才只有在集體中各顯其長、互補其短，才能充分地發揮其作用。在企業的管理中，管理者要體現自己的領導力，在員工心裏佔有位置，樹立自己的威信，使命令得到有條不紊的執行，一個重要條件就是整合內部人才資源，合理搭配各種工作人員，使之在專業、智慧、素質、年齡等各方面相互補充，組成一種最佳結構。

沒有一個人是全才，如果領導者渴望驅遣全才，那麼將會無人可用。所以領導者就要充分挖掘每個人的潛力，知道每個人的長處和短處，然後再分別排列、組合，加以運用。一個成功的管理者應該全面瞭解員工，包括他們的技能和心理特徵，然後優化組合，為其所用。

◎在員工中養些「鯰魚」

　　有意識地引入一些「鯰魚」，通過他們挑戰性的工作來打破平靜，不僅可以激活整個團體，還能有效解決原有下屬知識不足的問題。

　　某農民開始只養一頭牛，儘管提供了充足的草料，但牛膘一般化。而後新添兩頭牛，於是這三頭牛為爭奪好的草料而展開競爭，結果三頭牛長得又大又肥，這就是競爭的結果。在用人上也情同此理，沒有競爭，任何人都很難發揮潛能。一個組織如果缺乏應有的競爭氣氛，人人都坐「鐵交椅」，個個都端「鐵飯碗」，都吃「太平飯」，這個組織將形同一潭死水。如同田徑場上的比賽，個人獨自奔跑很難跑出好成績，只有多人並肩比賽，才能使人比平時跑得更快。

　　組織的生機和活力取決於人的生機和活力。而要使組織充滿活力，就必須引入競爭機制，實現能者上、庸者讓、劣者下。一個組織中的活力，主要來自於具有開拓創新精神、永不滿足現狀的拔尖人才。

　　過去的日本漁民將在遠海捕撈的沙丁魚運回漁港的時候，都已

經死掉了,因此,賣不上好價錢。為此,漁民們也曾想了許多辦法,但效果都不理想,多數沙丁魚還是半途死去。後來有人想出個「絕招」,即把幾條富有活力的鯰魚放在沙丁魚群中,鯰魚出於受到鹽分不同的海水刺激而騷動不安,在艙水中到處游撞,迫使沙丁魚驚惶躲避,沙丁魚在運動中延長了生命,這個辦法解決了活魚回港的難題。

日本有家大公司由此受到啟示,便專門從外單位招聘幾位「鯰魚式人物」,使原本安靜的組織充滿了生機和活力,形成了競爭向上的氣氛。

用人必須改變只上不下,只進不出的封閉僵化狀態,而始終保持一種有上有下、有進有出的開放式流動體系。人若是處在這樣一個流動體系中,不僅充滿了進取心,也產生危機感,猶如逆水行舟,不進則退,人便會在競爭中進步,工作便會在競爭中發展。

人的才能平時往往是以潛在的形式存在的。伯樂相馬術之一,是讓馬奔跑起來。在馬群中,群馬若站立不動,很難選出千里馬,如果讓馬都跑起來,給每匹馬創造均等的表現機會,展開公平的競爭,情況則大不相同。主管在用人的實踐中,注重開展公平競爭,就會使大家爭先恐後,無不在使出渾身解數,這就是戰爭中能湧現傑出的將帥、體育比賽能出明星的道理。

如將此道理用於員工管理,就不怕不出現優秀的員工。

第 *9* 章

領導者就要這樣去授權

授權是衡量主管用人藝術的重要標誌。當你發現自己忙不過來時，就要考慮自己是否做了些應該由下屬執行的事情。

通過授權可以提高工作績效。聰明的做法是：大權自己掌，小權給下屬。做到權限與權能相適應，權力與責任相結合。

◎事業要做大，切勿事事動手

領導者最忌事事動手，不敢放手用人。事事動手的領導者，或者出於虛榮心理，喜歡處處逞能；或者不相信部下的才能品行，認為離了自己就不行。無論原因何在，這樣是做不成大領導的。凡事都靠自己動手，就算渾身是鐵，又能打幾顆釘？

有一位經理，不敢把工作放手交託給下屬去幹，凡事必躬親處理才感安心。他每天忙得不亦樂乎，團隊業績卻不理想。由於壓力

過大，他不得不去看心理醫生。心理醫生將他帶到一個公墓，指著那些墓碑說：「長眠於此的每一個人，在他們生前，都覺得很多事離了自己就不行。但是，在他們死後，這個世界並沒有變糟，反而變得比以前更好了。」

經理恍然大悟。自此，他大膽將工作交給下屬去做，自己只做分內的事。他的工作因此輕鬆多了，甚至有時間去旅遊勝地度假。一年後，令他驚喜的是，他的團隊取得了比以前好得多的業績。

整天忙於小事的領導者不可能有出息。成功領導者的一個共同特點是，只考慮那些有重大影響的問題，絕不會將時間浪費在應該由下屬來幹的工作上。

傑克·韋爾奇相信「每個人都有無限潛力可挖」，所以，在他任美國通用電氣公司 CEO 時，他敢於將許多重要事情委託給別人去做，而他的任務是尋找合適的經理人員來分擔某些工作。他說：「我主要的工作就是去發掘出一些很棒的想法，擴張它們，並且以光速般的速度將它們擴展到企業的每個角落。我堅信自己的工作是一手拿著水罐，一手帶著化學肥料，讓所有的事情變得枝繁葉茂。」

對於那些「過於勤奮」的人，韋爾奇說：「如果有人告訴我說他一週工作 90 小時，我會說，你大錯特錯了。我週末要去滑雪，星期五要與朋友們一道聚會。你也應該這樣做，否則就做了一筆虧本買賣：把你在 90 個小時內所幹的 20 件工作拿來看看，起碼有 10 件是無用的，或是其他人可以為你幹的。」

傑克·韋爾奇雖然不像有些領導者那麼忘我工作，但他能將通用電氣公司做成全球五百強之首，可見他這種做法具有很大的優越性。

有些領導者認為，具體工作可以交給部下去幹，思考工作卻必須親為。但是，在一個資訊爆炸時代，僅靠老闆一個人承擔思考工作，是遠遠不夠的。必須把大家的智慧集結起來，方能在競爭中成為一股強勢力量。

　　美國杜邦公司是世界上最古老的公司之一，最初它只經營一個品種——黑火藥，他的管理也像那個時代的家族企業一樣，採用家長獨裁制。當外號「亨利將軍」的「杜邦二世」即位後，採用「凱撒式」管理，更是將獨裁發揮到登峰造極的地步。他執掌公司近 40 年，事無巨細，全部親力為之。就連寫業務信件這種小事，也從不借手他人。他一生寫了十余萬封信件，堪稱世界之最。當時公司業務單一，市場也不複雜，加上「亨利將軍」精力異于常人，所以管理起來沒有什麼問題。

　　「亨利將軍」死後，「杜邦三世」沿用他的管理方法，不多久就勞累過度而亡，還有兩位高級主管也相繼累死，管理秩序幾近崩潰，公司差點倒閉。這時，三個杜邦堂兄弟用 2000 萬美元「買下」了杜邦公司，重新改組，引進系統管理方式，成立了一個管理委員會，進行集體決策。後來還形成一個由 27 位董事組成的最高決策機構。

　　公司還擴大了下屬機構的權力，使它們擁有更大的自主性。各下屬機構成為獨立的核算單位，在大政策上執行公司的集體決策，在具體事務方面又有隨機決斷的權力。

　　事實證明，杜邦公司這種集權與分權的管理制度是成功的。時至今日，這家有 200 年歷史的老店仍絲毫不顯老態，經營的品種超過 2000 個，年營業額超過 400 億美元，已發展成為一家巨型跨國

集團公司。

　　領導者不但自己要放棄事事親為的習慣，還要培養乎下的主管人員成為放手型管理者，強調每一位員工的自我領導能力。只有這樣，方能發揮出團隊的最大潛力。

　　中尾是松下電器公司的技術幹將。有一年，松下幸之助把研製小馬達的任務交給中尾負責，中尾又將這一任務委派給佐藤。由於佐藤沒有電機方面的知識，中尾便帶著他一起幹。中尾是個研究迷，起初還記得給佐藤解釋幾句，慢慢地就一聲不吭，進入忘我的狀態。

　　這時，松下來研究部視察，見此情景，便把中尾叫進辦公室，批評道：「你是我最器重的研究人才。可是，你的管理才能令我實在不敢恭維。公司的規模已相當大了，研究課題日益增多，單靠你中尾君，即使一天當 48 小時用，也是無論如何完不成的。作為研究部長，你的最主要職責是製造 10 個、100 個擅長研究的中尾哲二郎！」

　　中尾點點頭。他回到實驗室，見佐藤還站在那裏發愣，就問：「你為什麼不動手？」

　　佐藤恭敬地說：「您不在，我不敢貿然動手。」

　　中尾說：「你是課題組組長，本來就應該你動手！你是我器重的研究人才，放手去幹吧！」

　　佐藤便嘗試著去做。不久，中尾又將一個新進人員派給佐藤做助手，並徹底放手讓他倆去研究。二人把市面上能買到的所有優質小型電機都拿來研究，並打算以此為藍本設計圖紙。

　　這時，中尾適時指點道：「模仿優質馬達，未必就能造出優質

馬達。俗話說,『失敗是成功之母』,看看劣質馬達,也許有好處。」

佐藤二人恍然大悟,立即買來次品馬達進行剖析。這樣就能找到出次品的原因,在設計研製中少走彎路。經過一年多反覆試驗,終於研製出「開放型三相誘導電動機」,並成功地打開了市場。

有一句話說得好:「得人之力者無敵於天下也;得人之智者無畏于聖人也。」領導者的成功之處就在於借助別人的智謀和體力,所以他們能取得非凡的業績。

◎別在工作上大包大攬

有些主管喜歡在工作上大包大攬,希望每件事情都能經過自己的努力獲得圓滿成功,從而得到上司、同事和下屬的認可。這種事事求全的願望雖然是好的,但常常收不到好的效果。

首先,你的精力不允許你這樣做。因為一個人的精力、時間、能力是有限的,就算你每天拼死拼活地去努力,部門內大大小小各個方面總會有照顧不到的地方。何況,如果你總是這樣,天天如此,便會被累垮。

其次,巴掌再大遮不住天。你的下面還有許許多多不同等級的人員,你把所有的事情都做了,那麼,他們又去幹什麼呢?而且,許多人會對你的這種做法滋生意見和不良情緒。他們會感到自己在部門內形同虛設,無所作為,毫無意義;他們對你的專斷獨裁會耿耿於懷,認為你是個權慾薰心、死抓著權力不放的人。遲早有一天,他們會棄你而去,因為在你手下,他們根本找不到施展才能的機會,而碌碌無為、無所事事是最讓人受不了的。

更會有一些松垮成性的下屬，會因為凡事都有你過問或代勞，而養成懶惰、工作消極的毛病。更為重要的是，長期的懈怠會使他們疏於思考，遇到稍微困難的問題就無法解決。部門整體的活力和創造力降低了，失去了生機，極不利於部門的發展。

做好了授權這一步工作後，你再去讓他們激起再下一級人員的潛力，安排適合每個員工擅長的工作。這樣，一級一級依此類推，每個員工都將獲得相對滿意的工作，誰都不會再發牢騷，鬧情緒，整個部門上下都在努力地工作。這豈不是一種既省心又省力的方法嗎？

少做一點兒得不償失的事情，花一些力氣摸摸情況，瞭解每個下級的特點，根據每個人的實際能力，安排適合他們的工作，激起他們的積極性，這樣就能人盡其才。

作為主管死抓著權力不放，不是好事，往往事與願違。適得其反。只有授權，讓每個員工得到相對滿意的工作，才能激起他們的積極性，整個部門和團隊才能朝氣蓬勃、活力四射。授權，豈不是既省心又有力的好方法嗎？

◎事必躬親會削減下屬的工作積極性

　　A 和 B 是某油礦的兩個礦長。A 礦長一直在基層工作，年富力強，熟悉生產，工作作風雷厲風行，處理事務果斷冷靜。時間流逝，A 礦長在單位裏倍受信賴，成為絕對權威，一日不可離開。當然 A 礦長很忙，每天早上上班提前半個小時到單位，瞭解夜班生產情況後，思考一下當天要做的事，不久幾個副職、各部門負責人陸續來訪，彙報工作，有些文件、單據要礦長審閱簽字，還有一些不敢決策的問題等待 A 礦長最後拍板。從上班開始，A 礦長辦公室人流不斷，門口還常有人排隊等候。有時要參加各種會議、學習，要到上級主管那裏彙報工作。即使人不在辦公室，A 礦長的心也時刻牽掛著礦裏的人和事，經常是電話不斷。A 礦長日理萬機，獲得成就感的同時也對下屬很不滿，下屬的無能讓他很惱火也很無奈，感歎沒有一個人做事讓他放心！

　　B 礦長是個聰明而勤奮的主管。首先把礦裏的各項工作授權分配下去，同時為了防止個別人牟取私利，所有工作根據其特點在橫縱方向上各有把守。例如，成本費用的管理，生產總成本由主管副礦長掌握，層層分解到各採油小隊，每個小隊長掌控本隊的總成本，全礦的單項材料費用又設立專門的材料員控制，在這樣的網路中，每個點都處於其他點的約束中，也對其他點產生約束力，形成了「人人有權力，人人說了不算」的有效制衡的局勢。因為每個人都處於其他人的監控之下，有困難不是找礦長解決，而是要獲得相關人員的認可。例如由於不可抗拒的原因造成成本超支，要增加預

算,先要在各小隊長、材料員、副礦長等人面前公開提出,沒有站住腳的理由是越不過這道防線的。因此,該礦的各級幹部都能夠把精力放在做好本職工作上,兢兢業業,不敢偷懶。

B礦長經常外出學習,用很多的時間思考管理企業的辦法,推行企業文化,讓員工對企業產生認同感;實行知識管理,明確員工的崗位責任;同時激發員工的創造性,鼓勵員工搞節約成本、提高效率的發明和創新;完善各項制度,檢查、考核、激勵、堵塞管理上的漏洞。B礦長認為員工才是直接創造利潤的生產力要素,因此,學習以外,B礦長用較多的時間與員工溝通,瞭解員工,關心員工,使員工感到被重視,工作起來更賣力氣了。

類似A礦長的例子並不少見。應該說A礦長是個敬業而能幹的主管,他從採油工、技術員、工程師、生產副礦長一路幹上來,出色地完成了工作,一直是個稱職的工人、稱職的幹部。

但是,A礦長不是一個會幹的主管,嚴格來講也不是一個稱職的主管。主管是什麼?主管是一個團隊的核心,主管的職責是發揮好下屬的能力,指揮整個團隊有序、高效工作。一個人的能力總是有限的,A礦長在工作中往往是「眉毛鬍子一把抓」,「按倒了葫蘆又起了瓢」。而下屬諸事請示彙報,不敢決策,久而久之,基層部門經常越級報告,整個單位看起來管理嚴格,實則秩序混亂。

B礦長的做法無疑是成功的,也是值得主管學習和借鑑的。首先通過互相牽制保證了授權制度的成功,其次通過完善制度的方式擺脫了「人治」。做到這兩點,B礦長基本上成了「閒人」,不必憂心有人怠忽職守和濫用職權,從而有精力思考其他重要的事情,例如,企業的文化建設、知識管理,把員工的剩餘精力吸引到創新增

效上來，提高了團隊整體的戰鬥力。

　　主管親歷親為，不僅造成工作效率低下，還會打擊下屬的工作熱情，甚至造成人才流失。古人說：「自為則不能任賢，不能任賢則群賢皆散。」主管事必躬親，是對下屬工作的不信任。主管不肯放權，下屬在工作中感覺自己的價值不被承認，最終導致人才流失。這是一個悲劇——有過於能幹的主管，導致有才能的下屬流失，剩下的是一群不願使用大腦的庸才，整個團隊的戰鬥力可想而知了。

心得欄

_____
_____
_____
_____
_____
_____

◎「賢君」的定義

在知識爆炸的今天，面臨激烈的市場競爭和瞬息萬變的市場環境，僅靠主管個人的能力怎能使企業立於不敗之地？因此，主管本身不一定是能幹的人，而必須是一個讓別人「能幹」的人。主管不可能把工作中的所有的細節都設計好，執行任務時要給下屬提供一個創造的空間。這樣的主管我們尊稱為「賢君」，他具有人格魅力，具有凝聚力和親和力，如劉備一般籠絡一群能人忠心耿耿地為其效力。

孔子的學生子賤有一次奉命擔任某地方的官吏。當他到任以後，卻時常彈琴自娛，不管政事，可是他所管轄的地方卻治理得井井有條，民興業旺。這使那位卸任的官吏百思不得其解，因為他每天即使起早摸黑，從早忙到晚，也沒有把地方治好。於是他請教子賤：「為什麼你能治理得這麼好？」子賤回答說：「你只靠自己的力量去進行，所以十分辛苦；而我卻是借助別人的力量來完成。」

現代企業的主管，喜歡把一切事都攬在身上，事必躬親，管這管那，從來不放心把一件事交給手下人去做，這樣，使得他整天忙忙碌碌不說，還會被公司的大小事務搞得焦頭爛額。

其實，一個聰明的主管，應該是像子賤那樣，正確地利用部屬的力量，發揮團隊協作精神，不僅能使團隊很快成熟起來，同時，也能減輕主管的負擔。

一個優秀的管理人員，不在於你多麼會做具體的事務，因為一個人的力量畢竟是有限的，只有發動集體的力量才能戰無不勝，攻

無不克。管理人士尤其要注重加強培養自己駕馭人才的能力，知人善任，瞭解什麼時候、什麼力量是自己可以利用以助自己取得成功的。

◎授權要從信任開始

授權之後就要放手讓下屬在職權範圍內獨立地處理問題，使他們有職有權，創造性地開展工作。

有一家公司，員工們領著一份不算豐厚、但也說得過去的薪水，做著不很輕鬆、但也沒什麼壓力的工作，一切都平平淡淡，員工們也似乎並沒有什麼期望，也不想現狀有什麼改變或做一些什麼更有意義的事情。但這家公司最近換了一位新的主管，公司開始發生變化了。

一天，新來的主管召集員工們開會，他向大家宣佈：公司將採取某種改變，公司以前並沒有給予大家充分的信任與空間，而現在就是要改變這種狀況。公司相信每一位員工都有獨立完成工作的願望和能力，而不是接受一個十分具體的任務。

員工們清清楚楚地聽見了主管的每一句話，儘管他們表面上還是那麼無動於衷，但內心的激蕩澎湃卻難以掩飾。但是，他們仍在猶豫：真的會這樣嗎？

此後，主管在向他們分派工作時，不再說「只要照著我告訴你的話去做就可以了，而是在告訴他們「事情是什麼」之後就不再過問，只是約定每兩週的週五下午，員工團隊的負責人應該來談一下事情的發展。

一開始，員工們並不敢按自己的意圖去做，因為以前不是這樣的，他們甚至感到有些手足無措。

最初的幾次，員工們猶猶豫豫地敲開主管辦公室的門，就一件工作的細節問題向主管請示，主管總是微笑著說：「我相信你自己能解決它，做出最好的選擇。」「讓你的工作小組來討論決定吧，相信大家能得出完美的結果。」

員工走出主管辦公室的門時，內心有一種激動，他們感受到了信任，而這種感覺無疑讓人產生動力；也感受到了挑戰，這讓他們有一種衝動，要把這件工作做到最好，來回報主管的這份信任。這時，員工們才發現，長期以來在公司裏，他們總是感覺少了些什麼，以前，他們並不知道到底少了什麼，而現在他們找到了，那就是：信任。而在此之前，他們隱隱約約一直在渴望的，也正是這樣一種感覺。

對於高明的授權者來說，這無疑是第一要訣。對你來說，你要真正從內心相信員工們是能做好這件事的，你要把整個事情託付給對方，同時交付足夠的權力讓他們做必要的決定。

授權又附有控制往往是自我失敗，因為這會揭露你的「信任」只是表面的，這會傷害下屬的尊嚴，傷害他們的感情。例如，如果你要下屬去印一本小冊子，你就不必再交代一些有關形式、封面，以及附圖說明等的詳細意見，而讓他自己去選擇，相信他會把工作做得很好，而他也會感激你的信任。

經營之神松下幸之助說過：「最成功的統馭管理是讓人樂於拼命而無怨無悔。」

這顯然不是靠科層制，不是靠強制，而只能靠信任。

柯維對於「充分信任型的授權」作過精彩的描述：充分信任型的授權，才是有效的管理之道。這種方式注重的是結果，不是過程。獲授權者可自行決定如何完成任務，並對結果負責。

　　充分信任型授權必須雙方對以下事項達成默契與共識：

　　預期的成果：管理與被管理的雙方須對預期的結果與時限進行溝通，寧可多花時間討論，確定彼此認知無誤。討論重點在成果，不在手段。

　　應遵守的規範：授權有一定的限度，所以必須加以規範，但切忌太多，以免掣肘。然而也不可過度放任，以免違背了原則，對可能出現的難題與障礙，應事先告知對方，避免無謂的摸索。

　　可用的資源：確定對方可用之人力、物力、財務、技術或其他資源。

　　責任的歸屬：約定考評的標準及次數。

　　明確的獎懲：依據考評結果訂立賞罰，包括金錢報酬、精神獎勵與職務調整等等。

◎合理地授予下屬相應的權力

　　主管合理授權，有助於鍛鍊和提高下屬的才幹，提升領導體系的整體水準，從而提升工作效率。

　　合理授權可以使下屬獲得實踐機會並提高業務技能。隨著下屬在實踐中學得更多的知識，主管可根據工作需要授予他們更多的權力和責任。應該說，主管要下屬擔當一定的職責，就要授予他相應的權力。

　　北歐航空公司董事長卡爾松大刀闊斧地改革北歐航空系統的陳規陋習，就是依靠合理的授權，給下屬充分的信任和活動自由而進行的。

　　因公司航班誤點不斷引起旅客投訴，卡爾松下決心要把北歐航空公司變成歐洲最準時的航空公司，但他想不出該怎麼下手。卡爾松到處尋找，看到底由那些人來負責處理此事，最後他找到了公司運營部經理雷諾。

　　卡爾松對雷諾說：「我們怎樣才能成為歐洲最準時的航空公司？你能不能替我找到答案？過幾個星期來見我，看看我們能不能達到這個目標。」

　　幾個星期後，雷諾約見卡爾松。

　　卡爾松問他：「怎麼樣？可不可以做到？」

　　雷諾回答：「可以，不過大概要花 6 個月時間，還可能花掉 160 萬美元。」

　　卡爾松插話說：「太好了，這件事由你全權負責，明天的董事

會上我將正式公佈。」

大約 4 個半月後，雷諾請卡爾松去看他們幾個月來的成績。

各種數據顯示在航班準點方面北歐航空公司已成為歐洲第一。但這不是雷諾請卡爾松來的唯一原因，更重要的是他們還省下了 160 萬美元中的 50 萬美元。

卡爾松事後說：「如果我先是對他說，『好，現在交給你一個任務，我要你使我們公司成為歐洲最準時的航空公司，現在我給你 200 萬美元，你要這麼這麼做。』結果怎樣，你們一定也可以預想到。他一定會在 6 個月以後回來對我說：『我們已經照你所說的做了，而且也取得了一定的進展，不過離目標還有一段距離，也許還需花 90 天時間才能做好，而且還要 100 萬美元經費。』可是這一次這種拖拖拉拉的事情卻沒有發生。他要這個數目，我就照他要的給，他順順利利地就把工作做完了，也辦好了。」

敢不敢授權，是衡量一個主管用人藝術高低的重要標誌。如果主管對下屬不放權，或放權之後又常常橫加干預、措手畫腳，必然造成管理混亂。另一方面，下屬因未獲得必要信任，也會失去積極性。而合理授權則有利於增強下屬的積極性和創造性。

合理地給下屬權力，不僅有利於增強下屬的積極性和創造性，而且還能大大提高主管本身和團隊的工作效率。這是主管管理的技巧，也是一種藝術。

◎學習孫子「將能而君不禦」的授權之道

授權之後要給下屬以充分信任，不要動輒掣肘、動輒指手劃腳，才能讓下屬放開手腳，發揮出全部才智和能量。

「將能而君不禦者勝」，出自《孫子‧謀攻篇》。意思是：將有指揮才能，而國君不加干預將的行動，保證將的才能充分發揮，就會取得戰爭的勝利。近些年許多從事經濟領導工作的幹部也都潛心研究起「兵法」來了，原因就在於這些軍事管理思想對其他管理工作具有同樣的指導作用。

企業的主要主管，擔子是十分繁重的，一切事情如果都由自己親自去管，縱有三頭六臂也是難以勝任的。因此，向下級有序、有原則、合理地授權，也就成了主管主要的領導工作之一。

有效的授權不但是高超領導藝術的體現，也是授權自身價值的體現和要求。主管授權了的事，就由被授權者做主好了，即使是重大的決策，如果被授權者有能力處理，上級也不要干涉，這反而更有利於事情的解決和事業的成功。

這類典型的事例在《清史》中有段記載：「三藩之亂」時，佔據台灣的鄭經也渡過海峽，佔領了泉州、漳州等地。消息傳來，康熙皇帝率諸皇子正在暢春園練射箭。聞報，康熙無動於衷。戰報接二連三傳來，台州也失陷了。皇子和大臣們都急切地等待皇上降旨，可康熙仍一心射箭。當回宮以後，面對眾人的惶惑不解，康熙方說出一番道理：福建離京數千里之遙，消息傳報費時，而且我不太瞭解情況，聖旨一下，前方督撫不遵旨不行，遵旨便難免誤事，

倒不如讓他們自己相機行事。

康熙皇帝所採取的態度，就是充分授權。這是我們現在有些幹部還不如前人的地方。我們有些人總覺得下級人員不如自己，總是不放心下邊的事，自己也要去管，去做主，結果是自己辛辛苦苦，反而弄得下級無可適從，束縛了他們的手腳，影響了他們的積極性。

為了有效地授權，我們的主管不妨借鑑一些有益的例證。

孫子在論述兵法取勝之道時說：「將能而君不禦者勝。」意思是說，將帥有才能而國君又不加以牽制的，就會取得勝利。孫子的話包含著深刻的授權思想。

授權不是主管用來推卸責任的擋箭牌，主管在授權時，必須徹底。但對於授權後下屬所做的一切事情，仍然要承擔起責任，這才是授權的真諦。在組織結構中，授權常被人誤用。許多主管雖然天天喊授權，但授權總是不夠徹底，許多事情雖然授權給下屬，還是時時盯在屁股後面橫加干涉，還美其名曰「監督、指導」，這種不徹底的授權常會抑制下級的權力和積極性，從而導致效率低下。

豐田公司為了加強新產品的開發，設置了「首席工程師」這一職位，並授予其充分的權力。首席工程師除有權決定新型號汽車的設計外，還負責全盤考慮新車的市場前景，統籌生產各個環節，選擇零件供應商，洽談銷售業務，對於可能影響未來車型的各種問題，及時加以解決，使產品適銷對路。豐田公司自實施首席工程師制度以來，新車型從概念變為商品只需不到四年時間，而美國則要五年多，德國更需七年之久。

作為主管，應該做到「將能而君不禦」，即分配下屬任務後，同時給他們相應的權力，沒有權力，就是巧婦難為無米之炊。在授

權後，牽制他們，使他們各司其職，這樣才能使企業興旺發達起來。

◎別讓被授權人把你架空

對於主管而言，所謂權力的失控有兩重含義：一是權力授出後，主管對下屬沒有約束力、控制權了；二是下屬在擁有權力以後，不把主管放在眼裏，不聽命於主管，甚至出現了侵犯主管職權的現象——即越權。下屬越權主要有以下現象。

(1)先斬後奏。把本不該自己決定的事決定了，然後彙報，迫使主管就範，認為反正木已成舟。

(2)斬也不奏。封鎖消息，自己說了算。

(3)片面反映情況。設好圈子，讓主管鑽，出了問題，責任由主管承擔。這是一種巧妙的越權術，當然也是一種心術不正的越權術。

(4)向主管的上級稟報請示，或向多個主管請示，即多頭請示。利用其他主管瞭解下層情況及獲取資訊的遲滯性，取得間接主管的支持，以「尚方寶劍」迫使直接主管就範。

越權就是架空主管，那些本屬主管的職權範圍的權責，下屬設法以某種手段行使了，而下屬又不具備領導的職務，因此他不能負責。所以，越權的危害是非常明顯的。

越權既損害了直接主管的威信，又容易使工作脫離既定軌道，產生失誤。

如果不對越權現象加以控制，就會出現混亂的局面。成功的主管是如何防止授權的失控、失衡呢？

(1)成功的主管對下屬的授權一般都能做到掌控有度。他們認

為：把握控制權，首先要對下屬選得準，選人得當才能委託權力。其次是要把握調整權，當發現下屬素質差、經常越權，或發現下屬已背離工作目標、原則，給工作帶來損失時，雖不能做到立即免職，也要做到立即指出，嚴肅批評，並削弱其權力，調整其授權，做到能放權能收權。再次是要嚴格控制權限範圍，除特殊情況外，一般不准越權，不准先斬後奏，更不允許有「斬也不奏」的行為。

(2)成功的主管十分注重把握監督環節。防止權力失控的關鍵在於監督。監督可防止被下屬牽著鼻子走。權力授出後，職業經理人的具體事務減少了，但指導、檢查、督促的使命卻相對增加了。主管要密切關注下屬的工作動向、狀況及資訊，及時發現問題、解決問題，克服情況不明等官僚主義傾向；但不能到處指手畫腳。下屬也有義務和責任向主管彙報工作情況，不能把主管的監督、管理視為干預。因為「多一個人的智慧就多一分力量」，何況主管把握全局，心中有各種典型經驗，而這些經驗對下屬的指導作用往往是舉足輕重的。

(3)成功的主管授權不能失衡。就是說，在自己領導的組織系統內，對多個下屬授權，權力要分佈合理，不能畸輕畸重。如果對某個下屬授權較多，則必須考慮他的威望及能力，是否能為其他下屬所接受。無根據的偏重授權，以個人感情搞親疏授權，是不可取的。

授權應是單向的，即由上至下。要防止出現逆向，即下屬越權的現象。

◎別讓被授權人反牽你的「牛鼻子」

主管在授權過程中以及授權以後，都應該注意防止「反授權」。

所謂反授權，就是指下屬把自己所擁有的責任和權利授給主管，即把自己職權範圍的工作問題、矛盾推給主管，「授權」主管為自己工作。這樣，便使理應授權的主管反被下屬牽著鼻子走，處理一些本應由下屬處理的問題，使主管在某種程度和某些方面「淪落」為下屬的下屬。

對此，如果不提高警惕，不僅使領導工作被動，忙於應付下屬請示、彙報，而且還會養成下屬的依賴心理，從而使上下級都可能失職。

「反授權」現象的出現，其原因無非兩大類：一是主管方面的原因；二是下屬方面的原因。

來自主管方面的原因主要有：

(1)主管不善於授權，缺乏授權的經驗和氣度，毫無「宰相肚裏能撐船」的風範。

(2)寧肯自己多幹也不願意授權給下屬；對下屬不夠信任，非得親自動手心裏才踏實；擔心大權旁落，自己被「架空」。

(3)少數主管官僚主義嚴重，喜歡攬權，搞個人主義，使得下屬無相應的決策權，因而不得不事事向主管請示彙報。

(4)對「反授權」來者不拒。權力授出後還事必躬親，大事小事都要過問。一些怕擔風險、能力平庸的下屬，特別是一些善於投機、溜鬚拍馬者，喜歡事無巨細都向主管請示、彙報，以顯示對主管的

尊重。

　　來自下屬方面的原因主要有：

　　(1)某些下屬不求有功，但求無過。

　　(2)缺乏應有的自信心和必要的工作能力。

　　(3)思想素質差，只求謀官，不想幹事；只想討好主管，不願自冒風險；害怕承擔風險，喜歡矛盾上交；認為做不好責任也在上面，自己可以當「太平官」。

　　下面是一個防止「反授權」的例子：美國山達鐵路公司年輕的技術室主任史特萊，雖自己努力工作，但不知怎樣去支配別人工作。一次，他被指派主持設計某項建築工程。他率領三個下屬，至一低窪地方測量水的深淺，以便知道經過多深的水，才可以建築堅固的石基。

　　當時史特萊才 20 歲出頭，資歷尚淺，雖已有好幾年時間為各鐵路測量隊或工程隊服務的經驗，但獨當一面指揮別人工作，尚屬第一次。

　　他極想為三個下屬做出表率，以增進工作效率，在最短的時間內完成工作，所以開始的三天，他埋頭工作並以為別人一定會學他的樣子，大家共同努力。誰知這三個下屬世故甚深，狡猾成性。他們見年輕的主管這麼努力，以為他少不更事，便假意恭順，奉承史特萊的工作做得好，而自己卻袖手旁觀，幾乎什麼事也不幹。結果工作進展得很不順利，難以達到史特萊的期望。史特萊此刻腦子還算清醒，他思索了一晚，發覺自己措施失當，知道自己若將工作完全攬在身上，他們則無事可做。第四天工作時，史特萊便改正以前的錯誤，專力於指揮監督，不再事必躬親，工作效率果然大有改觀。

身為主管，必須注意防止「反授權」，才能成為一名成功的主管。

◎授權後的控制

領導者明責授權之後，主要職責就是進行有效的控制。

1.牢牢掌握總目標

授權的全部目的，就在於激勵下屬為實現總目標而分擔更多的責任。

現代的組織，無論是企業、事業、商店、學校、機關、團體以及軍事單位，都是一個多因素多層次的有機整體，整體與局部、整體與環境、局部與局部有著密切的聯繫，任何局部出現偏差都會妨礙整體領導目標的實現。主管的根本任務是保證整體領導目標的實現。因此，授權以後，主管就要把精力主要放在議大事、抓全局上，時時綜觀全局的各個過程，及時掌握變化中的新情況，發現領導決策和執行中出現的偏差、矛盾和問題，並對可能出現的偏離目標的局部現象進行協調、糾正。

2.做到放手不撒手

主管的授權，是讓下屬分擔責任，要放手讓他們對各自職權範圍內的事進行決策和處理，只有當下屬之間不協調或發生矛盾時，主管才出面解決。但授權不是讓權，主管授權以後照樣負有全部責任，不能任其自流。如果主管授權是圖省事，享清閒，那就錯了。主管在其位，就要謀其政，行其權，負其責。

3.對下屬應多引導

　　下屬有了職權之後，計劃如何制定，工作如何安排，任務如何完成，派誰去完成，這些都是他們分內的事情，授權者不要再去過問。主管要過問的是下屬的目標能否如期或提前實現。主管要善於發揮導向作用，根據形勢的發展，為下屬提供切合實際的觀點、方法和措施。要多協商，少強制；多發問，少命令。主管不要強迫下屬做力所不能及的事情，大力支持其工作。當他們在工作中出現失誤時，主管應善意地加以引導和啟發，幫助其改正，決不能妄加指責。如果發現下屬的工作確實有嚴重問題，確實不能履行其職責，主管就要馬上採取措施，或派人接管，或把權力收回。

心得欄 ------------------------------

◎不但放權，還要放膽

作為上司，應該具有容人之量。既然把任務交代給了下屬，就要充分相信下屬，放權放膽讓其有施展才能的機會，只有這樣，才能人盡其才。

古代有一則故事，說的是一位大將軍帶兵征討外虜，得勝回朝後，君主並沒有賞賜很多金銀財寶，只是交給大將軍一隻盒子。大將軍原以為是非常值錢的珠寶，可回家打開一看，原來是許多大臣寫給皇帝的奏章與信件。再一閱讀內容，大將軍明白了。

原來大將軍在率兵出征期間，國內有許多仇家便誣告他擁兵自重，企圖造反。戰爭期間，大將軍與敵軍相持不下，國君曾下令退軍，可是大將軍並未從命，而是堅持戰鬥，終於大獲全勝。在這期間，各種攻擊大將軍的奏章更是如雪片飛來，可是君王不為所動，將所有的奏章束之高閣，等大將軍回師，一齊交給了他。大將軍深受感動，他明白：君王的信任，是比任何財寶都要貴重百倍的。

這位令後人扼腕稱讚的君王，便是戰國時期的魏文侯，那位大將軍則是魏國名將樂羊。

這樣的事，在東漢初年又依樣畫葫蘆似的重演了一次。馮異是劉秀手下的一員戰將，他不僅英勇善戰，而且忠心耿耿，品德高尚。當劉秀轉戰河北時，屢遭困厄，一次行軍在饒陽滹沱河一帶，彈盡糧絕，饑寒交迫，是馮異送上僅有的豆粥麥飯，才使劉秀擺脫困境，還是他首先建議劉秀稱帝的。他治軍有方，為人謙遜，每當諸位將領相聚，各自誇耀功勞時，他總是一人獨避大樹之下，因此，人們

稱他為「大樹將軍」。

馮異長期轉戰於河北、關中，甚得民心，成為劉秀政權的西北屏障。這自然引起了同僚的妒忌，一個名叫宋嵩的使臣，四次上書，詆毀馮異，說他控制關中，擅殺官吏，威權至重，百姓歸心，都稱他為「咸陽王」。

馮異對自己久握兵權，遠離朝廷，也不大自安，擔心被劉秀猜忌，於是一再上書，請求回到洛陽。劉秀對馮異的確也不大放心，可西北地方卻又少不了馮異這樣一個人。為了解除馮異的顧慮，劉秀便把宋嵩告發的密信送給馮異。這一招的確高明，既可解釋為對馮異深信不疑，又暗示了朝廷早有戒備。恩威並施，使馮異連忙上書自陳忠心。劉秀這才回書道：「將軍之於我，從公義講是君臣，從私恩上講如父子，我還會對你猜忌嗎？你又何必擔心呢？」

像樂羊、馮異這樣位高權重的大臣，是國君懷疑的重點人物，然而他們對誣告信的處理，使下屬能安心作戰，又能注意不越權，實在是一箭雙雕。

管理者在平時的工作中，應不時表示你會珍惜別人為取得佳績而作出的努力。要知道，信任是逐漸培養的，對員工的充分信任會給你帶來一筆寶貴的財富。

◎主管要放權任人

美國管理家史蒂文‧希朗說，一個成功的老闆應該懂得「一個人權力的應用在於讓其他人擁有權力」。可見，主管學會放權任人也有極重要的意義，如果主管事必躬親，權無大小全都由自己一人掌握，恐怕即使是三頭六臂也應付不過來。

我國古代的許多主管就懂得放權任人。唐玄宗李隆基就是其中一位。他在即位初期，任用姚崇、宋璟等名將名相，其中就很講究用人之道。有一次，姚崇就一些低級官員的任免問題向唐玄宗請示，連問了三次，唐玄宗都不予理睬。姚崇以為自己辦錯了事情，慌忙退了出去。正巧高力士在旁邊，勸李隆基道：「陛下繼位不久，天下事情都由陛下決定。大臣奏事，妥與不妥都應表明態度，怎麼連理都不理呢？」

唐玄宗說：「我任崇為政，大事吾當與決，重用郎使，崇顧不能而重煩我邪？」表面上看，玄宗是在批評姚崇拿小事麻煩他，實際上是放權姚崇，讓他敢於做事。後來姚崇聽了高力士的傳達，就放手辦理事情了。史載，姚崇「由是進賢退不肖而天下治」。正是因為唐玄宗敢於放權用人，使各級官吏都能充分發揮自己的才能，歷史上才出現了著名的「開元盛世」。

現代經濟更要求企業主管放權任人。勞勃‧蓋爾文1964年繼承父業，擔任蒙多羅娜公司的董事長。他掌管公司以後，將權力與責任分散，以維持員工的進取心，蒙多羅娜公司從而競爭力大增，業務突飛猛進。蓋爾文說：「公司愈大，員工愈渴望分享到公司的

權力,在比較大一點的公司,每一個人顯然都希望能感覺到自己就是老闆,因此,我們現在要做的,正是要把整個公司分成很多獨立作戰的團隊,因為只有這樣,能夠使大部份人都分享到蓋爾文家族新擁有的權力和責任。」事實證明,蓋爾文放權策略是成功的。

放權任人,不僅能夠減輕主管自己的工作壓力,更重要的是,能夠增強員工的責任感和積極性,極大地促進企業的發展。因此,主管在任用人員時要敢於放權,而不要搞權力專制。當然,在放權過程中要把握好「度」,要知道「過猶不及」,「物極必反」。權力的集中與分散是相輔相成,相互制約的,絕對的集中和絕對的分散都會走向失敗。總之,主管在放權時,能放也要能收,要做到收放自如。

既然任人不可以隨意而為,就得講究謀略和藝術。例如,主管要任用一個性格剛直異常的人才,這個人特別難以馴服,主管該怎麼辦呢?一些主管可能意氣用事,認為該人「敢太歲頭上動土」,將其掃地出門。這樣做恰好是主管的失敗。因為自己失去了一個人才。另一些主管可能心想:「你硬,我比你更硬,看到底誰硬吧!」於是對該人動不動就大發雷霆,嚴加指責,結果弄得關係惡化,無法共處。這兩種途徑都無法達到預期的目的。主管為何不想一想、試一試「以柔克剛」的方法,對其曉之以理,待之以禮,動之以情,這樣縱是鐵石心腸,也能被感化,更何況「人非草木」呢?「以柔克剛」就是任人藝術之一。成功的主管在任人時都非常講究這種領導藝術。

◎放手讓下屬去幹，才能激起其積極性

《呂氏春秋》記載，孔子的弟子子齊，奉魯國君主之命要到父去做地方官。但是，子齊擔心魯君聽信小人讒言，從上面干預，使自己難以放開手腳工作，充分行使職權，發揮才幹。於是，在臨行前，主動要求魯君派兩個身邊近臣隨他一起去父上任。

到任後，子齊命令那兩個近臣寫報告，他自己卻在旁邊不時去搖動二人的胳膊肘，攪他們的亂，使得整個字體寫得不工整。於是，子齊就對他們發火，二人又惱又怕，請求回去。

二人走了之後，向魯君抱怨無法為子齊做事。魯君問為什麼，二人說：「他叫我們寫字，又不停地搖晃我們的胳膊。字寫壞了，他卻怪罪我們，大發雷霆。我們沒法再幹下去了，只好回來。」

魯君聽後長歎道：「這是子齊勸誡我不要擾亂他的正常工作，使他無法施展聰明才幹呀。」於是，魯君就派他最信任的人到父對子齊傳達他的旨意：從今以後，凡是有利於父的事，你就自決自為吧。五年以後，再向我報告要點。子齊鄭重受命，從此得以正常行使職權，發揮才幹，父得到了良好的治理。這就是著名的「掣肘」典故。後來，孔子聽說此事，贊許道：「此魯君之賢也。」

古今道理一樣。主管在用人時，婁做到既然給了下屬職務，就應該同時給予與其職務相稱的權力，不能大搞「扶上馬，不撒韁」，處處干預，只給職位不給權力。

在這方面做得最出色的是齊桓公的「凡事問管仲」。

有一次，晉國派使者晉見齊桓公，負責接待的官員向齊桓公請

示接待的規格。

齊桓公只說了一句話:「問管仲。」

接著,又來一位官員向齊桓公請示政務,他還是那句話:「問管仲。」

在一旁侍候的人看到這種情形,笑著說:「凡事都去問管仲,照這麼看來,當君主蠻輕鬆的嗎?」

齊桓公說:「像你這樣的小人物懂什麼呢?當君主的辛辛苦苦網羅人才,就是為了運用人才。如果凡事都由君主一個人親自去做,一則不可能做得了,再則就糟蹋了苦心找來的人才了。」

「我花那麼多的心血找到的人才,」齊桓公接著說,「讓管仲當我的臣下。既然交付給他處理,齊國就安泰,我就不應該隨便插手。」

網羅人才是一件很辛苦又費力的事,得到真正的人才不易。一旦得到賢良而忠心的人才輔佐,國家就會興旺安泰。要放手讓人才去發揮自己的才幹,身為主管,就不要隨便插手干預。正是因為齊桓公的賢明,再加上管仲的大力輔佐,不久之後,齊國就躍居春秋五霸之首。

無論是魯君,還是齊桓公,他們的話都很值得細細品味。主管用人只給職不給權,事無巨細都由自己定調、拍板,實際上是對下屬的不尊重、不信任。這樣,不僅使下屬失去獨立負責的責任心,還會嚴重挫傷他們的積極性,難以使其盡職盡力,到頭來工作搞不好的責任還得由主管來承擔。

所以,放手讓你的下屬去施展才華吧,只有當他確實違背了工作的主旨時,你再出手干預,將他引上正軌。只有將下屬的積極性

全部激起來，你的事業才能迅速地獲得成功。

◎激起下屬的好鬥心，才能使他有更大的決心

「間之以是非而觀其志」，這是諸葛亮提出的瞭解、識別人的方法之一。瞭解、識別人的方法很多，採用通過撥弄是非、挑撥離間來瞭解其立場。這種方法與我們平常所說的無事生非，無中生有，在張三面前說李四的不是，在李四的面前說張三的不是一樣，這是一種激將法。什麼是激將法？簡單地說，就是從心理學角度出發，用反面的話激勵別人，使之決心做什麼事的一種語言表達方式。

一般來說，激將法有如下幾種：

1.「明激法」

就是針對對方的心理狀態，直截了當給以貶低，用否定的語言刺激，刺痛之、激怒之，使之「跳起來」，從這激將的過程來觀察識別對象的真正的志氣和志向。

《三國演義》中，周瑜企圖假借曹操之手殺掉孔明的時候，孔明採用激將法，揭穿周瑜的詭計。當孔明欣然同意接受斷曹操糧草命令時，對魯肅說：「吾水戰、步戰、馬戰、車戰各盡其妙，何愁功績不成，非比江東、公與周郎輩止一能。公等於陸地能伏路把關，周公瑾但堪水戰，不能陸戰。」魯肅將此言告知周瑜，周瑜憤怒地說：「何欺我不能陸戰耶！不用他去，我自引一萬馬軍，往聚鐵山斷糧道。」肅又將此言告知孔明，孔明將問題挑明，並從抗曹大局出發，笑對魯肅說：」公瑾令我斷糧道，實欲使曹操殺我耳。」這時孔明正是利用周瑜的自尊心，好勝心強，不甘落後的虛榮心，故

意誇耀自己，貶低周瑜，從而達到自己的目的。

2.「暗激法」

就是不就事論事，而採取隱晦、旁敲側擊的方法去激勵下屬、刺激下屬。有一次，查理斯‧史考勃手下的一名工廠經理來向他討教，因為他的員工一直無法完成他們分內的工作。

「像你這樣能幹的人，」史考勃問，「怎麼會無法使工廠員工發揮工作效率？」

「我不知道，」那人回答，「我向那些人說盡好話，我在後面推他們一把，我又發誓又詛咒的，我也曾威脅要把他們開除，但一點效果也沒有。他們還是無法達到預定的生產效率。」

當時日班已經結束，夜班正要開始。

「給我一根粉筆，」史考勃說。然後，他轉身面對最靠近他的一名工人，問道：「你們這一班今天製造了幾部暖氣機？」

「6 部。」

史考勃不說一句話，在地板上用粉筆寫下一個大大的阿拉伯數字：「6」，然後走開。

夜班工人進來時，他們看到了那個「6」字，就問這是什麼意思。

「大老闆今天到這兒來了，」那位日班工人說，「他問製造了幾部暖氣機，我們說 6 部。他就把它寫在地板上。」

第二天早上，史考伯又來到工廠。夜班工人已把「6」擦掉，寫上一個更大的「7」。

日班工人早上來上班時，當然看到了那個很大的「7」字。

原來夜班工人認為他們比日班工人強，他們當然要向夜班工人

挑戰。他們加緊工作，那晚他們下班之後，留下一個頗具威脅性的大「10」字。情況顯然逐漸好轉。

不久之後，這家產量一直落後的工廠，終於比其他的工廠生產得更多。

原因何在？讓史考勃用他自己的話來說明就是，要使工作能圓滿完成，就必須激起競爭，指的並非是賺錢的卑鄙手段，而是激起超越他人的慾望。

超越他人的慾望！挑戰！是振奮人們精神的一項絕對可靠的方法。

3.「自激法」

就是一味地褒揚對方光榮的過去的狀態而不提及其現在，無形中就否定了下屬現在的工作，從而激勵起對方改變現狀的決心。

4.「導激法」

激將法不能只採取簡單的否定或貶低，而要「貶中有導」，既能激勵他的意志，又要指明奮鬥方向。

在識人過程中，採用「間之以是非而觀其志」，要注意分寸。「反話」容易使人洩氣。所以，採用這一識人方法時出發點一定要正確。不是為了整人去挑撥是非，而是為了選用合適的人才，用是變非、變非為是來探明被考察者的志向變化，觀其在是非曲折中能否承受這樣的考驗。如果受了一點委屈，被誤解就破罐子破摔，這樣的人是成不了大才的。應該有大將風度，不管風吹浪打，勝似閒庭信步。

◎切忌角色錯位，越俎代庖

其實領導過程就是一場戲，主管是這出戲的導演者，而部下及其他工作人員就是演員。

角色錯位的意思是導演親自當上了演員，而且試圖扮演每一個角色，如果真的出了這種事，我們常斥之為荒謬，可是現實生活中，領導過程中確實有類似的情況發生。

主管為下屬佈置完任務後，千叮嚀萬囑咐不能幹砸了，屬下還沒有開始做這件事他便開始來檢查了，名為檢查，實為真幹；明為指導，實為越俎代庖，具體指點著下屬的每一步，就像操縱一台機器一樣，結果自己指揮過分，吃力不討好。

為避免這種情況發生，向下屬下達任務時，只要交代清楚任務和要達到的目標就行了，至於如何去完成可以不作交代，留給下屬一個思考的空間，培養他們的主動性與創造性。如果把什麼都講得一清二楚，萬一發生差錯，你就要承擔全部責任，久而久之，部屬將喪失責任感。有很多主管就曾深有感觸地說，往往一些事情交代得越具體，完成得越一般，而如果僅是指個方向，點到為止，卻可以收到出乎意料的效果。

主管與一般人員的角色分配要明細，對下屬的引導和培養要注意方法，對下屬過分的操縱實際上是對他工作能力的懷疑，喪失自尊心的部屬將會同樣喪失工作的激情。使部下失去工作熱情的主管是最糟糕的主管，名義上是他指揮著下屬做事，實際上是他自己在做事，只是用了下屬這台機器罷了。

第 *10* 章

領導者就要這樣建設團隊

「我的成功，10％是靠我個人旺盛無比的進取心，而 90％全仗著我擁有的那隻強有力的團隊。」單打獨鬥的個人英雄主義時代已經結束；合作就是力量，講究團隊默契的工作精神已顯示出強而有力的成效。如何打造一隻無堅不摧的完美團隊，已是當代領導出色與否的指標。

◎樹立遠大的目標理想

人自懂事起就向著自己的理想不斷前進，人們的動力來自於這個理想，沒有理想的人就像沒有頭的蒼蠅毫無目的、碌碌無為，所以托爾斯泰將理想比喻成指路明燈。對於一個組織的主管來說，理想目標是他不斷有所追求、有所進取的內在動力。

主管實現自我領導的第一步就是樹立遠大的目標理想，要有

「只顧攀登更高峰」的精神。但是這種攀登也必須是理性的，需要以一定的現實作為基礎，並要注意道路的方向，這條道路必須是理想與現實的統一，主觀和客觀的統一。主觀因素是要發揮「攀」的能動性，客觀則是強調主觀努力與客觀的符合。

　　要敢於堅持自己的理想，不管遇到何種困難。理想目標屬於明天，而現實屬於今天。未來的理想越高，轉化為現實的過程就會越漫長，曲折性就會越顯著。主管要使自己及所有成員為理想所做的奮鬥是成功而不是失敗，就需要主管發揮極強的韌性與意志力。頂住各方的壓力，力排各種困難與阻力。

　　理想是對未來的一種追求，需要有一種對事業執著的追求熱情和堅忍不拔的精神，還要有對失敗坦然的心態。任何高明的主管總有失算的時候，面對失敗，是逃避還是繼續，也許正是成功者與一般人的區別所在。優秀的軍事家也有失敗，但他們在失敗面前從來不服輸。有一種什麼困難都壓不倒的氣概，他們敢於承擔責任。正是因為這樣，他們常常能把握住反敗為勝的契機，保持一種積極向上的精神姿態。

　　美國的艾科卡是一位從浪尖到低谷、幾經滄桑的企業家。他曾為福特公司立下過汗馬功勞，但由於老闆的猜忌而被解僱。用艾科卡自己的話說，他是從珠穆朗瑪峰頂上被踢了下來。但他沒有認輸，他重新受聘於瀕臨倒閉的克萊斯勒汽車公司後，仍抱有堅定的信念。堅韌的意志與頑強的精神給他帶來了成功。克萊斯勒「復活」了，艾科卡也被譽為美國企業之神。

　　主管的理想最大的忌諱就是空洞而不具體。對一個組織來說，需要有一個可行的、能夠看得見的具體理想，這樣才會讓人覺得有

希望去實現它。如果是捉摸不定的理想，別說組織成員，就連主管本身也不知該如何實現。各個組織有各個組織的特點，企業要謀求經濟效益，而事業單位則要求高的社會效益，如果不分組織的類型、性質而一刀切地制訂目標理想，那麼這種理想必然是空洞無力的。

◎要有目標

曾經有人做過這樣一個實驗：組織 3 組人，讓他們沿著公路步行，分別向 10 公里外的 3 個村子行進。

甲組不知道去的村莊叫什麼名字，也不知道它有多遠，只告訴他們跟著嚮導走就是了。這個組剛走了兩三公里時就有人叫苦了，走到一半時，有些人幾乎憤怒了，他們抱怨為什麼要大家走這麼遠，何時才能走到。有的人甚至坐在路邊，不願再走了。越往後人的情緒越低，七零八落，潰不成軍。

乙組知道去那個村莊，也知道它有多麼遠，但是路邊沒有里程碑，人們只能憑經驗大致估計需要走兩個小時左右。這個組走到一半時才有人叫苦，大多數人想知道他們已經走了多遠了，比較有經驗的人說：「大概剛剛走了一半兒的路程。於是大家又簇擁著向前走。當走到 3/4 的路程時，大家情緒低落，覺得疲乏不堪，而路程似乎還長著呢！而當有人說快到了時，大家又振作起來，加快了腳步。

丙組最幸運。大家不僅知道所去的是那個村子，它有多遠，而且路邊每公里有一塊里程碑。人們一邊走一邊留心看里程碑。每看

到一個里程碑，大家便有一陣小小的快樂。這個組的情緒一直很高漲。走了七八公里以後，大家確實都有些累了，但他們不僅不叫苦，反而開始大聲唱歌、說笑，以消除疲勞。最後的兩三公里，他們越走情緒越高，速度反而加快了。因為他們知道，那個要去的村子就在眼前了。

這個實驗說明當人們的行動有著明確的目標，並且把自己的行動與目標不斷地加以對照，清楚地知道自己行進的速度和不斷縮小達到目標的距離時，人的行動動機就會得到維持和加強，人就會自覺地克服一切困難，努力達到目標。

領導是組織的「頭兒」，他的職責是統一全體成員的意見和行動，並為他們確立目標，提供行動的方向。所謂「領導」，就是要為成員們「指導方向」，「領而導之」。只有這樣做，方可稱得起「領導」！但有些主管並不明白這一點，他們不懂得「目標的確是管理基礎」這一道理，他們自以為自己的下屬們對於要幹什麼已經很清楚了。可是，當你到他們的單位裏去，問那裏的職工他們的工作是什麼，你會驚異地發現，他們的回答與他們的「頭兒」所講的十有八九不是一回事。其實，對那些主管來說，要讓下屬們幹什麼，心裏還是有數的。只是他們懶得以通俗易懂的方式把底和盤托出給下屬們，這就使下屬們對自己行動的目標莫名其妙、糊裏糊塗。所以，主管們應當為下屬們確定目標，並把自己的意圖明明白白地傳達給他們，這是一種令人鼓舞的方式，是協調工作的基礎。

毋庸置疑，目標對每一個人都是非常重要的。目標對於每一個企業或者組織同樣必不可少。目標有多種功能。當員工是新手，或對特定的工作尚不瞭解時，清晰而具體的目標可以讓他們少走彎

路。目標還能使員工很快明確工作的內容及先後順序。有經驗的員工則可以將清晰的目標當作制定工作計劃、明確工作責任的基礎。目標的制定不僅要考慮工作本身，還要考慮員工的經驗與能力，以及員工之間的關係。

◎主管要有心甘情願的追隨者

成為一個主管意味著什麼？領導能力的第一法則就回答了這個本質性的問題，即一個主管要有心甘情願的追隨者。如果沒有取得別人的支持，主管也不復存在。

在所有的情勢中，主管都把得到追隨者們的支持作為最基本的要素。因為正是他們起著眾志成城和綠葉扶持的作用，追隨者與主管才能成為一個整體中相輔相成、不可缺少的兩個方面。

認識到追隨者是必需的合作者，對於解釋領導行為的複雜性是極其重要的。

1993 年，吉羅德‧利文和尼古拉斯兩人都盡力領導泰姆沃納公司，那是由史蒂夫‧羅斯兼併了出版和電影製片公司而創立的公司。利文佔了優勢，因為他取得了羅斯和該公司董事會的積極支援。尼古拉斯是一個精幹練達的總經理，他具有天資聰穎、兢兢業業和許多其他方面的優秀品質，但是，他不能取得泰姆沃納公司中關鍵人士的支持，無法使這些人與他保持一致。由此也可看出取得與保持追隨者是對主管的基本要求。

取得追隨者，是注意力最應該集中的地方。當你選定某項特殊的任務時，第一步就得問自己：「我需要做什麼才能使他們和我保

持一致？」或「誰的支持是必要的？」然後集中心思去取得這些人的支持。

◎讓員工擁有成就感，可以增加工作熱情

有一個人在高山之巔的鷹巢裏，抓到了一隻幼鷹，他把幼鷹帶回家，養在雞籠裏。這隻幼鷹和雞一起啄食、嬉鬧和休息。它以為自己是一隻雞。這只鷹漸漸長大，羽翼豐滿了，主人想把它訓練成獵鷹，可是由於終日和雞混在一起，它已經變得和雞完全一樣，根本沒有飛的願望了。主人試了各種辦法，都毫無結果，最後把它帶到山頂上，一把將它扔了出去。這隻鷹像塊石頭似的，直掉下去，慌亂之中它拼命地撲打翅膀，就這樣，它才終於飛了起來！

每個人都希望用自己的能力來證明自身價值，屬下也不例外。給他們更大的空間去施展自己的才華，是對他們最大的尊重和支持。不要害怕他們失敗，給予適當的扶持和指點，放開你手中的「雄鷹」，讓他們翱翔於更寬闊的天空。是個猴子就給它們座山折騰折騰，是條龍就給它們條大江大河撲騰撲騰。他們的成長，將為你的工作帶來更大的貢獻。他們的成長，將促使你更進一步。

有一天晚上，新力公司董事長盛田昭夫按照慣例走進職工餐廳與職工一起就餐、聊天。他多年來一直保持著這個習慣，以培養員工的合作意識和與他們的良好關係。這天，盛田昭夫忽然發現一位年輕職工鬱鬱寡歡，滿腹心事，悶頭吃飯，誰也不理。於是，盛田昭夫就主動坐在這名員工對面，與他攀談。幾杯酒下肚之後，這個員工終於開口了：「我畢業於東京大學，原來有一份待遇十分優厚

的工作。進入新力之前，對新力公司崇拜得發狂。當時，我認為我進入新力，是我一生的最佳選擇。但是，現在才發現，我不是在為新力工作，而是為課長幹活。坦率地說，我這位課長是個無能之輩，更可悲的是，我所有的行動與建議都得課長批准。我自己的一些小發明與改進，課長不僅不支持，還挖苦我癩蛤蟆想吃天鵝肉，有野心。對我來說，這名課長就是新力。我十分洩氣，心灰意冷。這就是新力？這就是我的新力？我居然放棄了那份優厚的工作來到這種地方！」

這番話令盛田昭夫十分震驚，他想，類似的問題在公司內部員工中恐怕不少，主管應該關心他們的苦惱，瞭解他們的處境，不能堵塞他們的上進之路，於是產生了改革人事領導制度的想法。之後，新力公司開始每週出版一次內部小報，刊登公司各部門的「求人廣告」，員工可以自由而秘密地前去應聘，他們的上司無權阻止。

另外，新力原則上每隔兩年就讓員工調換一次工作，特別是對於那些精力旺盛、幹勁十足的人才，不是讓他們被動地等待工作，而是主動地給他們施展才能的機會。在新力公司實行內部招聘制度以後，有能力的人才大多能找到自己較中意的崗位，而且人力資源部門可以發現那些「流出」人才的上司所存在的問題。

這種「內部跳槽」式的人才流動能給人才創造一種可持續發展的機遇。在一個單位或部門內部，如果一個普通職員對自己正在從事的工作不滿意，認為本單位或本部門的另一項工作更加適合自己，要想改變一下確實不太容易。許多人只有在幹得非常出色，以致感動得上司認為有必要給他換個崗位時才能如願，而這樣的事普通員工一輩子也難碰上幾次。當職員們對自己的願望常常感到失望

時，他們的工作積極性便會受到明顯的抑制，這對用人單位和職員本身都是一大損失。

　　一個單位，如果真的要用人所長，就不要擔心職員們對崗位挑三揀四。只要他們能幹好，儘管讓他們去爭。爭的人越多，相信也幹得越好。對那些沒有本事搶到自認為合適的崗位，又幹不好的剩餘員工，不妨讓他待崗或下崗，或者乾脆考慮外聘。新力公司的制度就是這樣，有能力的職員大都能找到自己比較滿意的崗位，那些沒有能力參與各種招聘的員工才會成為人事部門關注的對象，而且人事部門還可以從中發現一些部下頻頻「外流」的上司們所存在的問題，以便及時採取對策進行補救。這樣，公司內部各層次人員的積極性都被激起來。當每個幹部職工都朝著「把自己最想幹的工作幹好，把本部門最想用的人才用好」的目標努力時，企業人事領導的效益也就發揮到了極致。

　　內部候選人已經認同了本組織的一切，包括組織的目標、文化、缺陷，比外部候選人更不易辭職。

◎滿腔熱情的領導者，能締造士氣高昂的團隊

要想成功，必須對你的工作充滿激情。沒有熱情就不會成功，無論什麼工作都是需要有一腔熱情的。有熱情才有幹勁，才能帶動身邊的人幹下去。

熱情是領導力的重要基石。這種品質本身蘊含著強大的力量，是構成傑出領導力的不可替代的組成部份。一個熱忱的企業領導者，無論從事什麼工作，不管是處於順境還是逆境，他都會認為自己的工作是一項神聖的天職，並懷著濃厚的興趣。對自己的工作持有熱忱的領導者，不論工作有多少困難，始終會用不急不躁的態度去進行。只有抱著這種態度，他們才會成功，才能達到目標。

沒有熱情地工作就是做苦工，只有熱情能讓人變得勤奮。沒有發自內心的對工作的熱情，一個人就不可能最大限度地發揮自己的能力。而一個領導者的熱情同樣會感染他的團隊，試想，一個萎靡不振的領導，如何能締造一個士氣高昂的團隊？同時，領導者還必須採取相應的措施激勵組織成員的熱情。

一個領導者若是沒有熱情，他將一事無成，而當他有無限熱情時，任何的困難都會被熱情溶化，他就可以有所成就。希爾頓根據自己的經驗指出，熱忱是完成任何一件事必不可少的條件。或許你確有才華，但才華也必須借助工作的熱忱才能發揮得淋漓盡致。熱忱是一種無窮的動力。

能讓公司員工長時間毫無怨言地工作，是比爾‧蓋茨的過人之處。「工作即是歡樂」對微軟公司的員工來說，已經是一種被普遍

認同的「價值觀」。

在公司，蓋茨本人工作狂的態度，帶動了員工工作的熱情。不過，蓋茨的這種狂熱，讓人覺得他是想在微軟公司的工作環境中培養起一種工作狂的氣氛來。

微軟公司負責公關的經理曾經這樣說過：「蓋茨先生不但是個工作狂，而且要求十分嚴格，如果部下認為辦不到的事他自己會拿回去做，並能迅速準確地做到幾乎完美的地步，讓大家佩服得沒話說。在他手下工作，如果沒真本事還真難。」

蓋茨先生工作異常熱情，每週經常工作 72 個小時，甚至達到90 個小時；不工作的時候，他就像一個黑洞吸收光線那樣大量吸收資訊。

與比爾‧蓋茨一起工作的人，都說他是世界上最忙的企業主管之一。蓋茨先生通過給公司員工施加各式各樣的壓力，激發了員工更大的工作熱情。

熱忱是一種意識狀態，是一種精神力量，它能夠鼓舞及激勵一個領導者對手中的工作採取行動。而且不僅如此，它還具有感染性，不只對其他熱心人士產生重大影響，所有和它有過接觸的人也將受到影響。

熱忱和人類的關係，就好像是內燃機和火車頭的關係，它是行動的主要推動力。比較完美的領導者就是那些知道怎樣鼓舞他的追隨者發揮熱忱而產生激情的人。

與冷靜理性的管理者不同，卓越的領導者通常表現出火一般的熱情和激情。他們往往充滿活力，對未來充滿夢想和信念。偉大的領導者在組織遇到困難時，能夠看到希望，看到前途，充滿信心地

扭轉乾坤。面臨挑戰時，他們不會因為懼怕而躊躇不前。他們的熱情和樂觀上進的情緒，能夠深深感染著週圍的每一個人。

領導者的行為、心態會影響到其他人，熱忱是永遠的力量源泉，可以輻射至整個單位；一個領導者的熱情、期望和信心，往往會在其下屬身上反映出來。如果領導者是以一種積極的、自信的態度來看待這個世界的，那麼其下屬也很有可能受到這種態度的感染；反之，消極悲觀會使效率下降，會打擊所有人的士氣。

人的情緒是會被感染的，你快樂，所以我快樂。如果你沒有熱情，就不能打動下屬。一個人充滿熱情並不僅僅是外在的表現，它會在你的內心形成一種習慣，然後通過你的言談舉止不自覺地表現出來，從而影響他人。這種習慣沒有什麼可以阻止，它有助於你擺脫怯弱心理的羈絆，走向成功的坦途。

 心得欄

◎信任是最好的溝通

　　一個年老的牧人在牧場上看著吃草的驢，這時他聽見仇敵的聲音，而且越來越多，牧人趕緊要驢子和他一塊逃走。否則他和驢子都得被抓住。誰知驢子不慌不忙地說：「為什麼要逃走呢？你以為那個仇敵會讓我幹雙倍的活嗎？」

　　牧人回答：「當然不會。」

　　驢子說：「既然如此，我又何必在意為誰服務，反正都是馱東西。」

　　顯然牧人和驢子在危機面前無法達成一致，因為危機給牧人與驢子帶來的後果各不相同，牧人可能是大難臨頭，而驢子卻無所謂，因為它的命運不會有任何實質性的變化。

　　原因在於牧人對待驢子並不是很好，所以驢子對它的主人沒有任何忠誠可言，也就是說他從沒打動過驢子的心。其實人也是如此。平時你對待人家不怎麼樣，等困難來臨時期待人家替你著想，和你同舟共濟，是不現實的。人是有感情的動物，人的一切行動都受著感情的影響。很多企業的決策者懂得這個道理，在發揮人的作用時，重視感情的作用，他們對員工體貼入微、動之以情，使大家對企業的決策者予以信賴。反過來，企業領導者對員工也體現出處處信任、放手讓大家工作，這樣企業就會形成合力，創造出理想的業績。

◎經常為有成就的部屬喝彩

不斷為有成就的部屬喝彩，既是對榮譽獲得者的鞭策，又可為他人樹立學習的榜樣和奮鬥的目標，促使他們做出更好的成績。不斷為下屬員工喝彩，比單純地以要求或強制手段更能激起人的積極性，促使他們做出更好的成績。

美國的沃爾瑪公司是一家發展迅速、生意興隆的大公司。這個公司辦有一份深受員工歡迎的刊物《喝彩・喝彩》。《喝彩・喝彩》每月都要通過提名和刊登照片對工作出色的員工進行表揚。

這個公司每年的慶功會更是新穎別致：受表彰的員工於每年 8 月來到科羅拉多州的維爾。在熱烈的氣氛中，100 名受表彰的員工坐著架空滑車來到山頂。領獎儀式在山頂舉行，慶功會就是一次狂歡慶典。然後，在整個公司播放攝影師從頭到尾攝下的慶功會全過程。工作出色的員工是這種歡迎、開心和熱鬧的場面中的中心人物，他們受到大家的喝彩，從而也激勵和鼓舞全體員工奮發向上。

美國一家紡織廠激勵員工的方式也很獨特。這家工廠原來準備給女工買些價錢較貴的椅子放在工作台旁休息用。後來，主管想出了一個新花樣：規定如果有人超過了每小時的生產定額，則在一個月裏她將贏得椅子。獎勵椅子的方式也很別致：工廠主管將椅子拿到辦公室，請贏得椅子的女工坐在椅子上，然後，在大家的掌聲中，主管將她推回工廠。

美國的一些企業，就是這樣以多種形式的表揚和豐富多彩的慶祝活動，來激發員工的積極性和創造精神。

這兩家企業都注重運用榮譽激勵的方式，進一步激發員工的工作熱情、創造性和革新精神，從而大大提高了工作的績效。榮譽激勵，這是根據人們希望得到社會或集體尊重的心理需要，對於那些為社會、為集體、為企業做出突出貢獻的人，給予一定的榮譽，並將這種榮譽以特定的形式固定下來。這既可以使榮譽獲得者經常以這種榮譽鞭策自己，又可以為其他人樹立學習榜樣和奮鬥目標。因而榮譽激勵具有巨大的社會感召力和影響力，進而使企業產生凝聚力、向心力。

　　凡是有作為的主管，無不善於運用這種手段激發其部屬的工作熱情和鬥志，為實現特定的領導目標而作出自己的貢獻。

◎領導者最大本事是發動別人做事

　　真正的主管，不一定自己能力有多強，只要懂信任、懂放權、懂珍惜，就能團結比自己更強的力量，從而提升自己的身價。相反許多能力非常強的人卻因為追求完美主義，事必躬親，認為什麼人都不如自己，最後只能做最好的公關人員、銷售代表，成不了優秀的主管。

　　聰明主管不是事必躬親，而是運籌帷幄。

　　現代領導理論認為，主管必須幹領導工作，不要干預或包辦下屬的事情。倘若主管事必躬親。一方面丟掉了自己應該做的更重要的事情，另一方面則挫傷了下屬的積極性，使他們變得沒有主見、不負責任，也無法提高能力。

　　當然，主管有時應該幹些具體的工作，因為這有助於加深與下

屬的感情，並從中汲取智慧和營養。但必須明確：這絕不是主管的「正業」。「大事小事親手幹，整天忙得團團轉」的主管，肯定不是一位稱職的主管。而是一位勞動模範。主管的「正業」是運籌帷幄，他應該專門幹下屬幹不了的事情或突發的、非常規的事情。應該下屬做的事情由下屬自己幹。使之有職有權，並在工作中逐步減少差錯、提高工作效率和增強責任感。

主管最大的本事是發動別人做事。主管要管頭管腳，即指人和資源，但不能從頭管到腳。

在競爭日益激烈的市場中，壓力總是來自方方面面，而作為一個企業的主管經常會感到「累」，這多是因為事必躬親或追求盡善盡美、惟恐企業出現這樣那樣的問題而終日處心積慮的結果。越是這樣，企業往往越是到處冒煙。不是這兒有事，就是那兒出了點麻煩。不親自處理又不放心，結果，奔波勞累之極而收效甚微。那麼，要做一個輕鬆的主管，到底該怎麼做呢？以下幾點值得主管注意。

1. 要分級管理而不要越級插手問事

企業發展到一定規模後，要進行必要的分級管理。主要主管不要一竿子插到底，那是「出力不討好」的事。對下屬的管理人員要在明確責任和獎罰的基礎上，讓他們有職有權。即使碰到問題，只要不是事關企業大局的問題，也要所屬的部門自己去處理和解決。這樣，主管不僅能從管理幾百人、幾千人甚至幾萬人的沉重負擔中解放出來。只要管理幾個人就能維持企業的正常運轉，而且能夠充分地激起下屬人員的積極性、創造性、主觀能動性，使他們對企業有高度責任感，主管還可以有更多的時間研究企業的發展方向或重大決策。

2. 多想、多看，少說、少幹

這是高明主管必須掌握的原則。千萬不要大事小事都事必躬親。你只有站在一旁觀看，才能真正旁觀者清，避免當局者迷；才能更公正、更有效地判斷是非曲直；才能真正看清那些事情是企業應該堅持的，那些事情是需要改進的。即使你比你的下屬幹得還要好。也不要事事都親自去幹，必要時給他們示範一下即可。作為一個元帥如果必須親自去衝鋒陷陣，作為一個教練如果必須親自到運動場上去拼搏，那麼不能說明這隻軍隊的強大和運動隊的水準很高，而是說明它將寡兵弱，可能離失敗為期不遠了。正像演戲一樣，如果主管在台上又唱又跳。讓職員們在台下指手畫腳地挑毛病，這樣的情景就有點「本末倒置」了。輕鬆管理企業而又駕馭全局就要多當裁判少當運動員。多當導演甚至觀眾而少當親自登台的演員。

3. 大事聰明，小事糊塗

作為一個企業的主管，首先要分清什麼是企業的大事，什麼是企業內無關緊要的小事。凡是關係到企業發展和生死存亡的大事。一定要慎重對待，決不可等閒視之。而大事往往不是每天都發生的。對於那些雞毛蒜皮的小事，要讓下屬部門按照分工自己去解決。不要陷於繁瑣的事務之中而不能自拔，被那些管不了也管不好的小事攪得暈頭轉向而影響了大的決策。但是，也要敏銳地觀察和分析一些小事的起因和影響，不要因小失大。但是，一般情況下，不必親自去處理。

企業領導只有擺脫繁瑣的事務，才能站得高、看得遠，才能從更高的角度正確地權衡企業經營管理上的利弊得失，才能更好地考慮企業的發展大計和重大決策。當然，要輕鬆而又高效地管理企

業，實現某種程度上的「無為而治」也需要有一定的條件或基礎。企業領導要有一定的理論知識和實踐經驗，要十分熟悉所管企業的人和事，還要有一定的度量或胸懷。這樣，才能熟中生巧、藝高人膽大，從而實現輕鬆管理。

◎主管要善於指明方向

要想做成某件事，你就得有個明確的目標——一個要瞄準射擊的靶子，一個你和你的公司為之努力奮鬥的方向，然後把它具體化。沒有方向，你就不知該往何處去，還會為此浪費大量寶貴時間。目標是指路明燈，有了目標，你就能集中精力，帶領大夥直奔前方。

面對前方的路，作為主管你要一步步地走。如果你想一步登天，轉眼就實現總體規劃，那你就陷入了空想之中。你要做好多好多事，完成一個又一個的小目標，才能實現夢想。小目標的分設，使你能合理地將團隊分成若干小兵團作戰，繼而發動總攻，大獲全勝。

主管需要不斷向員工提示和警告，需要為他們指引方向，需要讓他們明白事情的重要性，需要讓他們弄清事實的真相，需要讓他們明白自己的工作與其生存和成功緊密相連，還需要表明他們的貢獻有多大，需要承認他們在公司中所處的地位，需要讓他們看到自己的將來。

主管要將公司的長期目標轉化為讓自己部門的員工可以實現的具體目標，並為集體中的每一個人指明方向。

要達到目標，你必須明確重點。幫助員工把握目標，如果偏離

方向，應及時予以糾正。

員工需要有人給他們提供生活和工作的目標和重點，而主管員是最佳人選。如果他們看不到生活中美好的東西，就會茫然無措，喪失信心。工作中也是如此，看不到目標就會漫無目的、迷失方向。

主管員應當每隔一段時間（如 3 個月）和員工坐下來，共同描述一下整個部門以及每個人將來的工作前景，這是十分重要的。這幅藍圖就是整個部門工作的重心，也是你為員工提供的一個明確方向。稱職的主管能根據自己上司的要求確定自己部門的工作方向。另外，他們還會向員工表明，除完成公司確定的目標外，他們還期望員工做些什麼。

當你為員工確定了具體的方向以後，也許他們自己最清楚以何種方式到達你所確定的目標。當出現問題時，你還必須作一下適度的調整，要保證你所確定的前景是你和員工最大限度的目標。作為主管，你要保證每一位員工到達你所指定的目的地，如最良好的信任度、最高的工作效率、接受良好訓練的員工、友好熱情的顧客服務形象、新產品革新、最高技術能力等。

如果你不將公司長遠宏大的計劃的重點指給員工，不讓他們感受到自己的努力與公司成功之間的內在關係，他們的工作動力從何而來？如果你不講明問題，員工怎麼會認可其他同事對他的幫助？如果你不幫助員工作出重點選擇，介紹一些他們從未運用的解決辦法，他們怎麼能夠去面對那些十分棘手的問題？

可是實際上，我們在許多事情上失去了重點，看不到問題的關鍵，缺乏遠見，只見樹木不見森林，易於受外部的影響，看不到自己好的一面，只是想到那些陰暗面，只聽那些自己想聽的東西，做

事沒有分寸。

找一個時間，把一兩個人拉到一起，共同討論工作，開誠佈公地研究問題。你只需給員工提出一些有關市場和競爭對手的情況，公司高層的最新指示，公正地判斷員工的談論內容。這有利於幫助員工找到問題的關鍵，實現目標。

◎讓員工瞭解企業的目標

雖然公司員工每天都來公司上班，但很難說他們都對公司的目標非常清楚。因為每個人都忙於自己的工作，所以對公司目標的認識，往往是非常片面的。讓公司員工明白公司的目標是人力資源部門進行員工管理的首要任務。人力資源部門可以通過多種途徑來宣傳公司的目標：

講座：對公司全體員工進行公司目標及相關內容的講座，講座由人力資源部門主持，可由各主管領導和部門領導講解本部門的發展目標。如果公司人員較多，可以以部門為單位進行講座。

討論：一般以部門討論為宜，讓員工對如何完成公司的目標暢所欲言。

內部刊物：許多公司有內部刊物，通過內部刊物宣傳公司的目標是一個非常不錯的辦法。

◎激發員工同舟共濟的願望

在企業裏，主管與員工一起共同體驗工作過程中的艱辛，一起經歷困境，將讓員工受到極大的鼓舞，從而激發員工同舟共濟的願望，進而就會毫無條件地接受上司的指導。

某公司管理部的王經理，有一天因工作需要，將兩名下屬派往另一公司，處理有關業務索賠的問題。王經理當天湊巧也留在公司加班，此時，兩名下屬打電話報告事情已處理妥當，王經理正好得以在電話中加以慰勞及鼓勵一番。該下屬在日後談及此事時一再表示：雖然王經理並不是有意留下來與員工一起處理事情，卻讓員工感覺到經理時刻都和員工一起工作，從而使得公司上下的夥伴意識大為增強，所有人員的學習意願與工作效率也自然獲得相應的提高。

一個主管，兩個部下，再加上一間小屋，幾個人同心協力，白手起家，這樣的創業在商業史上是數不勝數的。眾多處於困境中的企業，其最終擺脫困境正是通過上司與員工一起分享「苦」日子，以此來激勵所有員工為戰勝困難而努力工作的。可見，與員工「共苦」能有效地鼓舞員工的士氣，激發他們的工作熱情。

◎為員工創造良性的競爭環境

在非洲的大草原上，生活著羚羊和獅子。每天清晨，太陽從東方冉冉升起的時候，羚羊就從睡夢中醒來，它想的第一件事就是，我必須比跑得最快的獅子還要快。否則，我就會被獅子吃掉。與此同時，從睡夢中剛醒來的獅子也在想：我要想得到美餐，不挨餓，就必須比跑得最慢的羚羊快，於是，在廣袤的非洲大草原上，獅子和羚羊生死追逐的場面無時無刻都在上演著，驚人心魄。

競爭是大自然的生存法則，也是現代企業成功激勵的一個原則和方式。良好的內部競爭，是激發員工的創造力和工作士氣的有力保障，是成功激勵的必要手段。心理學實驗表明，競爭可以增加員工 50%或更多的創造力。人是有惰性的。一成不變的安逸環境，最容易消磨員工的鬥志，遞減員工的創造激情。當一個員工的工作激情衰減到對企業的危機無動於衷時，這個企業也就同步衰敗了。這也是許多優秀企業的短命根由。這種情況下，只有引入競爭，使公司變成象徵意義上的「競技場」，員工的潛能才會被激發出來，他們的聰明才智才會更有用武之地。在面臨嚴峻考驗時，員工才會有勇氣挺身而出，接受挑戰。

在矽谷內流行著這樣一種工作意識：「業績是比出來的」，沒有競爭永遠出不了一流的成果。那裏的企業管理者注重持久性地延續員工的「競爭」觀念，培育員工的競爭意識和競爭能力，增強員工對於「競爭」的認可度。他們努力讓所有的員工都意識到：已有的輝煌只是暫時的，稍有懈怠，個人和企業的競爭實力就會一瀉千

里。通過競爭管理機制，使員工強烈意訓到競爭的存在和無情，最大可能地發揮主動性和潛力，不斷進取、創新、拼搏，使企業擁有強勁的、比較均衡的競爭力，為企業逐鹿未來市場奠定勝局。

所以說，在競爭日趨白熱化的今天，競爭是企業生存的最大武器，是激勵員工向上的絕對因素。「馬兒眼見就要被其他馬匹超越時，跑得最快。」在員工之間注入競爭，可最大化地激發他們的好勝心理，滿足他們獲勝、拔尖、成為優秀者的願望，進而讓員工個個成為「工作尖兵」。

當然，這裏所言的競爭，並非單純意義上的為競爭而競爭，而是為了發肢和爭取更高業績的競爭。否則，競爭的最終結果將違背管理者注入「競爭」的良好初衷，變成激勵少數人，打擊一大片。

競爭是非常殘酷的，但競爭卻並不是惡性的。任何事都有規則，良好的競爭也要講求原則。管理者如果想用「競爭」有效地激勵員工充分地發揮自己的才能，就絕不能讓帶有偏激情緒的競爭代替真正的競爭。憑著公平的競爭，有效激勵員工個人以及群體的工作情緒，這樣，才能使得員工的心態積極向上，有更好的表現。管理者在實施競爭策略時，一定要將競爭擺放在公平的平台之上。失去了公平的競爭是不健康的。為了取得更好的業績，超過別人，員工不再對同事的工作給予支援，背後互相攻擊、互相拆台；封鎖消息、技術、資料；在任何事情上都擺出水火不容的「我」和「你」的架勢等等，這些競爭勢必破壞全體員工的團結，不利於工作的開展。

通用電氣公司是率先提出用良性的內部競爭來激勵員工的企業。傑克・韋爾奇說：我們奉行「效率優先、兼顧公平」的競爭原

則。鼓勵他們在工作上相互競爭，但不要有個人恩怨。我們的做法是將獎賞分為兩個部份，一半獎勵他在自己的業務部門的表現，另一半獎勵他對整個公司發展的貢獻。如果自己部門業績好，但對公司發展不利，則資金為零。皮之不存，毛將焉附？其帶來的負面作用常超出管理者所料——員工養尊處優、企業發展緩慢——進而使企業在激烈競爭中慘遭淘汰。

但是管理者在追求公平、合理的內部競爭時，絕不能將其中的「公平」絕對化，所謂「物極必反」。絕對化的「公平」是無法與合理相提並論的。龜兔賽跑中，一向靈巧敏捷的兔子輸給了慢吞吞的烏龜。大多數人從這則寓言中得出這樣的結淪：兔子的失敗是因為驕傲和懶惰，烏龜的成功在於勤奮而有毅力。但是，若從現代管理的角度審視推敲，這個結論對於敏捷的兔子來說，有失偏頗。

「讓我和烏龜賽跑，簡直太無聊了。它爬得那麼慢。」兔子看著領獎台上的烏龜，一臉不屑地說。

顯然，兔子失敗的根由不在兔子身上。那麼誰來承擔兔子失敗的責任呢？當然是這場比賽的「主辦者」（或者說管理者）了。那麼「主辦者」又錯在何處呢？缺乏正確的競爭激勵措施，是「主辦者」徹底失敗的根本原因。換句話說，明知烏龜和兔子的能力不在同一個水平線上，卻讓它們在同一個平台上，向同一個目標賽跑。

同理，任何公司的員工能力都良莠不齊，這是不爭的事實。然而，管理者在制定競爭目標時一味追求「公平」，將目標一條線劃清，不分新員工、舊員工、優者、劣者，擺放在同一條起跑線上，結果不但無法起到應有的激勵作用，反而會降低優秀員工的工作動力和熱情。對於普通員工而言更是毫無意義，他們會認為大家起點

不同，所以優秀員工獲勝是理所當然的，自己失敗也是理所當然的事，即使勝了也是一時僥倖。

　　總之，沒有競爭就沒有危機感，沒有公平的競爭就沒有優劣區分。在實施競爭激勵手段時，管理者必須「合理地演繹」競爭中的公平，而只有當競爭中的「公平」合理化時，才會把員工的潛能無限地激發出來，催人進取。

心得欄

\- -

\- -

\- -

\- -

\- -

\- -

第11章

領導者就要這樣去激勵

善於激勵下屬的領導者，能夠將所期待的遠景，著上美麗的色彩。而且該遠景經過他的潤色修飾後，就成了一個遠大的理想和目標。

◎對能幹的下屬應適時提拔

日本某設備工業公司材料部有位名叫山本的優秀股長，因為他精明能幹，科長便分給他很多工作，而山本自己還有許多其他工作，諸如同其他部門協作，建立單位的管理系統等。山本工作積極、人品好，深受週圍同事的好評。曾在該公司做過調查與採訪的富山芳雄認為山本這個人很有前途。

然而，時隔數年，當富山芳雄再次到這家公司時，竟發現山本的境遇與以前判若兩人。富山芳雄原以為山本已升任經理了，誰知

他才是個小科長，而且離開了生產指揮系統的第一線，只當了一個材料部門的有職無權的空頭科長，沒有正經的工作，也無部下。此時的山本，給人的是一副厭世的形象。

為什麼會出現這樣讓人意想不到的變化呢？富山芳雄經過調查，才明白事情的真相，原來 10 年之間，山本的上司換了 3 任。最初的科長。因為山本精明能幹，且是個靠得住的人，絲毫就沒有讓他有調動的想法。第二任科長走馬上任時，人事部門曾提出調動提升山本的建議。然而，新任科長不同意馬上調走他，他答覆人事部門，山本是工作主力，如果把他調走，勢必要給自己的工作帶來很大的困難，由此而造成的工作損失他是不負責的。這樣，那任科長都不肯放他走，山本只好長期被迫做同樣的工作，提升之事不了了之。最初，他似乎沒有什麼想不通的，幹得還不錯。然而，隨著時間的推移，他逐漸變得主觀、傲慢、固執。根本聽不進別人的意見和見解，加之他對工作瞭若指掌，對部下的意見根本不肯聽，獨斷專行，盛氣凌人。結果，使得部下誰也不願意在他身邊長久幹下去，紛紛要求調走。然而主管卻認為，他雖然工作內行，堪稱專家，卻不適應擔任更高一級的職務。正因為如此，山本比同期進入公司的人提升科長反而晚了一步。這又使他變得越來越固執，以致工作出了問題，最終被調離第一線的指揮系統。

可見，千萬不能總讓下屬原地踏步，特別是對那些能幹的下屬，更應信任他們，適時提拔。

每個人在某個崗位上，都有一個最佳狀態時期。有的學者經研究提出了人的能力飽和曲線問題，身為主管，要經常加強「台階」考察，研究下屬在能力飽和曲線上已經發展到那個部位了。一方

面,對在現有「台階」上已經鍛鍊成熟的幹部,要讓他們承擔難度更大的工作,或及時提拔到上一級「台階」上來,為他們提供新的發展空間;對一些特別優秀的職員,要採取「小步快跑」的破格提拔方式使他們充分施展才幹。

另一方面,對經過一段時間的實踐證明不適應現有「台階」鍛鍊的幹部,要及時調整到下一級「台階」上去「補課」。如果在「台階」問題上對下屬良莠不分,在任職時間上搞「平均主義」,必然埋沒甚至摧殘人才。如果該晉升的沒有晉升,不該晉升的卻晉升了,那就糟了。只要在「台階」問題上堅持實事求是,按照人才成長的規律辦事,就一定能夠造就一批又一批的優秀人才。千萬不能總讓下屬原地踏步,特別是對那些能幹的下屬,更應信任他們,適時提拔。

◎把大家的期待具體且令人心動地表現出來

團體中的主管,必須要能確實掌握大家的期待,並且把期待變成一個具體的目標。

大多數的人並不清楚自己的期待是什麼。在這種情況之下,能夠清楚地把大家的期待具體地表現出來的人,就是對團體最具有影響力的人。

在企業的組織之中,僅僅是把同伴所追求的事予以具體化並不夠,還必須充分瞭解組織的立場,確實掌握客觀情勢的需求並予以具體化。綜合以上兩項具體意識,清楚地表示組織必須達成的目標,才能在團體之中取得領導權。在進攻義大利之前,拿破崙還不

忘鼓舞全軍的士氣：「我將帶領大家到世界上最肥美的平原去，那
兒有名譽、光榮、珍寶在等著大家。」

　　拿破崙很正確地抓住士兵們的期待，並將之具體地展現在他們
的面前，以美麗的夢想來鼓舞他們。

　　如果是以強權或權威來壓制一個人，這個人做起事來就失去了
真正的動機。抓住人的期待並予以具體化，為了實現這個具體化的
期待而努力，這就是賦予動機。

　　具體化期待能夠賦予動機的理由，就在於它是個能夠實現的目
標。例如，蓋房子的時候，如果沒有建築師的具體規劃就無法完成。
建築師把自己的想法具體地表現在藍圖上，再依照藍圖完成建築。

　　同樣的道理，組織行動時也必須要有行動藍圖，也就是精密的
具體理想或目標。如果這個具體的理想或目標規劃得生動鮮明且又
詳細，部屬就會毫無疑惑地追隨。如果主管不能為部下規劃出具體
的理想或目標，部屬就會因迷惑而自亂陣腳，喪失鬥志。

　　善於帶領團隊的人，能夠為大家所期待的未來遠景著上鮮明的
色彩，而且這遠景經過他的潤色修飾後，就不再微不足道，而變成
了一個遠大的理想和目標。

　　有人或許會認為理想越遠大就越不容易實現，也越不容易吸引
大家付諸行動，其實不然。理想、目標越微不足道，就越不能激發
眾人的高昂鬥志。

　　這一方面，主管如何帶領下屬就很重要。沒有魅力的主管，因
為唯恐不能實現，所以不能展示出讓部下心動的遠景。因此，下屬
跟著這樣的主管，必然不會抱有夢想，工作場所也像一片沙漠，大
家都沒有高昂的鬥志，就算是微不足道的理想也無法實現。

即使是偉大的遠景,如果沒有清楚地規劃出實現過程,也無法使大家產生信心。因此,規劃出一個遠景的同時,還必須規劃出實現遠景的具體實施過程。

◎用目標去激發鬥志

人的需要決定了人們行動的目標。當人們有意識地明確了自己的行動目標,並把自己的行動和目標不斷加以對照,知道自己前進的速度和不斷縮小達到目標的距離時,他行動的積極性就會持續高漲。

一個萬米賽跑運動員,當人們告訴他只有 1000 米,再加把勁就可奪得金牌時,即使他身體的某些部位在疼痛,他也會信心百倍,加快速度完成最後的衝刺。

那麼,主管如何通過目標激勵下屬完成任務呢?

目標是能激發和滿足人的需要的外在物。目標領導是主管工作最主要的內容,目標激勵是實施目標領導的重要手段。設置適當的目標,能激發人的主動性,激起人的積極性。目標既可以是外在的實體對象,也可以是內在的精神對象。

一般來講,目標的價值越大,社會意義就越大,目標也就越能激動人心,激勵作用也就越強。

因此,主管要善於設置正確、恰當的總目標和若干個階段性目標,以激發人的積極性。設置總目標,可使下級的工作感到有方向,但達到總目標是一個長期、複雜甚至曲折的過程,如果僅僅有總目標,只會使人感到目標遙遠和渺茫,可望而不可及,從而影響積極

性的充分發揮。因此，還要設置若干恰當的階段性目標，採取「大目標，小步子」的辦法，把總目標分解為若干經過努力都可實現的階段性目標，通過逐個實現這些階段性目標而達到大目標的實現，這才有利於激發人們的積極性。主管要善於把近景目標和長遠目標結合起來，持續地激起下屬的積極性，並把這種積極性維持在較高的水準上。

在目標制定、分解時，目標的難度以中等為宜，目標的難度太大，容易失去信心；目標難度過小，又激發不出應有的幹勁。只有「跳一跳，夠得著」的目標，積極性才是最高的。因為這樣的目標滿足個人需求的價值最大。

主管在制定目標的時候，除了上述問題外，還應注意：

第一，目標必須是明確的。要幹什麼，達到什麼程度，都要清清楚楚。

第二，目標必須是具體的。用什麼辦法去達到，什麼時候達到，要明明白白。

第三，目標必須是實在的。看得見，摸得著，達到應該有檢驗的尺度。

所以，主管不但要為下級樹立遠大的理想，而且要學會把這個理阻和實實在在的工作結合起來，一步一個腳印地前進。

◎用好勝心激發潛能

艾爾‧史密斯曾任美國紐約州州長，他曾經成功地使用好勝心而創造了一個奇蹟。

一次，史密斯需要一位強有力的鐵腕人物去領導魔鬼島以西最臭名昭著的辛辛監獄，那裏缺一名看守長。這可是件棘手的事。

經過幾番斟酌，史密斯選定了新漢普頓的路易斯‧勞斯。

「去領導辛辛監獄怎麼樣？」史密斯輕鬆地問被召見的勞斯，「那裏需要一個有經驗的人去做看守長。」

勞斯大吃一驚，他知道這項任務的艱巨。他不得不考慮自己的前途，考慮這是否值得冒險。

史密斯見他猶豫不決，便往椅背上一靠笑道：「害怕了？年輕人。我不怪你，這本就是個困難的崗位，它需要一個重要人物來挑起擔子幹下去！」

這句話挑起了勞斯的好勝心，他最終接受了挑戰，並在辛辛監獄待了下去。後來，勞斯對監獄進行了改革，幫助罪犯重新做人，成了當時最負盛名的看守長，他創造了奇蹟。

這奇蹟本身也可說是史密斯巧妙利用了好勝心，激發下屬的潛能創造的。

一位成功的主管應善於使用好勝心，因為這確實是振奮人們精神，接受挑戰的可靠辦法。

好勝與挑戰是人之天性。對於許多工作，只要你善於激勵，他們定會以最大的熱情去幹，並幹好這些工作。

主管要使工作圓滿完成，就必須形成競爭，激起人們超越他人慾望。

　　一個成功的主管。應當經常「制怒」，不論什麼時候都要保持冷靜的頭腦，不讓一時衝動的感情擾亂理智。但從激勵角度來說，主管應當學會「激怒」，隨時點燃員工的「心頭之火」，使自己的團隊有高的鬥志和良好的戰鬥力。

◎要有行動的藍圖

　　拿破崙在進攻義大利之前，不忘鼓舞全軍的士氣：「我將帶領大家到世界最肥美的平原上，那兒有名譽、光榮、富貴在等著大家。」拿破崙很正確地抓住士兵們的期待，並將之具體地層現在他們的面前，以美麗的夢想來鼓舞他們。

　　如果是以強權或權威來壓制一個人，這個人做起事來就失去了真正的動力。抓住人的期待並予以具體化，使其為了實現這個具體化的期待而努力，這就是賦予動力。因為具體化期待是能夠實現的目標。例如，蓋房子的時候，建築師把自己的想法具體地表現在藍圖上，再依照藍圖完成建築，如果沒有建築師的具體規劃就無法完成。

　　同樣的道理，企業在行動時也必須要有行動的藍圖，也就是精密的具體理想或目標。如果這個具體的理想或目標規劃得生動鮮明而詳細，部下就會毫無疑惑地跟從追隨。如果主管不能為部下規劃出具體的理想或目標，部下就會因迷惑而自亂陣腳，喪失鬥志。

　　善於領導的人，能夠將大家所期待的未來遠景，著上豔麗的色

彩。遠景經過他的潤飾後，就不再是微不足道的小事，而是形象生動的美好藍圖，大家的熱情自然高漲，士氣自然高昂。

沒有魅力的主管，因為惟恐目標不能實現，所以不能展示出令部下心動的遠景。下屬對這樣的主管，必然不會抱有信心。奢望的工作場所自然像片沙漠，大家都沒有高昂的鬥志，就算是微不足道的理想也無法實現。

當然，即使有偉大的遠景，如果沒有清楚地規劃出實現過程，也無法使大家產生信心。因此，規劃遠景的同時，還必須規劃出實現遠景的過程。這是一個必經的過程，指的就是從現在到實現目標所採取的方法、手段及必經之路。

我們可以將目標的實現分成若干階段，這樣既不至於使目標太大，難以激起員工的興趣，又不至於使目標太小，讓員工覺得沒有意義。為實現最後的結果，就必須從最後位的目標開始，一步一步地向前位目標邁進，次第完成每個目標。最後位的目標必須設定在最接近目前的狀況。且盡可能地詳細而現實。也就是說，最後位的目標必須是可以達成的。達成了以後，再以更高的目標為目的。

達成目標的過程或手段，規劃得愈仔細愈好。愈上位的目標，其過程或手段可以愈概略。只要從下位目標一步一步地向上「爬」，最後的目標一定可以實現。

◎讓員工和企業有一個共同目標

客觀冷靜地制定戰略、員工和公司間的合約關係，其實無法激發員工額外的付出和持久不懈的努力。在成功企業中，通常用塑造一個共同的目標，創造共同的價值立場和相同的價值理念來激勵員工。

想要為企業下一個目標定義並讓員工覺得企業目標對個人富有意義並不容易。實際上，大多數這類的敍述都太模糊，對部門經理用處不大，它們也往往和現實脫節，甚至失去可信度。

美國電報電話公司總裁鮑伯‧艾倫發現，該公司過去的想法和做法都像是受保護的公用事業，現在必須改變，而且是在行業動盪不安時進行改變。公司的規劃部門為關鍵性的戰略任務提出一個定義，也就是讓現有的網路承載更多的功能，並且開發新產品，符合新興資訊事業的需求。艾倫決定不用這樣理性和分析性的名詞來談公司的目標。他也不談論以擴張競爭態勢為重點的戰略意圖。他選擇非常人性化的名詞，他說：「公司致力於讓人類歡聚一堂，讓他們很容易互相聯繫，讓他們很容易接觸到需要的資訊——隨時、隨地。」這個陳述，表達了公司的目標。但他用的都是非常簡單而個人化的語言，使人人都能理解。重要的是，員工能對這樣的任務產生共鳴並引以驕傲。

讓員工把企業的目標當作自己的目標，企業目標必須相當具有包容力，才能使全體人員參與，從而讓企業目標體現在日常工作之中。

讓企業上下都願意為企業目標奉獻力量，並讓這樣的努力持之以恆，應該是管理者追求的目標。明確的企業目標是正當可行的，它不是公關慣用的華麗詞藻，也不是鼓舞士氣的誇大宣傳。所以，主管對定義恰當的目標應做出具體的承諾。

美國康寧公司總裁哈夫頓曾委派公司最能幹、最受尊敬的資深經理人負責康寧公司的品質管理。儘管經歷一次嚴重的財務緊張，哈夫頓還是撥出 500 萬美元，創立了一個新的品質管理學院，用以實施康寧公司大規模的教育和組織發展計劃。他還承諾將每個員工的訓練時間提高到佔工作時間的 5%。康寧公司的品質管理計劃很快就達到了哈夫頓的目標。正如一位高層經理所說：「它不只改善了品質，更為員工找回了自尊和自信。」

在更多的時候，企業主管只是不斷詳細解釋目標，得到大家認可，並且希望員工理解之後進一步接受。如果大家為了實現公司目標要付出額外的努力，他們必須能夠認同這些目標。認同、溝通、塑造組織價值比清楚說明戰略遠景更為困難，因為前者不太依靠分析和邏輯，卻更加需要情感和直覺。

大膽表達自己主張的企業，通常會吸引認同企業價值的員工，而對於具體實現這些價值的企業，這些員工也會付出更大的努力。ABB 集團副總裁林道說：「經理人員不是對某個老闆效忠，甚至也不是對企業效忠，而是對他們相信的一套價值觀效忠。」

因此，塑造一個共同的目標，創建共同的價值立場和相同的價值理念，就成為引發員工積極性和工作動力的重要手段。因為員工認同企業，同時企業也認可員工。這樣一來，價值觀激勵便成為非常有效的手段。

◎讓員工知道你的期望

作為主管，你的期望對員工的積極程度有很重要的影響。員工需要知道你腦子裏在想些什麼，以及你對他們的期望值。

期望並不單純地指完成重大工作目標，它和每天的日常工作也有很大關係。負責的主管期望他的員工準時上下班；開會準時到場；按講好的時間到達，不讓別人久等；期望他們的員工回覆電話、回覆信函，並信守諾言；期望員工彬彬有禮，並證實他們尊重每一個人；期望自己的員工在善於聆聽的同時要勇於表述，做到公開和誠實。

這些期望其實都是常理。也就是說，沒必要把它們都寫下來，變成官僚程序，但每個人的腦子裏必須清晰地瞭解這些期望。如果不澄清，標準就會被侵蝕，就會出現無組織的混亂狀況。

期望還包括明確工作目標和目的。每一名員工都想瞭解主管對他的工作期望。可是，在這方面，僅對工作性質的描述幾乎不起作用，最重要的期望要集中在一個人在工作中必須完成什麼。一名出色的主管會期望他的員工自己來決定完成這一目標的最佳方式。

作為一名主管，如果你沒能明確你的期望或沒能與員工達成一致，就會產生不好的反映。員工們會認為你軟弱、沒主意、立場不堅定、糊塗而且困惑不解。相反，如果明確期望，你就會提高自己的信任度並受到尊敬。這一過程無需正式，可以非正式地運做。但必須通過自己的行為建立並鞏固起來。開始時，你可以假設一個高的標準，當員工們沒有達到這個標準時，你的回答應該是有助益

的、有建設性的，他們很快就會明白你期望他們怎樣做。

我們必須明白明確期望的重要性。沒有明確的期望，員工們就會不理解工作中努力的方向，就會沒有確定感，就會變得心理脆弱，經受不住挫折。

員工對主管的期望很多，同樣主管也期望員工們能為自己做更多的工作。為了適應環境，戰勝競爭對手，你必須盡可能從員工那裏獲得更多的東西。因為你的客戶向你索取的只會越來越多，如果你不能滿足他們，他們將會尋找其他可以滿足他們的人。

你的高期望應涉及員工工作的各個方面。他們的工作時間應至少與所要求的時間相同；在工作時間內應全力以赴，甚至做得更多；你不在時擔負起更多的責任與義務，工作積極主動。

另外，你應該期盼他們言行一致，表裏如一；對所有人有莊重、客氣及友善的態度；將客戶的要求放在第一位，樂於為客戶服務並使他們滿意，甚至將服務於客戶作為樂趣；節約公司財力；當你有錯誤時向你指正，並且在有必要時支持你的工作。

這些都是你所期望的。但你同時必須要明白你的員工希望從你身上得到什麼，主管與員工之間都有希望從對方那裏得到的東西。

有時，你的員工無法達到你所期望的程度，或許你也無法達到員工的期望，但是不要緊，在現實的生活中，我們不會永遠成功。有一次成功就會有一次失敗，任何體育冠軍也不能保證會贏得每場比賽，再好的球隊也有失敗的時候。

所以，當你期望的太多而得到的很少時，不要抱怨，應該抓住機會學習。有時，當人們的期望無法滿足時，失敗會推動他們更上一層樓，這樣本身使他們有了進步。關鍵是要接受失敗的教訓，而

不能自欺欺人地說你已經成功。

在你和員工之間，最重要的是互相期望對方做出所有努力之前，應從自己身上要求更多，當你促使自己按既定的方向努力時，你將發現員工都跟隨著你。

◎讓員工知道做事的目的

有兩個石匠正在將花崗岩切割成方塊。一個參觀者問他們在做什麼，第一個石匠嘟囔著：「我正在把這該死的石頭切成方塊！」而另一個石匠卻對工作十分感興趣，自豪地回答：「我加入了建造大教堂的隊伍！」

故事短小但意味深長。這正說明了一個人對工作任務的理解會影響到他的行為動機。

如果一個人不瞭解正在做什麼以及為什麼這樣做，我們就不能期望他能夠做得更好。每一個人都應意識到企業的整體目標及其部門目標，也包括自己的個人目標，才能更有效地工作。這樣他才會理解他被告知這樣或那樣做事的原因所在。

把做事的目的告訴員工遠比把他們蒙在鼓裏強。讓他們知道自己從事的工作是公司宏偉藍圖的不可缺少的一部份，自豪感和滿足感便油然而生，工作熱情和積極性自然高漲，目標激勵的作用便實現了。

在企業裏，沒有目標的工作或者目標不明確的工作，做起來總是懶懶散散，毫不起勁。為了激發幹勁，首先必須瞭解企業經營的方針與宗旨，對這兩項不瞭解就不知道工作目標，搞不好還會做出

與企業方針相反的事。

為了貫徹企業方針、宗旨，必須統一全體工作人員的想法。工作人員想法統一後，應告知他們企業的目標，並指出達成目標的努力方向。例如，告知他們，企業有三年或五年的長期計劃，然後告訴他們每年的計劃如何，在這一年中各部門應有那些具體任務等等。

指定與達成目標的管理方法，我們今天稱之為「目標管理」。目標管理與員工的幹勁，無論從任何角度來看都有密切的關係。曾有人對 100 位年輕人就「什麼樣的公司最為理想」進行調查，結果他們一致回答：「目標明確的公司才是好公司。」這些年輕人經由實際作業，瞭解到在有具體目標的公司，做起事來最有價值。

把做事的目的告訴員工，讓員工知道自己從事的工作是公司整體目標中的不可缺少的一部份。這樣，會增強員工的自豪感和責任感，進而激發出其工作熱情和工作能力。

心得欄 _____

_____

_____

_____

_____

_____

◎關愛造就歸屬感

《聖經》上說，希望別人怎樣待你，你就要如此對待別人。你也許認為這句話只能用在宗教和道德行為上。其實這和主管有極大的關係。為什麼，因為人們不願意跟隨漠不關心他們待遇的主管。

你是否認為你比別人要強得多，所以要求與眾不同的待遇，假若你有這種想法的話，那你最好改變一下，不然永遠沒有人會樂意跟隨你。

在第二次世界大戰期間，美國陸軍集合了 61 位來自各個著名大學的心理學權威，從事一項特別研究。在他們研究結束以後，《戰鬥員心理學》出版了研究結果。

研究中最特別的一項是，在美國陸軍史上，首次有人問到士兵對好的主管的看法。你想知道經過訪問的數千名士兵心目中，好的主管是個什麼樣的人嗎，回答得最多的一個要素是「能力」。一位好軍官應有瞭解下屬的能力。

這個答案是早在我們的預料中了，那麼其餘出現得最多的十四個要素是什麼呢，排名第二、第四、第六和第七的要素都是有關愛人方面的，即關心士兵的福利（第二），有耐心和能力將事情弄清楚（第四），不會沒有理由責罰人（第六），你做得好會給予稱讚（第七）。

再下面才是體格（第八），受過良好教育（第九）和勇氣（第十一）。

美軍出版了一本有關主管的書，名為《三軍軍官》，其中就談到：「即使以前曾說過，現在還是值得再說一遍，每位軍官最大的

責任就是在照顧自己之前，先照顧下屬──這是最重要的原則！假若一位軍官和一位士兵同行，他應該照料他的飲食、住所、醫藥治療和其他需要。他要先滿足這位士兵的需要後，才能再來照料自己。假若只有一張床或一碗飯，他得先讓給這位士兵，自己只能忍耐一點」。

西點軍校有句俗語，一位主管「應該嚴厲，但要公平」。假若你想讓別人追隨你，你就得做事公平，要按照你希望別人怎樣待你的方式來對待他們，而且要將他們的福利放在你個人需求之前。

在什麼情況下才可製造抓住下屬心的機會呢，結論是只要有心，隨時都有機會。因為，我們的心隨著工作或身體等狀況，經常會產生變化。只要能敏銳地掌握下屬心理微妙的變化，適時地說出適合當時狀態的話或採取適當的行動，就能抓住下屬的心。

例如，當下屬情緒低落時，就是抓住下屬心的最佳時機。

⑴工作不順心時。因工作失誤，或工作無法照計劃進行而情緒低落時，就是抓住下屬心的最佳時機。因為，人在彷徨無助時，希望別人來安慰或鼓勵的心願比平常更加強烈。

⑵人事變動時。因人事變動而調到新的部門的人，通常都會交織著期待與不安的心情。應該幫助他早日去除這種不安。另外，由於工作崗位的變動導致的人員改變，下屬之間的關係通常也會產生微妙的變化。不要忽視了這種變化。

⑶下屬生病時。不管平常多麼強壯的人，當身體不適時，心靈總是特別脆弱。

⑷為家人擔心時。家中有人生病，或是為小孩的教育等煩惱時，心靈總是較為脆弱。

這些情形都會促使下屬的情緒低落，所以適時的慰藉、忠告、援助等，會比平常更容易抓住下屬的心。因此，一方面，平常就要收集下屬個人資料，然後熟記於心。另一方面，主管必需及早察覺下屬心靈的狀態。

　　不妨根據以下幾個要點來察覺下屬心的躍動。

　　⑴臉色、眼睛的狀態（閃爍著光輝、咄咄逼人、視線等）；

　　⑵說話的方式（聲音的腔調、是否有精神、速度等）；

　　⑶談話的內容（話題的明快、推測或措詞）；

　　⑷身體的動作、舉止行動是否活潑；

　　⑸姿勢，走路的方式，整個身體給人的印象（精神奕奕或無精打采的）。

　　我們要有經驗地綜合這些資料，然後運用它來探索下屬心靈的狀態。今後應該更有意識地研究這些資料，以便能正確掌握下屬各人的特徵。甚至更進一步，在看到下屬的剎那間，一眼就可看透對方當時身體的狀況或心情如何，以及只是通過電話聽到聲音，立刻就可掌握下屬心靈的狀態。

◎記住下屬的姓名

　　名字，看似只是一個代表某人的符號，但它不是一般的符號，每個人對自己的名字都有一種特殊的感覺，具有極強的認同感、認定性。用一句誇張的話說，在廣袤的宇宙中，只有一種字音對人們最重要，那就是人們的名字。有位學者做過這樣的一個實驗，他找來 10 個聽力相近的人坐在一間語音室裏面，然後試著用盡可能低的聲音念一個下屬的名字。結果發現，在聲音適當的情況下，念誰的名字，只有誰能聽到，其他的 9 個人均沒有感覺到聲音。這一實驗表明，人們的耳朵對自己名字特別敏銳。

　　吉姆・法利從來沒有上過中學，可到他 46 歲時卻獲得了學位，成了國家民主委員會主席和美國郵電部部長。有人問及他成功的秘訣時，法利說：「我能記住 5000 人的姓名」。這絕不是神話，這是真的。正是這種能力幫助法利把佛蘭克林・德蘭諾・羅斯福送進了白宮。

　　在法利年輕時，他就給自己規定必須記住與之打交道人的名字。無論跟誰認識，他都要弄清這人的全名，詢問有關他家庭、職業和他的政治觀點等狀況。法利把所有這些情況都裝在腦子裏，當下次再遇到這個人時，甚至過了一年，他也能拍著這個人的肩膀，問他家庭和孩子的情況。現在可以說一點也不奇怪，法利為什麼能取得光輝的成績：競選前幾個月——當時羅斯福是美國總統候選人，法利一天內寫了幾百封信，發往西部和西北各州。他又在 20 天時間裏，到過 20 個州，乘馬車、搭火車和汽車，一共走了 2000

英里。每到一個城市他就停下來，在早飯、午飯或晚飯時間會見選民，同他們促膝談心。

法利一回到東部，就給他到過的每個城市寫信，要求收信人向他回明所有同他談過話的客人名字。花名冊上有數千人的名字。不過名單上的每一個人都收到法利的親筆信。這些信開頭全是「親愛的威爾特」或「親愛的約翰」，末尾的簽名也全是「吉姆」。

如果您能記住某個人的名字，並在過後再見面時能不費勁地叫出他的名字，這就是對他的一個小小的恭維。但是，如果你忘了或記不準了，產生的效果就不再是恭維了，而是尷尬。

大部份人記不住別人的名字的原因很簡單，就是沒下工夫。但他們努力為自己辯解，說沒時間。然而，誰再忙也沒有美國總統羅斯福忙吧，他還找時間記住與他打交道的機械師的名字呢。

受固有虛榮心的驅使，我們每個人都希望別人記住自己的名字，特別在乎的是自己的上級是否知道自己的名字。對於一個主管來說，能夠記住自己下屬的名字、籍貫，其意義遠遠不在於表明他記憶力好，而且在一定程度上體現了他對下屬的重視程度。記住了別人的名字，就應該在見面時打招呼，或在分派工作時把別人的名字給叫出來，你在與下屬談話時，也應率先直呼下屬的名字。

在一家大企業中，員工眾多，要想一時間記住上百或幾百個人的名字是困難的，但和你有直接工作關係的部門正副主管和主要員工的名字你不可不記，要認識到，記住這些人的名字並不比做成一件貿易困難多少。如果一個主管連週圍員工的名字都不想記住，別人也不會以公司的主人公自居，以企業為家。相反，你對平時接觸很少的下屬也能叫出他的名字，試想一下，那會起到什麼樣的效

果，說「某某老闆居然還記著我的名字呢」。這種效果在美國總統羅斯福那裏有過深刻的體現，他能準確地叫出他在白宮時花匠和清潔工的名字，卸任多年後他回到白宮去，仍能大聲直呼其名，和他們打招呼，讓他們感動得熱淚盈眶。

一位大賓館經理能夠叫出鍋爐工、花工或廚師的名字並不是難事，效果往往出人意料。能夠叫出下屬的姓名，這會使被招呼者感覺到在主管眼裏他是佔有一定地位的，而且還是一個重要的人物，起碼說明你看得見他，你應該能估計到這對別人會是一個多麼大的鼓舞。他可能會一遍一遍地重覆回味你叫他的名字時的音容笑貌，浪漫一點的人甚至會不自覺地給你加一點玫瑰色的幻想色彩，使你高大如山。這就是一個聰明的主管不厭其煩默記他的下屬名字的結果。

◎當下屬失去幹勁時，不斷地給其打氣

　　一個經理人能夠有效地激勵他人，便是很大的成績。要使一個公司有活力、有生氣，激勵就是一切。

　　當你的下屬失去了幹勁、意志消沉而無法執行上司交給他的任務時，就得看你如何去激勵他們了。

　　松下幸之助有句名言：「領導者再強，但員工冷淡，仍難推動工作，必須設法使每個人都自認為自己是負責人。」

　　1926 年，日本松下電器公司首次在金澤市設立了營業所，有能力去主持這個新營業所的高級主管為數不少。但是，這些老資格的人如果有誰離開總公司，那麼總公司的業務勢必受到影響。

　　這時候松下忽然想起了一個年輕的業務員，這個人的年紀剛滿20 歲。於是松下把他找來，對他說：「公司決定在金澤設立一個營業所，我希望你去主持工作。」

　　聽了這番話，這個年輕的業務員大吃一驚。他驚訝地盯著松下說：「這麼重要的職務，我恐怕不能勝任。我進入公司還不到兩年，也沒有什麼經驗……」這也難怪，剛進入公司的一個小職員，突然奉命去外地設立一個營業所，也難怪他會感到困惑。

　　不過，松下總覺得，這個年輕職員必定能夠做到。當然，不做做看還不知道，可是松下基本上對他有信賴感。所以，松下以近乎命令的口吻對他說：

　　「沒有做不到的事，你一定能夠做到的！想想看，像加藤清正、福島正則這些武將，都是在十幾歲的時候，就非常活躍了。他

們都在年輕的時候，就擁有自己的城堡，統率部下，治理領地內的老百姓。明治維新的志士們，不都也是年輕人嗎？你已經超過 20 歲了，不可能做不到。放心，你可以做到的！」

松下說了很多這類鼓勵他的話。這個年輕職員最後堅定地說：「我明白了，讓我去做吧。承蒙您給我這個機會，我會好好去幹！」他臉上的神色和剛才判若兩人，顯出很感激的樣子。所以松下也高興地說：「好，那就請你好好去做！」

這個職員一到金澤，立即展開活動，他幾乎每天都寫信給松下。他在信中告訴松下，他正在尋找可以做生意的房子，之後又寫信說房子已經找到。沒多久，籌備工作都已經就緒，於是松下從大阪派去兩三個職員，開設了營業所。

很多人即使年紀輕且經驗較少，只要好好去做，還是會成功的。松下電器公司後來在日本各地陸續設立了營業所，大致上都是以這種方式開設的。松下相信，一個優秀的員工在恰當的激勵下，是可以完成任務的，而肯定下屬能力的激勵也真的使松下公司獲得了成功。

一個人的熱情不可能永遠保持，它需經常激發，一次動員後，當你下屬的幹勁又渙散了的時候，你應該給他們動員、再動員。這也很符合每個人的心理特點，在他們沖向成功終點的途中，領導者需要一次一次地給他們打氣，給他們鼓勵。其實，這是一種精神食糧，我們每個人都不能缺少。

◎包容下屬的錯誤，激勵其將功補過

處理犯錯誤的人，要本著教育從嚴、處理從寬的原則。絕不能使員工心灰意冷，喪失積極性。

國際旅館業大王希爾頓對犯錯誤的部下總是習慣地說：「別難過，這點小錯誤算得了什麼！我在年輕時犯過比這更大的錯誤。我認為，有錯誤就表示一種進步，表示你正在努力地工作，只有什麼事都不做的人才能完全避免錯誤。」

人無完人，孰能無過。在工作過程中，下屬出現過錯，如果是因一時疏忽而造成的無意過錯，作為領導者的你應該完全諒解。如果老闆總是抓住員工的錯誤不放，甚至認為員工一有錯誤便不可再重用，那就大錯特錯了。這樣不但不利於他改正錯誤，還可能形成對你的怨恨。所以正確的做法是：信任他們，該用就用，沒必要提他們過去曾犯過的錯誤。處理犯錯誤的人，要本著教育從嚴、處理從寬的原則，絕不能使員工心灰意冷，喪失積極性。

「人知過，然後能改。」美國著名的 IBM 公司就有這樣的用人理念。它的一個部門經理曾經犯過一次重大的錯誤，給公司造成了很大的經濟損失。這位部門經理十分不安，心想此次必被解職無疑，等著挨訓撤職吧。然而董事長只是和他探討了失誤的原因，就把他調到一個別的重要部門任經理。這位元犯了錯誤的經理不解地問董事長：「您為什麼不把我撤職呢？」董事長是這樣解釋的：「我花費 100 萬美元。使你得到培訓。現在，你已經擁有了如何避免100 萬美元損失的經驗，這樣的經驗又有多少人能擁有呢？我如果

解僱你,那麼這100萬美元真的是白送掉了。」這位部門經理很受感動,他認真吸取了教訓,在新的崗位上幹得很有成績。

允許下屬犯錯誤,允許下屬在工作中出現合理的失誤,有著很重要的意義。一是下屬能感受到領導者的胸懷大度,形成上下級的親密和諧關係;二是能形成一種寬鬆愉悅的工作氣氛,增強下屬的主動參與意識和工作信心;三是下屬在工作中打消了顧慮,不隱瞞過失,更不會尋找藉口掩蓋自己的錯誤,並能自覺找出失敗的原因,吃一塹長一智,以免重蹈覆轍;四是下屬正視失敗,使一人的教訓變成眾人的財富,大家引以為戒,形成一個良好的人際環境。

◎把功勞讓給下屬

與客戶簽訂了一份重要的合約,開發了新的銷售網路,對新素材的開發提出了很好的意見,如果下屬立了上述的功勞,主管應該不吝惜地誇獎他,甚至為他舉辦慶功宴。千萬不要板著臉一言不發,嫉妒下屬比自己更引人注目。

有人天生不擅長誇獎他人或被別人誇獎,甚至認為讚美別人是件不好意思、太客氣,而且麻煩的事。所以,他們對此並不在意。另外,還有不知該說什麼來讚揚對方的人。當下屬因為完成任務而志得意滿時,主管卻輕描淡寫地說些不得體的話,使下屬覺得被潑了冷水。你或許並無惡意,只是在激勵下屬方面不善言辭,然而,聽者必定會覺得不受重視,而感到不愉快。」

千萬不要成為這樣愚蠢的主管,切記!

最令人無法原諒的就是企圖掠奪下屬功勞的主管,然而這種主

管為數甚多。一見下屬立了功，便急忙地向自己的上級邀功：「我寇里的張某得到了這樣的成果，完全是出自我的指導。」

對他而言，話的後半部才是重點。如果下屬的成功是經由其他途徑傳入上司的耳朵，他就無法得到好處。因此，為了強調下屬的成功是由於自己指導有方，他必須比別人快一步。這種人平時就在公司各個角落裏佈滿眼線來搜集情報和資料。這種主管很少外出或出差而會儘量留在公司，並且竊聽他人的電話、注意他人的動靜。

如果你企圖掠奪下屬的功勞，那麼你就必然如法炮製。不過，最好避免上述的卑鄙行為。

你或許會辯解：「不，我並不是霸佔他的功勞，是我介紹那位客戶給他的，所以，我也有功勞。」這並非毫無道理，但是功勞遭到侵佔的下屬一定會怒不可遏。有朝一日，他一定會採取報復手段。

如果你想邀功，就必須付出比部下多三倍的努力。光是扮演劇中介紹的角色，並不算有功勞。介紹之後的指導、服務，你也必須與下屬共同完成以期獲得佳績。一旦有所收穫，而你有七分功勞，下屬只有三分時，你才有資格說：「我也有功勞！」

那時即使你不提及，週圍的人也會認同你。主管比下屬更加勤奮地工作是理所當然的。不費一絲心力卻企圖享受成果的行為和小偷並無兩樣。

身為主管有必要將自己的功勞讓與下屬。你或許會認為這樣損失太大而不願意。但如果本身實力雄厚，足以建功立業，即使想吃虧也是不可能的。

某一地方視富有者施惠於貧窮者為天經地義之事。不僅如此，據說施惠的富有者還必須感謝受惠的貧困者：「因為你才使我有機

會做善事。」「我之所以能夠『施惠』是托您的福。謝謝！」

在宗教上，人們深信此「施惠」的行為可以得到神的庇佑。因此，施惠者必須對給予自己機會的人——貧困者，抱著感謝之心。

施惠者有時也會被對方要求道謝：「因為我，你才能獲得幸運，所以你必須謝謝我。」此種想法不太容易被我們接受，不過，仔細思考之後，你會發現這並非毫無道理。雖然在層次上有細微的差異，但是主管和下屬之間不也存在著類似的關係嗎？

當你將功勞讓給下屬時，千萬別要求下屬報恩，或者擺出威風凜凜的態度。因為下屬可能會因此而鬧彆扭、發脾氣，甚至感到自尊心受損，進而採取反抗的行動。這樣一來，你反而得不償失。

應該心甘情願地把功勞讓給下屬，並且對其表達感謝之意。換言之，由於你身在一個可以使你「施惠」的公司，並且擁有值得你「相讓」的下屬，才能讓你嘗到滿足的滋味，這一切都是值得感恩的。

若能持有這種心態，相信你所得到的喜悅將不可限量。而在如此充滿和諧氣氛的公司裏，主管與下屬也絕不會發生摩擦。

即使僅有一次類似經驗的下屬，也必定會將此恩惠牢記在心。在公司出問題時即可發揮作用，而在平時，下屬也會體諒主管。

第 *12* 章

領導者在逆境中尋求成功

　　領導者隨時隨地會碰到各種各樣的壓力、挫折甚至失敗，直接決定著你的事業成敗與否。作為企業領航人，領導者要積極奮發、進取、樂觀。正確處理困難、矛盾和問題，如果不能克服困難，就連保持現狀都不可能，最後必然會淪落到被淘汰的命運。

◎失敗孕育著成功的萌芽，離成功更近一步

　　一個人所能犯下的最大錯誤，就是他害怕犯下錯誤。只要你不放棄嘗試，不斷地盡自己最大的力量，你便是在創造成功。

　　你不可能做每一件事都會成功，凡事總有失敗，但是你要堅強，不要被挫折擊垮，也不要被失敗嚇倒，更不要蹉跎在過去的歲月當中。只有經得起失敗的人，才能真正成為掌握命運的強者。

　　永不言敗和善於對失敗進行總結是成功者的基本特徵。如果沒有失敗，我們就什麼也學不到。有遠見的企業家在選拔人才時，不僅重視一個人過去的成功，同時還重視這個人失敗的經歷。哈佛商學院的一位教授說：「今天，董事會在討論一個高級職位的候選人時，有人會說：『讓人擔心的是這個人還未曾經歷過失敗。』」可見失敗並非是壞事，因為每一次失敗，都孕育著成功的萌芽，每一次失敗都將使你更靠近成功。

　　不要害怕失敗，失敗並不是什麼壞事。假使你沒有獲得你想要的成果，你就將其視為一個不理想的結果，而不是失敗，然後從中學習，改進你的行為再試一次。

　　一位管理大師甚至認為，沒有犯過錯誤的人，絕不能將他提升為主管。一位日本企業家也說：「很多人都夢想成功。可是我認為，只有經過反覆的失敗和反思，才會達到成功。實際上，成功只代表你的努力的 1%，它只能是另外 99%的被稱為失敗的東西的結晶。」

　　跌倒並不可怕，可怕的是跌倒之後爬不起來，尤其是在多次跌倒以後失去了繼續前進的信心和勇氣。不管經歷多少不幸和挫折，內心依然要火熱、鎮定和自信，以屢敗屢戰和永不言棄的精神去對待挫折和困境。

　　有一位享譽全球的製表集團公司的總裁，當人們問及其從事製造高精密度手錶多年中自恃的理念是什麼時，他回答道：「永不低頭，做『失敗』的頭號敵人；踩著『失敗與跌倒』的土地衝擊！」

　　這位總裁說：「當我遇到各種各樣的『失敗與跌倒』的問題時，我就極力地抖掉向我壓來的麻煩，並且，巧妙地利用它們，把它們轉變成向上攀登的階梯，使自己從困境中走出來。我從不輕易放棄

任何一件事情與機會，所以也絕不會被失敗打倒！」

任何失敗中都蘊藏著極其豐富的經驗教訓，都是不可多得的人生教材。從失敗的教訓中學到東西，往往比從成功中學到的還要深刻。失敗是什麼？沒有什麼，只是更走近成功一步；成功是什麼？就是走過了所有通向失敗的路，只剩下一條路，那就是成功的路。

◎經得起挫折，才能戰勝困難迎來成功

人要能經得起挫折。不管你多優秀。準備得多充分。仍然有可能遇到困難、挫折和失敗。這時你更要沉著冷靜。要有寬廣的胸襟和肚量。

身為一名領導者，處於危機四伏的職場之中，隨時隨地都會碰到各種各樣的困難、問題、壓力、挫折甚至失敗。因而，你必須學會坦然面對，真正感悟到質疑聲中的真諦和失敗厄運中的恩澤，堅定不移地走出適合於自己的發展之路。

作為企業的領航人，領導者更要擁有積極奮發、進取、樂觀的心態，要樂觀向上地正確處理遇到的各種困難、矛盾和問題。如果你不能克服困難，就連保持現狀都不可能，最後必然會淪落到被淘汰的命運，而積極主動地解決問題的過程也就是書寫高效能人生的過程。

雖然我們無法左右命運，但我們至少能夠控制自己對它的態度和反應。面對命運的安排，我們應該坦然地接受它，不帶絲毫的猶豫、抱怨、藉口和哀歎。平和的心態是一個團隊領導者成功與否的關鍵，而在現今的激烈競爭中，領導者逆商的高低直接決定了企業

的抗打擊能力。在充滿競爭的環境中，面對厄運、挫折、困難和坎坷的態度如何，直接決定著誰將是勝利者，誰又將保持平庸。一個沒有能力抵抗危難打擊的企業是無法在競爭中生存的。

日本「經營之神」松下幸之助，小時候在鄉下看見農民洗甘薯，不僅覺得很好玩，而且還悟出了一番做人的道理。在鄉下，農民用木製的特大號水桶，裝滿了要洗的甘薯，然後用一根扁平的大木棍不停地攪拌。在木桶裏，大小不一的甘薯，隨著木棍的攪動，忽沉忽現。有趣的是，浮在上面的甘薯不會永遠在上面；沉在下面的甘薯，也不會永遠在下面。甘薯總是浮浮沉沉，互有輪換。

洗甘薯是這樣，生活何嘗不是這樣？松下深有體會地說：「這種沉沉浮浮、互有輪換的景象，正是人生的寫照。每一個人的一生，就像那個甘薯一樣，總是浮浮沉沉，不會永遠春風得意，也不會永遠窮困潦倒。這樣持續不停地一浮一沉，就是對每個人最好的磨煉。」

松下在商界聲名顯赫，業績輝煌，可是他的一生並不幸福：他出身貧苦，一生受病魔糾纏，常常因病而臥床。然而，每當他遭受打擊與挫折時，就會想起鄉下人洗甘薯的那一幕。於是，他百折不撓，越挫越勇，最終轉敗為勝，化危為安。

領導者的重要任務是實現相應的工作目標。實現工作目標總是與克服困難聯繫在一起的。領導者克服了困難，工作就會有所前進，因此，堅強的意志，是優秀領導者的一個重要的非智力因素方面的心理品質。堅強的意志可使領導者能夠以充沛的精力和堅韌的毅力，為實現實際目標而努力奮鬥，不達目的誓不甘休。

卓越的領導者在做每一件事時都要比別人早一步，都要比別人

更迅速地掌握未來的動態、資訊和走向。要想創大業，建大功，就要搶佔先機而不落於眾人之後，就要使人追隨我而不是我去追隨人。

有競爭才有壓力，有壓力才會有動力，有動力才會有活力。引進競爭機制，培養員工的競爭意識，能有效地激勵員工追求進步，激發他們的學習動力，公司上下也將生機勃勃。

一個人在平等的競爭中，能夠充分發揮自己的聰明才智，能夠極大地發揚自己的創新精神和奮鬥精神。因此，競爭可以成為催人上進、促人前進的有效動力。在心理學中，競爭被視為能激發一個人自我提高的一種動機和形式。

有競爭才有壓力，有壓力才會有動力，有動力才會有活力。企業引進競爭機制，培養員工的競爭意識，能有效地激勵員工追求進步，激發他們的學習動力，而公司上下也將生機勃勃。這是管理者做好管理工作的藝術，也是企業取得成功的關鍵。

人是有惰性的。一成不變的安逸環境，最容易消磨員工的鬥志，遞減員工的創造激情。當一個員工的工作激情衰減到對企業的危機無動於衷時，這個企業也就同步衰敗了。這也是許多優秀企業短命的原因。在這種情況下，只有引入競爭機制，使公司變成「競技場」，員工的潛能才會被激發出來，他們的聰明才智才會更有用武之地。在面臨嚴峻考驗時，員工才會有勇氣挺身而出，接受挑戰。

在競爭日趨白熱化的今天，競爭是企業生存的強人武器，是激勵員工向上的絕對因素。在員工之間引入競爭機制，可最大化地激發他們的好勝心理，滿足他們獲勝、拔尖、成為優秀者的願望，進而激發員工的工作積極性。

◎增強行動力

伊士曼化工原料國際有限公司完全依靠非財務標準實施戰略。這是一家擁有 50 億美元資產的化工生產商。使該公司脫穎而出的是，公司主管在高層推行他們幾年來在基層發展的經營哲學——全面品質管理，由此慢慢形成了一種自己的方式。

伊士曼公司的事實表明，品質管理的原則，如數據收集、不斷回饋和持續學習，類似於卡普蘭、諾頓以及其他持相同見解的業績顧問所提倡的業績測量原則。公司的企業發展與戰略副總裁 J‧塔克特指出，伊士曼的主管團隊與公司其他人員一樣遵循著持續改進週期。

伊士曼採用業績標準實現戰略目標時，採用了許多與其他公司同樣的方式。不過，其品質流程顯示出伊士曼公司的獨到之處。在發展高標準的同時，伊士曼公司努力「把這些標準與我們的戰略意圖以及顧客、員工、投資者、供應商和公眾等五大企業利益關係人聯繫在一起」。

例如，其中第一項高標準是顧客價值，第二項是員工留任率，第三項是社區滿意度，第四項是一項主要的財務標準——經濟收益。

伊士曼於是在企業內逐級實施這些標準。「相互維繫」的團隊建立相互維繫的標準；高層團隊是由 11 位成員組成的主管團隊，為整個企業制定高標準。主管團隊的每位成員又分頭帶領一個團隊，制定出自己的標準。這些標準都是依據相關高層標準制定的，

如此這般逐級落實到第一線。

每個訪問過伊士曼的人幾乎處處都會感受到這種觀念。在工廠的控制室裏，告示牌上是手畫的控制圖。到主管團隊會議室裏，又會看到滑動牆板上展示著許多手工填寫的最新資訊圖表。其中兩個圖表追蹤的是安全性，6 個圖表顯示高層主管拜訪顧客的追蹤記錄。還有一些圖表則反映了影響投資回報的所有標準項，如顧客滿意度、銷售收入、人工開支等。

這種對業績測量的追求給伊士曼的主管帶來價值無限的益處。他們可以用一種可靠的數據庫方式來監控戰略，並在需要時中途予以修正。還有一項主要的好處是，使大家有動力眾志成城地一心支持各項決策。

以前，伊士曼在不同部門為不同員工制定不同的標準，並根據這些標準確定浮動薪酬。1994 年初，伊士曼決定對所有員工採用一種浮動薪酬標準，那就是投資回報。他們相信，這樣會使公司上下心系一處。在公司制定重大決策，如關閉一間企業時，員工就能更體貼公司，會意識到良好的資金運作有利於他們的切身利益。即使公司小有舉措，員工也會這樣想，會更在意錢花得明智與否。

財務總監維吉爾說道：「這就是員工的主人翁精神。」之所以有這種主人翁意識，是因為公司有一種管理體制，把高層戰略和基層行動結合在一起。也許，這就是為什麼伊士曼 1995 年能夠獲得 3.46 億美元的經濟收益，比投資成本高出 13.2 個百分點。對於一家相信掙大錢的捷徑就是緊抓影響企業底線收益的一系列測量標準，而不是著眼於底線收益的企業來說，這種收益的確不錯。

第 *13* 章

領導者抓大放小的管理理念

如果領導者事無巨細都親自料理，既容易焦頭爛額而顧此失彼，又影響了下屬的積極性。領導者必須具備「抓大放小」，集中精力管人事，充分信任下屬，從繁忙的事務中解脫出來，做自己該做的事，有效地利用寶貴時間，創造出更大的價值。

◎制定決策要顧全大局，捨小取大

一個領導者只有深謀遠慮，從整體上分析和進行判斷，顧全大局，捨小取大，才能做出正確的選擇和決策。

人的一生會遇到很多十字路口，當你茫然四顧、不知向何處走的時候，一定要理智。當生活要讓我們付出慘痛的代價以前，主動放棄眼前利益而保全長遠利益是最明智的選擇。正所謂「兩弊相衡取其輕，兩利相權取其重」。

一個人在危急時刻，往往手忙腳亂，失去了分寸，最容易只見樹木而不見森林。很多時候，捨不得局部的或眼前的一些小利益，很可能就會使自己損失整體利益。有一些事情，表面上看來是獲得、是勝利，但是從整體、長遠看來卻是損失，聰明的人不會被此迷惑。常言說「因小失大」，假使你以單純的想法自以為獲得，等到後來，往往會發現其實是受到損失了。

第二次世界大戰後，以美英法為首的戰勝國決定在美國紐約成立一個協調處理世界事務的聯合國。一切準備就緒之後，大家驀然發現，這個最有權威的世界性組織竟找不到自己的立足之地。

聽到這一消息後，美國著名的家族財團洛克菲勒家族經商議，馬上果斷出資 800 多萬美元，在紐約買下了一塊地皮，將這塊地皮無條件地贈送給了這個剛剛掛牌的國際性組織——聯合國。同時，洛克菲勒家族亦將毗連這塊地皮的在當時價值不高、沒人看上眼的大面積地皮也全部買下·對洛克菲勒家族的這一出人意料之舉，許多美國大財團都吃驚不已——800 多萬美元，對於戰後經濟萎靡的美國和全世界都是一筆不小的數目呀，而洛克菲勒家族卻將它拱手相贈，並且什麼條件也沒有。這條消息傳出後，美國許多財團主和地產商都紛紛嘲笑說：「這簡直是蠢人之舉。」並紛紛斷言：「這樣經營不要 10 年，著名的洛克菲勒家族財團便會淪落為著名的洛克菲勒家族貧民集團。」

但出人意料的是，聯合國大樓剛剛完工，毗鄰它四週的地價便立刻飆升起來，相當於捐贈款數十倍、近百倍的巨額財富源源不斷地流進了洛克菲勒家族的口袋。這種結局令那些曾經譏諷和嘲笑過洛克菲勒家族的人們目瞪口呆。

其實在許多時候，贈予也是一種經營之道。有捨有得，只有捨去才能得到。成功者有時僅僅在於抓住了一兩次被別人忽視了的機遇，而機遇的獲取，關鍵在於你是否能夠在人生道路上進行果斷的取捨。在某種特定時期，你只有敢於取捨，才有機會獲取更長遠的利益。

無數事實表明，一個領導者只有深謀遠慮，從整體上分析和進行判斷，顧全大局，捨小取大，才能做出正確的選擇和決策。有時，為了顧全大局，保護更大的利益，需要學會暫時捨棄相對較小的利益。求財做事，要放長線釣大魚，立足現實，著眼未來，從長計議，這才是贏家的制勝之道。

◎別為無足輕重的事情而傷神

在處理工作事務中。我們應該集中精力解決重要並緊急的事務。在領導生涯裏，要培養「要事第一」的習慣。

工作效率最高的領導者，是那些對無足輕重的事情無動廠衷的人。「要事第一」是我們獲取成功的重要法則。試想，一種人每天都在做自己人生中最重要的事，而另一種人卻每天都在做與自己人生無關緊要的事，那他們的人生價值將有多大差異啊。

今天，領導者必須學會在高度緊張的環境裏高效率地工作，重點抓好特別需要關注的重大而長遠的事宜。你的身份、地位將促使你長期地關注非常重要的事情，這最終將促使你做出獨特的貢獻，而且你創造的價值是別人無法企及的。你的聚焦習慣就會為你帶來成果，讓你脫穎而出，讓你走上輝煌的成功之路。

美國伯利恒鋼鐵公司總裁查理斯‧舒瓦普，曾因為公司瀕臨破產而向效率管理大師艾維‧利諮詢求助。

　　聽了舒瓦普一個多小時的傾訴，艾維‧利說：「這樣吧，我給你一個方法，不過如果這個方法確實有用的話，你要付給我 2.5 萬美元的報酬。」舒瓦普此時已經焦頭爛額，雖然覺得有點離譜，但還是答應了。

　　於是，艾維‧利拿出了一張白紙說：「請在這張紙上寫下你明天要做的六件最重要的事。」

　　舒瓦普想了想，用五分鐘寫下了六件事。

　　艾維‧利接著說：「現在用數位按順序標明每件事對於你和你的公司的重要性的大小。」

　　舒瓦普又用了五分鐘，完成了對六件事的標注。

　　艾維‧利說：「好了，把這張紙放進口袋，明天早上第一件事是把它拿出來，做第一項最重要的。先不要看其他的，只是第一項，著手辦這一項，直到完成為止。然後用同樣的辦法對待第二項、第三項……直到你下班為止。如果只做完第一項，那麼不要緊，因為你總是在做最重要的事情。」

　　艾維‧利最後說：「每天都要這樣做。你剛才看見了，只用十分鐘時間你對這種方法的價值便深信不疑，叫你公司的人也都這樣幹。」

　　「這個試驗你想做多久就做多久，然後給我寄支票吧，你認為值多少錢就給我多少錢。」艾維‧利說。

　　一個月後，查理斯‧舒瓦普給艾維‧利寄去了一張 2.5 萬美元的支票，並附上一封信，信上說，艾維‧利給他上了一生中最有價

值的一課。5 年之後，這個當初不為人知的小鋼鐵廠一躍成為世界
上最大的獨立鋼鐵廠之一。

這就是著名的「六點優先工作制」方法。艾維·利認為，一般
情況下，如果人們每天都能全力以赴完成六件最重要的事，那麼他
一定是一位高效率人士。正是因為查理斯·舒瓦普接受了艾維·利
的建議，對其付諸了實施，他的鋼鐵公司才能迅速發展，為其以後
的發展奠定了堅實的基礎。

我們常會遇到千頭萬緒的情況，這時就需要把問題的輕重緩急
分清，然後找到其中最迫切需要解決的問題，並集中力量解決它。
一位管理學大師說：「沒有人能永遠按照事情的輕重程度去做事。
但按部就班地做事，總比想到什麼就做什麼要好得多。」

因此，我們在處理事務優先次序的依據是「重要程度」和「緊
急程度」並舉。所謂重要程度就是指所要處理的事務對實現目標的
貢獻大小；所謂緊急就是從時間上的緊迫性來說的。把事務按照「重
要」和「緊急」劃分為四個象限。

第一象限是重要又急迫的事。這是考驗我們的經驗、判斷力的
時刻，也是可以用心耕耘的園地。我們不能忘記，很多重要的事都
是閣為一拖再拖或事前準備不足，而變成迫在眉睫的事情。

第二象限是重要但不緊急的事。荒廢這個領域將使第一象限日益擴大，使我們陷入更大的壓力，在危機中疲于應付。反之，多投入一些時間在這個領域有利於提高實踐能力，縮小第一象限的範圍。

　　第三象限是緊急但不重要的事。有些事表面看似在第一象限，因為迫切的呼聲會讓我們產生「這件事很重要」的錯覺——實際上就算重要也是對別人而言。電話、會議、突來訪客都屬於這一類。我們花很多時間在這個裏面打轉，自以為是在第一象限，其實不過是在滿足別人的期望與標準。

　　第四象限屬於不緊急也不重要的事。簡而言之就是浪費生命，所以根本不值得花半點時間在這個象限。但我們往往在一、三象限來回奔走，忙得焦頭爛額，不得不到第四象限去「療養」一番再出發。

　　總之，在處理工作事務時，我們應該集中精力解決重要緊急的事務。在領導生涯裏，培養「要事第一」的習慣，就像其他好習慣一樣，將成為你性格的一部份，在困難的歲月將成為你力量的源泉。

◎工作要分清輕重緩急，學會抓大放小

作為領導者，必須具備「抓大放小」的鑑別力。「大」是事物的主要矛盾，事關所在單位的發展的大計方針、決策、前途、命運等方面的事情；「小」是指那些無礙大局的雞毛蒜皮的事情。

企業領導者因為每天都要面對繁重的工作，做到要事第一、既見樹木又見森林是十分重要的。分清輕重緩急，學會抓大放小，這既能把自己從繁重的工作中解放出來，也能讓公司實現最高效的運轉。因此，領導者應學會通過自我管理，區分事情的輕重緩急，把不重要、不緊急的事先擱置一邊，做到要事第一。

一位知名公司的創始人說過：「人有兩種能力是千金難求的無價之寶：一是思考能力；二是分清事情的輕重緩急，並妥當處理的能力。」工作的時候，如果你分不清事情的「輕重緩急」，不但會浪費許多時間，更會讓你的努力全部「歸零」。

現代企業領導的工作千頭萬緒、複雜多變，領導者要想駕馭全局，從繁雜的事務中解脫出來，牢牢掌握工作的主動權，這就要求領導者要具備高超的領導藝術。一位管理學大師說：「我們通常都能很勇敢地面對生活裏那些大的危機，卻被那些小事情搞得垂頭喪氣。不要讓自己因為一些應該丟開和忘掉的小事而煩惱，要記住：『人生短暫，莫為瑣事所累。』」

作為領導者要抓住全盤工作的關鍵，抓住了主要矛盾，一切問題就迎刃而解了；要總攬全局，要站在全局工作上抓重點，對政策性、全局陸的工作必須一覽到底，對事務性、一般性的工作要放手；

要抓提高工作效率的重要環節。有的領導工作上勁沒少使，心沒少費，可事與願違，從早到晚忙忙碌碌，結果卻是效果平平。究其原因，他的工作方法不對頭，事必躬親，鬍子眉毛一把抓，處於被動地應付狀態。

一位美國管理學家指出：「有效管理者做事必須首要的事情先做。」由此可見，領導者應儘量不參與與己無關的小事，集中更多的時間，專心自己的事業，抓好全局性、政策性的大事。做領導者該做的事，抓大放小，集中精力，有效利用寶貴時間，創造出更大的價值。

◎合理利用時間，提高工作效率

善於利用時間，是每一個成功者的願望，也是其成功的條件。不同的人對待時間價值上的不同態度和觀點，決定了其人生的成敗。

我們經常會聽到許多領導者抱怨工作繁重，每天都有幹不完的事，一週有一半以上的時間在加班，沒時間健身，身體長期處於亞健康狀態；也有人抱怨，知識更新迅速，沒時間充電。從這些抱怨中不難看出，大家是因為缺乏時間管理的技巧而不能很有效地利用時間。

成功與失敗的界限在於怎樣分配時間，怎樣安排時間，不應滿足于現有的做事方法，而應經常動腦思考，尋找可以改進的最佳途徑。一位哲人說得好：「時間和做事的關係，就像金錢和貨物的關係一樣；一件事做得太慢、費時太多，就像是為一件物品支付了過

高的價格。」因此，我們應經常動腦思考，尋找可以改進的地方，效率通常總是可以提高的。

休格‧布萊克進入美國議會前，並未受過高等教育。他每天從百忙中擠出一小時到國會圖書館去博覽群書，包括政治、歷史、哲學、詩歌等方面的書，數年如一日，就是在議會工作最忙的日子裏也從未間斷過。後來他成了美國最高法院的法官，這時他已是最高法院中知識極為淵博的人士之一。

事物的發展變化，總是由量變到質變。如果想成就一番事業，一定要學會用零碎的時間學習整塊的東西，做到點滴積累，系統提高。古今中外，凡是有成就的人物都具有時間觀念。善於利用時間，是每一個成功者的願望，也是其成功的條件。不同的人對待時間價值上的不問態度和觀點，決定了其人生的成敗。

一位諾貝爾獎獲得者的體會更加深刻，他說：「每天不浪費剩餘的那一點時間。即使只有五六分鐘，如果利用起來，也一樣可以產生很大的價值。」

把時間積零為整，精心使用，這正是古今中外很多成功者取得輝煌成就的妙招之一。

◎對小事應糊塗，遇到大事須清醒

　　「糊塗」與「精明」的關係非常微妙，要分清場合用。領導者在辦一件關係全局的事時，要用精明成人事；相反，對有些生活中的細碎事情，宜糊塗，不必斤斤計較。

　　做領導者之難，往往與不好把握這樣兩個詞——「糊塗」與「精明」有關。每個人都不想成為糊塗之人，這一點毫無疑問。但是，人與人之間相處難免有是是非非，究竟該怎樣處理呢？答案是，人事與小事相對，精明與糊塗孿生。意思是說，對於大事應當精明，而對那些無關原則性的小事，則應該睜一隻眼睛閉一隻眼睛。

　　清代名臣左宗棠有句名言：「凡小事精明，必誤大事。」左宗棠在為人處世中始終保持著清醒的頭腦。他認為，精明與糊塗是一對矛盾的字眼，人們又比較傾向于「精明」一詞，這當然是再正常不過了，誰不首先考慮自己呢？但是有些時候，如果你把糊塗融入自己的做人之道中，或許就會遊刃有餘。

　　左宗棠的「凡小事精明，必誤大事」的認識無疑是一種大智慧。左宗棠的一位同鄉對左宗棠的一生曾做過這樣的評價：「凡有利於國家之事，知無不言，言無不盡，見無不為，為無不力。」也就是說，在國家大事上，左宗棠特別認真，從未糊塗過。另外，在教育子女這樣事關家族傳統能否傳承、門楣能否光大的大問題上也從未糊塗過，而在一些小事上，左宗棠卻很少去計較。例如，在他一生的交往中，胡雪岩是一個特殊的人物。如果真要是不分大事小事一概計較的話，胡雪岩的許多行為都是左宗棠所不事的。放長線釣大

魚，立足現實，著眼未來，從長計議，這才是贏家的制勝之道。

　　領導者一生要經歷的事情不計其數，如果事事都要認真盤算，勢必會使自己筋疲力盡。所以，對一些不重要的小事最好能忍得一時之氣，糊塗處之，尤其是涉及個人名利問題，更應該如此。俗語說：「呂端大事不糊塗。」就是告訴人們要在小事上不妨糊塗些，而真正遇到大事則需要保持清醒的頭腦，關鍵時刻表現出大智慧。

　　許多經歷風霜、明察世事的人都這麼認為：很多情況下，糊塗是一種機敏、一種理智，是一種優良的交際武器，如果運用恰當，可以讓你贏得一片嶄新的天地。

心得欄 _____

_____

_____

_____

_____

_____

臺灣的核心競爭力，就在這裏！

圖 書 出 版 目 錄

　　下列圖書是由憲業企管顧問（集團）公司所出版，以專業立場，為企業界提供最專業的各種經營管理類圖書。

1. 傳播書香社會，直接向本出版社購買，一律 9 折優惠，郵遞費用由本公司負擔。服務電話(02) 27622241　(03) 9310960　　傳真(03) 9310961

2. 付款方式：請將書款轉帳到我公司下列的銀行帳戶。

・銀行名稱：合作金庫銀行（敦南分行）　帳號：**5034-717-347447**
　公司名稱：憲業企管顧問有限公司

・郵局劃撥號碼：**18410591**　郵局劃撥戶名：憲業企管顧問公司

3. 圖書出版資料隨時更新，請見網站　**www.bookstore99.com**

～～～～經營顧問叢書～～～～

13	營業管理高手（上）	一套	72	傳銷致富	360 元
14	營業管理高手（下）	500 元	73	領導人才培訓遊戲	360 元
16	中國企業大勝敗	360 元	76	如何打造企業贏利模式	360 元
18	聯想電腦風雲錄	360 元	78	財務經理手冊	360 元
19	中國企業大競爭	360 元	79	財務診斷技巧	360 元
21	搶灘中國	360 元	80	內部控制實務	360 元
25	王永慶的經營管理	360 元	81	行銷管理制度化	360 元
26	松下幸之助經營技巧	360 元	82	財務管理制度化	360 元
32	企業併購技巧	360 元	83	人事管理制度化	360 元
33	新產品上市行銷案例	360 元	84	總務管理制度化	360 元
46	營業部門管理手冊	360 元	85	生產管理制度化	360 元
47	營業部門推銷技巧	390 元	86	企劃管理制度化	360 元
52	堅持一定成功	360 元	91	汽車販賣技巧大公開	360 元
56	對準目標	360 元	97	企業收款管理	360 元
58	大客戶行銷戰略	360 元	100	幹部決定執行力	360 元
60	寶潔品牌操作手冊	360 元	106	提升領導力培訓遊戲	360 元

112	員工招聘技巧	360 元
113	員工績效考核技巧	360 元
114	職位分析與工作設計	360 元
116	新產品開發與銷售	400 元
122	熱愛工作	360 元
124	客戶無法拒絕的成交技巧	360 元
125	部門經營計劃工作	360 元
129	邁克爾・波特的戰略智慧	360 元
130	如何制定企業經營戰略	360 元
132	有效解決問題的溝通技巧	360 元
135	成敗關鍵的談判技巧	360 元
137	生產部門、行銷部門績效考核手冊	360 元
138	管理部門績效考核手冊	360 元
139	行銷機能診斷	360 元
140	企業如何節流	360 元
141	責任	360 元
142	企業接棒人	360 元
144	企業的外包操作管理	360 元
146	主管階層績效考核手冊	360 元
147	六步打造績效考核體系	360 元
148	六步打造培訓體系	360 元
149	展覽會行銷技巧	360 元
150	企業流程管理技巧	360 元
152	向西點軍校學管理	360 元
154	領導你的成功團隊	360 元
155	頂尖傳銷術	360 元
156	傳銷話術的奧妙	360 元
160	各部門編制預算工作	360 元
163	只為成功找方法，不為失敗找藉口	360 元
167	網路商店管理手冊	360 元
168	生氣不如爭氣	360 元
170	模仿就能成功	350 元
171	行銷部流程規範化管理	360 元
172	生產部流程規範化管理	360 元
174	行政部流程規範化管理	360 元
176	每天進步一點點	350 元
181	速度是贏利關鍵	360 元
183	如何識別人才	360 元
184	找方法解決問題	360 元
185	不景氣時期，如何降低成本	360 元
186	營業管理疑難雜症與對策	360 元
187	廠商掌握零售賣場的竅門	360 元
188	推銷之神傳世技巧	360 元
189	企業經營案例解析	360 元
191	豐田汽車管理模式	360 元
192	企業執行力（技巧篇）	360 元
193	領導魅力	360 元
198	銷售說服技巧	360 元
199	促銷工具疑難雜症與對策	360 元
200	如何推動目標管理(第三版)	390 元
201	網路行銷技巧	360 元
202	企業併購案例精華	360 元
204	客戶服務部工作流程	360 元
206	如何鞏固客戶（增訂二版）	360 元
208	經濟大崩潰	360 元
209	鋪貨管理技巧	360 元
210	商業計劃書撰寫實務	360 元
212	客戶抱怨處理手冊(增訂二版)	360 元
214	售後服務處理手冊(增訂三版)	360 元
215	行銷計劃書的撰寫與執行	360 元
216	內部控制實務與案例	360 元
217	透視財務分析內幕	360 元
219	總經理如何管理公司	360 元
222	確保新產品銷售成功	360 元
223	品牌成功關鍵步驟	360 元
224	客戶服務部門績效量化指標	360 元
226	商業網站成功密碼	360 元
228	經營分析	360 元
229	產品經理手冊	360 元
230	診斷改善你的企業	360 元
231	經銷商管理手冊（增訂三版）	360 元
232	電子郵件成功技巧	360 元
233	喬・吉拉德銷售成功術	360 元
234	銷售通路管理實務〈增訂二版〉	360 元
235	求職面試一定成功	360 元
236	客戶管理操作實務〈增訂二版〉	360 元
237	總經理如何領導成功團隊	360 元

238	總經理如何熟悉財務控制	360 元
239	總經理如何靈活調動資金	360 元
240	有趣的生活經濟學	360 元
241	業務員經營轄區市場（增訂二版）	360 元
242	搜索引擎行銷	360 元
243	如何推動利潤中心制度（增訂二版）	360 元
244	經營智慧	360 元
245	企業危機應對實戰技巧	360 元
246	行銷總監工作指引	360 元
247	行銷總監實戰案例	360 元
248	企業戰略執行手冊	360 元
249	大客戶搖錢樹	360 元
250	企業經營計劃〈增訂二版〉	360 元
251	績效考核手冊	360 元
252	營業管理實務（增訂二版）	360 元
253	銷售部門績效考核量化指標	360 元
254	員工招聘操作手冊	360 元
255	總務部門重點工作（增訂二版）	360 元
256	有效溝通技巧	360 元
257	會議手冊	360 元
258	如何處理員工離職問題	360 元
259	提高工作效率	360 元
261	員工招聘性向測試方法	360 元
262	解決問題	360 元
263	微利時代制勝法寶	360 元
264	如何拿到 VC（風險投資）的錢	360 元
265	如何撰寫職位說明書	360 元
267	促銷管理實務〈增訂五版〉	360 元
268	顧客情報管理技巧	360 元
269	如何改善企業組織績效〈增訂二版〉	360 元
270	低調才是大智慧	360 元
272	主管必備的授權技巧	360 元
274	人力資源部流程規範化管理（增訂三版）	360 元
275	主管如何激勵部屬	360 元
276	輕鬆擁有幽默口才	360 元

277	各部門年度計劃工作（增訂二版）	360 元
278	面試主考官工作實務	360 元
279	總經理重點工作（增訂二版）	360 元
282	如何提高市場佔有率（增訂二版）	360 元
283	財務部流程規範化管理（增訂二版）	360 元
284	時間管理手冊	360 元
285	人事經理操作手冊（增訂二版）	360 元
286	贏得競爭優勢的模仿戰略	360 元
287	電話推銷培訓教材（增訂三版）	360 元
288	贏在細節管理（增訂二版）	360 元
289	企業識別系統 CIS（增訂二版）	360 元
290	部門主管手冊（增訂五版）	360 元
291	財務查帳技巧（增訂二版）	360 元
292	商業簡報技巧	360 元
293	業務員疑難雜症與對策（增訂二版）	360 元
294	內部控制規範手冊	360 元
295	哈佛領導力課程	360 元

《商店叢書》

5	店員販賣技巧	360 元
10	賣場管理	360 元
12	餐飲業標準化手冊	360 元
18	店員推銷技巧	360 元
29	店員工作規範	360 元
30	特許連鎖業經營技巧	360 元
34	如何開創連鎖體系〈增訂二版〉	360 元
35	商店標準操作流程	360 元
36	商店導購口才專業培訓	360 元
37	速食店操作手冊〈增訂二版〉	360 元
38	網路商店創業手冊〈增訂二版〉	360 元
40	商店診斷實務	360 元
41	店鋪商品管理手冊	360 元

42	店員操作手冊（增訂三版）	360 元
43	如何撰寫連鎖業營運手冊〈增訂二版〉	360 元
44	店長如何提升業績〈增訂二版〉	360 元
45	向肯德基學習連鎖經營〈增訂二版〉	360 元
46	連鎖店督導師手冊	360 元
47	賣場如何經營會員制俱樂部	360 元
48	賣場銷量神奇交叉分析	360 元
49	商場促銷法寶	360 元
50	連鎖店操作手冊（增訂四版）	360 元
51	開店創業手冊〈增訂三版〉	360 元
52	店長操作手冊（增訂五版）	360 元

《工廠叢書》

5	品質管理標準流程	380 元
9	ISO 9000 管理實戰案例	380 元
10	生產管理制度化	360 元
11	ISO 認證必備手冊	380 元
12	生產設備管理	380 元
13	品管員操作手冊	380 元
15	工廠設備維護手冊	380 元
16	品管圈活動指南	380 元
17	品管圈推動實務	380 元
20	如何推動提案制度	380 元
24	六西格瑪管理手冊	380 元
30	生產績效診斷與評估	380 元
32	如何藉助 IE 提升業績	380 元
35	目視管理案例大全	380 元
38	目視管理操作技巧（增訂二版）	380 元
42	物料管理控制實務	380 元
46	降低生產成本	380 元
47	物流配送績效管理	380 元
49	6S 管理必備手冊	380 元
51	透視流程改善技巧	380 元
55	企業標準化的創建與推動	380 元
56	精細化生產管理	380 元
57	品質管制手法〈增訂二版〉	380 元
58	如何改善生產績效〈增訂二版〉	380 元

63	生產主管操作手冊(增訂四版)	380 元
64	生產現場管理實戰案例〈增訂二版〉	380 元
65	如何推動 5S 管理（增訂四版）	380 元
67	生產訂單管理步驟〈增訂二版〉	380 元
68	打造一流的生產作業廠區	380 元
70	如何控制不良品〈增訂二版〉	380 元
71	全面消除生產浪費	380 元
72	現場工程改善應用手冊	380 元
75	生產計劃的規劃與執行	380 元
76	如何管理倉庫（增訂六版）	380 元
77	確保新產品開發成功（增訂四版）	380 元
78	商品管理流程控制(增訂三版)	380 元
79	6S 管理運作技巧	380 元
80	工廠管理標準作業流程〈增訂二版〉	380 元
81	部門績效考核的量化管理（增訂五版）	380 元
82	採購管理實務〈增訂五版〉	380 元
83	品管部經理操作規範〈增訂二版〉	380 元
84	供應商管理手冊	380 元
85	採購管理工作細則〈增訂二版〉	380 元

《醫學保健叢書》

1	9 週加強免疫能力	320 元
3	如何克服失眠	320 元
4	美麗肌膚有妙方	320 元
5	減肥瘦身一定成功	360 元
6	輕鬆懷孕手冊	360 元
7	育兒保健手冊	360 元
8	輕鬆坐月子	360 元
11	排毒養生方法	360 元
12	淨化血液　強化血管	360 元
13	排除體內毒素	360 元
14	排除便秘困擾	360 元
15	維生素保健全書	360 元
16	腎臟病患者的治療與保健	360 元
17	肝病患者的治療與保健	360 元
18	糖尿病患者的治療與保健	360 元

19	高血壓患者的治療與保健	360 元
22	給老爸老媽的保健全書	360 元
23	如何降低高血壓	360 元
24	如何治療糖尿病	360 元
25	如何降低膽固醇	360 元
26	人體器官使用說明書	360 元
27	這樣喝水最健康	360 元
28	輕鬆排毒方法	360 元
29	中醫養生手冊	360 元
30	孕婦手冊	360 元
31	育兒手冊	360 元
32	幾千年的中醫養生方法	360 元
34	糖尿病治療全書	360 元
35	活到 120 歲的飲食方法	360 元
36	7 天克服便秘	360 元
37	為長壽做準備	360 元
39	拒絕三高有方法	360 元
40	一定要懷孕	360 元
41	提高免疫力可抵抗癌症	360 元
42	生男生女有技巧〈增訂三版〉	360 元

《培訓叢書》

11	培訓師的現場培訓技巧	360 元
12	培訓師的演講技巧	360 元
14	解決問題能力的培訓技巧	360 元
15	戶外培訓活動實施技巧	360 元
16	提升團隊精神的培訓遊戲	360 元
17	針對部門主管的培訓遊戲	360 元
18	培訓師手冊	360 元
20	銷售部門培訓遊戲	360 元
21	培訓部門經理操作手冊（增訂三版）	360 元
22	企業培訓活動的破冰遊戲	360 元
23	培訓部門流程規範化管理	360 元
24	領導技巧培訓遊戲	360 元
25	企業培訓遊戲大全(增訂三版)	360 元
26	提升服務品質培訓遊戲	360 元

《傳銷叢書》

4	傳銷致富	360 元
5	傳銷培訓課程	360 元
7	快速建立傳銷團隊	360 元

10	頂尖傳銷術	360 元
11	傳銷話術的奧妙	360 元
12	現在輪到你成功	350 元
13	鑽石傳銷商培訓手冊	350 元
14	傳銷皇帝的激勵技巧	360 元
15	傳銷皇帝的溝通技巧	360 元
17	傳銷領袖	360 元
18	傳銷成功技巧（增訂四版）	360 元
19	傳銷分享會運作範例	360 元

《幼兒培育叢書》

1	如何培育傑出子女	360 元
2	培育財富子女	360 元
3	如何激發孩子的學習潛能	360 元
4	鼓勵孩子	360 元
5	別溺愛孩子	360 元
6	孩子考第一名	360 元
7	父母要如何與孩子溝通	360 元
8	父母要如何培養孩子的好習慣	360 元
9	父母要如何激發孩子學習潛能	360 元
10	如何讓孩子變得堅強自信	360 元

《成功叢書》

1	猶太富翁經商智慧	360 元
2	致富鑽石法則	360 元
3	發現財富密碼	360 元

《企業傳記叢書》

1	零售巨人沃爾瑪	360 元
2	大型企業失敗啟示錄	360 元
3	企業併購始祖洛克菲勒	360 元
4	透視戴爾經營技巧	360 元
5	亞馬遜網路書店傳奇	360 元
6	動物智慧的企業競爭啟示	320 元
7	CEO 拯救企業	360 元
8	世界首富　宜家王國	360 元
9	航空巨人波音傳奇	360 元
10	傳媒併購大亨	360 元

《智慧叢書》

1	禪的智慧	360 元
2	生活禪	360 元
3	易經的智慧	360 元
4	禪的管理大智慧	360 元

5	改變命運的人生智慧	360 元
6	如何吸取中庸智慧	360 元
7	如何吸取老子智慧	360 元
8	如何吸取易經智慧	360 元
9	經濟大崩潰	360 元
10	有趣的生活經濟學	360 元
11	低調才是大智慧	360 元

《DIY 叢書》

1	居家節約竅門 DIY	360 元
2	愛護汽車 DIY	360 元
3	現代居家風水 DIY	360 元
4	居家收納整理 DIY	360 元
5	廚房竅門 DIY	360 元
6	家庭裝修 DIY	360 元
7	省油大作戰	360 元

《財務管理叢書》

1	如何編制部門年度預算	360 元
2	財務查帳技巧	360 元
3	財務經理手冊	360 元
4	財務診斷技巧	360 元
5	內部控制實務	360 元
6	財務管理制度化	360 元
8	財務部流程規範化管理	360 元
9	如何推動利潤中心制度	360 元

為方便讀者選購,本公司將一部分上述圖書又加以專門分類如下:

《企業制度叢書》

1	行銷管理制度化	360 元
2	財務管理制度化	360 元
3	人事管理制度化	360 元
4	總務管理制度化	360 元
5	生產管理制度化	360 元
6	企劃管理制度化	360 元

《主管叢書》

1	部門主管手冊（增訂五版）	360 元
2	總經理行動手冊	360 元
4	生產主管操作手冊	380 元
5	店長操作手冊（增訂版）	360 元
6	財務經理手冊	360 元

7	人事經理操作手冊	360 元
8	行銷總監工作指引	360 元
9	行銷總監實戰案例	360 元

《總經理叢書》

1	總經理如何經營公司(增訂二版)	360 元
2	總經理如何管理公司	360 元
3	總經理如何領導成功團隊	360 元
4	總經理如何熟悉財務控制	360 元
5	總經理如何靈活調動資金	360 元

《人事管理叢書》

1	人事經理操作手冊	360 元
2	員工招聘操作手冊	360 元
3	員工招聘性向測試方法	360 元
4	職位分析與工作設計	360 元
5	總務部門重點工作	360 元
6	如何識別人才	360 元
7	如何處理員工離職問題	360 元
8	人力資源部流程規範化管理（增訂三版）	360 元
9	面試主考官工作實務	360 元
10	主管如何激勵部屬	360 元
11	主管必備的授權技巧	360 元
12	部門主管手冊（增訂五版）	360 元

《理財叢書》

1	巴菲特股票投資忠告	360 元
2	受益一生的投資理財	360 元
3	終身理財計劃	360 元
4	如何投資黃金	360 元
5	巴菲特投資必贏技巧	360 元
6	投資基金賺錢方法	360 元
7	索羅斯的基金投資必贏忠告	360 元
8	巴菲特為何投資比亞迪	360 元

《網路行銷叢書》

1	網路商店創業手冊〈增訂二版〉	360 元
2	網路商店管理手冊	360 元
3	網路行銷技巧	360 元
4	商業網站成功密碼	360 元
5	電子郵件成功技巧	360 元

6	搜索引擎行銷	360 元

《企業計劃叢書》

1	企業經營計劃〈增訂二版〉	360 元
2	各部門年度計劃工作	360 元
3	各部門編制預算工作	360 元
4	經營分析	360 元
5	企業戰略執行手冊	360 元

《經濟叢書》

1	經濟大崩潰	360 元
2	石油戰爭揭秘（即將出版）	

使用培訓、提升企業競爭力是萬無一失、事半功倍的方法。其效果更具有超大的「投資報酬力」！

好消息

最 暢 銷 的 培 訓 叢 書

名稱	特價	名稱	特價
4 領導人才培訓遊戲	360 元	17 針對部門主管的培訓遊戲	360 元
8 提升領導力培訓遊戲	360 元	18 培訓師手冊	360 元
11 培訓師的現場培訓技巧	360 元	19 企業培訓遊戲大全（增訂二版）	360 元
12 培訓師的演講技巧	360 元	20 銷售部門培訓遊戲	360 元
14 解決問題能力的培訓技巧	360 元	21 培訓部門經理操作手冊（增訂三版）	360 元
15 戶外培訓活動實施技巧	360 元	22 企業培訓活動的破冰遊戲	360 元
16 提升團隊精神的培訓遊戲	360 元	23 培訓部門流程規範化管理	360 元

上述各書均有在書店陳列販賣，若書店賣完而來不及由庫存書補充上架，請讀者直接向店員詢問、購買，最快速、方便！購買方法如下：

銀行名稱：合作金庫銀行 敦南分行(代碼：006)

帳號：5034-717-347-447

公司名稱：憲業企管顧問有限公司

郵局劃撥帳號：18410591

使用培訓、提升企業競爭力是萬無一
失、事半功倍的方法。其效果更具有超大的
「投資報酬力」！

最 暢 銷 的 商 店 叢 書

名稱	特價	名稱	特價
4 餐飲業操作手冊	390 元	35 商店標準操作流程	360 元
5 店員販賣技巧	360 元	36 商店導購口才專業培訓	360 元
10 賣場管理	360 元	37 速食店操作手冊〈增訂二版〉	360 元
12 餐飲業標準化手冊	360 元	38 網路商店創業手冊〈增訂二版〉	360 元
13 服飾店經營技巧	360 元	39 店長操作手冊（增訂四版）	360 元
18 店員推銷技巧	360 元	40 商店診斷實務	360 元
19 小本開店術	360 元	41 店鋪商品管理手冊	360 元
20 365 天賣場節慶促銷	360 元	42 店員操作手冊（增訂三版）	360 元
29 店員工作規範	360 元	43 如何撰寫連鎖業營運手冊〈增訂二版〉	360 元
30 特許連鎖業經營技巧	360 元	44 店長如何提升業績〈增訂二版〉	360 元
32 連鎖店操作手冊（增訂三版）	360 元	45 向肯德基學習連鎖經營〈增訂二版〉	360 元
33 開店創業手冊〈增訂二版〉	360 元	46 連鎖店督導師手冊	360 元
34 如何開創連鎖體系〈增訂二版〉	360 元	47 賣場如何經營會員制俱樂部	360 元

上述各書均有在書店陳列販賣，若書店賣完而來不及由庫存書補充上架，請讀者

直接向店員詢問、購買，最快速、方便！**購買方法如下：**

銀行名稱：合作金庫銀行 敦南分行(代碼：006)

帳號：5034-717-347-447

公司名稱：憲業企管顧問有限公司

郵局劃撥帳號：18410591

建立企業圖書館

當市場競爭激烈時：

培訓員工，強化員工競爭力
是企業最佳對策

「人才」是企業最大的財富。如何提升人才，是企業永續經營、戰勝對手的核心競爭力。積極培訓公司內部員工，是經濟不景氣時期的最佳戰略，而最快速的具體作法，就是「建立企業內部圖書館，鼓勵員工多閱讀、多進修專業書籍」

建議您：請一次購足本公司所出版各種經營管理類圖書，作為貴公司內部員工培訓圖書。 使用率高的（例如「贏在細節管理」），準備 3 本；使用率低的（例如「工廠設備維護手冊」），只買 1 本。

經營顧問叢書 ㉕　　　　　　售價：360 元

哈佛領導力課程

西元二〇一三年七月　　　　　　　　初版一刷

編輯指導：黃憲仁

編著：余文豪

策劃：麥可國際出版有限公司（新加坡）

編輯：蕭玲

校對：劉飛娟

發行人：黃憲仁

發行所：憲業企管顧問有限公司

電話：(02) 2762-2241　　(03) 9310960　　0930872873

臺北聯絡處：臺北郵政信箱第 36 之 1100 號

銀行 ATM 轉帳：合作金庫銀行　　帳號：5034-717-347447

郵政劃撥：18410591　　憲業企管顧問有限公司

江祖平律師顧問：紙品書、數位書著作權與版權均歸本公司所有

登記證：行政業新聞局版台業字第 6380 號

本公司徵求海外版權出版代理商 （0930872873）

本圖書是由憲業企管顧問（集團）公司所出版，以專業立場，為企業界提供最專業的各種經營管理類圖書。

圖書編號 ISBN：978-986-6084-74-4